SOUVENIRS

DE LA

RESTAURATION

PAR

M. ALFRED NETTEMENT

PARIS
JACQUES LECOFFRE ET CIE, LIBRAIRES-ÉDITEURS
RUE DU VIEUX-COLOMBIER, 29

1858

SOUVENIRS

DE

LA RESTAURATION

PARIS. — IMP. SIMON RAÇON ET COMP., RUE D'ERFURTH, 1.

SOUVENIRS

DE LA

RESTAURATION

PAR

M. ALFRED NETTEMENT

PARIS
JACQUES LECOFFRE ET CIE, LIBRAIRES-ÉDITEURS
RUE DU VIEUX-COLOMBIER, 29

1858

SOUVENIRS
DE
LA RESTAURATION

I

ENTRÉE DU COMTE D'ARTOIS A PARIS

— 12 avril 1814. —

Il semble, à lire quelques historiens, M. de Vaulabelle, par exemple, que la Restauration soit exclusivement tombée par la faute des princes de la maison de Bourbon et de leurs amis. On dirait, à lire d'autres historiens, qu'elle a péri uniquement sous le coup de la fatalité de son origine. Il en est aussi qui paraissent convaincus que les attaques et la puissance de ses adversaires ont seules déterminé sa chute. Si elle avait su vivre! disent les uns. Si elle avait pu vivre!

reprennent les autres. Si on l'avait laissée vivre! répliquent les troisièmes.

La critique historique, en étudiant de près les faits, découvrira peut-être que, prises d'une manière absolue, ces opinions contradictoires sont toutes trois fausses, et qu'acceptées partiellement, dans une certaine mesure, et modifiées, rectifiées l'une par l'autre, elles deviennent toutes trois vraies.

Ceux qui croient que la Restauration n'avait qu'à vouloir pour vivre se souviennent du sentiment qui l'accueillit lorsqu'elle s'accomplit. Sans doute ce sentiment ne fut pas le même dans tous les cœurs et dans tous les esprits; mais, sauf de bien rares exceptions, il fut favorable et bienveillant. Pour un certain nombre, ce fut une grande joie quand on vit revenir cette noble et antique race que la Révolution, en croyant la renverser sans retour, avait sacrée par vingt-cinq ans de malheurs. C'était, pour eux, l'accomplissement de longues espérances, la consolation de souffrances sans nombre, de cruels sacrifices, et, chose toujours rare en ce monde, la réalisation d'un idéal vainement poursuivi par des combinaisons humaines et providentiellement atteint.

Les hommes d'aujourd'hui, qui étaient encore de tout petits enfants à cette époque, et qui, bien qu'appartenant à des familles royalistes, n'avaient point entendu prononcer le nom des Bourbons, avant les désastres de l'Empire, se rappelleront toute leur vie avec émotion la rentrée du comte d'Artois à Paris. Avec l'insouciance de leur âge, ils avaient assisté aux scènes qui avaient précédé. Alarmés seulement des alarmes écrites sur le front de leurs parents, terrifiés, pour un moment, par l'accent avec lequel étaient prononcées des paroles dont ils ne comprenaient pas le sens, par le geste dont ces paroles étaient accompagnées, par le regard inquiet échangé entre le père et la mère, auprès du foyer domestique, et tristement reporté sur les enfants, « ces gages que nous donnons à la fortune, » dit un ancien, ils avaient plutôt suspendu que cessé leurs jeux. Les impressions sont vives et durent peu à cet âge. On s'amuse de tout ce qui change le train ordinaire de la vie, d'un déménagement, d'une révolution, qui, à plus d'un point de vue, est un déménagement en grand. La Fontaine a dit : « Cet âge est sans pitié. » Il est encore plus curieux qu'impitoyable. Dans une souffrance, dans un malheur, dans la chute de l'oiseau blessé par le caillou qu'il lance, comme dans celle du gouvernement renversé par la guerre ou l'émeute, il ne voit qu'une chose, l'événement. C'est un fait nouveau, qui différencie le jour de la veille, quelque chose qu'il n'avait pas vu encore, la suspension de la règle qui pèse d'un poids si lourd sur l'esprit si mobile des enfants.

Cependant à ce sentiment de vive curiosité se mêlait, de temps à autre, un mouvement d'anxiété. Quand on entendit le roulement lointain du canon, dont la grande voix fait faire silence aux hommes comme la voix du lion fait faire silence aux animaux, et que, de jour en jour, bientôt d'heure en heure, ce formidable bruit se rapprocha de Paris, les visages des enfants eux-mêmes devinrent plus sérieux. Puis on vit de longues files de charrettes remplies de blessés entrer dans Paris. Ces pâles figures empreintes du sceau de la souffrance, ce sang dont on n'avait pu dérober toutes les traces, produisaient une douloureuse impression sur nos jeunes âmes. La guerre, qui n'était venue jusque-là à nos oreilles que par des échos lointains, commençait à nous apparaître dans ses formidables et douloureuses réalités. On sentait que le cercle de fer qui entourait Paris se rétrécissait autour de la grande ville. Les habitants des villages voisins, quittant à la hâte leurs demeures, rapportaient dans ses murs l'épouvante qui les avait chassés de leurs foyers. Rien de plus triste au monde que l'aspect de ces paysans qui, poussant devant eux leurs vaches, obstruant les rues de leurs charrettes où étaient entassés, avec les objets les plus précieux de leur pauvre mobilier, leur femme, leurs enfants, et regardant à droite et à gauche d'un air effaré, semblaient se demander où ils trouveraient un abri.

Enfin, les derniers moments de la crise arrivèrent.

Nous vîmes, dans chaque intérieur, nos parents chercher une cachette pour y déposer ce qui pouvait tenter la cupidité d'un ennemi vainqueur : les bijoux, les diamants, l'argenterie. A mesure que les périls croissaient, les barrières sociales qui séparent les rangs tombaient, comme il arrive devant les grands fléaux et les grandes calamités qui rapprochent les hommes dans l'égalité naturelle de la souffrance et du danger. Les serviteurs devenaient plus familiers avec les maîtres. La parole appartenait à qui apportait ou croyait apporter une nouvelle. Tout à coup les bruits d'une négociation entamée se répandirent et furent accueillis avec un empressement universel. Nous croyons voir encore, sur la place Vendôme, le spectacle que nous contemplions des croisées de notre maison qui avoisinait l'hôtel habité par le général Hulin, commandant de la place de Paris, et par le comte Daru. Un officier arrivait à cheval, dans le désordre d'un homme qui vient de quitter le champ de bataille, les armes faussées, les vêtements percés de balles, sans chapeau, le front couvert de poussière et de sueur. Une foule considérable le poursuivait en criant : « La paix ! la paix ! » Le brave officier, l'épée à la main, répondait d'une voix stridente : « Vous aurez la paix quand vous aurez la victoire ! » Mais la foule, continuant à vociférer la paix, pour employer une expression qui n'est ici qu'exacte, étouffait par sa clameur de plus en plus bruyante, de plus en plus impérieuse, cette dernière et solitaire réserve faite en faveur de la gloire de nos armes. On était rassasié de triomphes, ou voulait du repos. Le roi Joseph écrivait quelques jours auparavant à son frère, à l'issue d'un conseil tenu aux Tuileries : « Sire, la paix ou la mort! » Le canon des Invalides laissait les cœurs sans joie. Qu'avait-on à faire de victoires qui ne pouvaient rien terminer ?

Il n'y avait plus même de victoires. Le bruit du canon, en se rapprochant de Paris de plus en plus, annonçait des revers qu'honorait l'héroïsme de l'armée, combattant un contre dix, un contre vingt, mais sans pouvoir arrêter le torrent. Lorsqu'il fallut céder et préserver par une capitulation Paris, la reine de la civilisation, des horreurs de la guerre, ce fut avec un sentiment de curiosité mêlé d'un étonnement voisin de l'épouvante que nous vîmes paraître ces uniformes que nous ne connaissions pas, les Prussiens, les Autrichiens, les Russes, au lieu de ces uniformes accoutumés que nous avions vus briller dans tant de revues. Les Cosaques surtout, avec leur figure dure et sauvage, leurs moustaches épaisses, leurs chevaux chétifs et efflanqués, chargés de butin, leurs longues lances, produisaient sur nous une impression désagréable et étrange. Nous serrions les bras de nos mères, comme si nous avions compris que nous étions en présence d'une autre race et d'un danger inconnu. Ces drapeaux qui se développaient pour la première fois devant nos yeux, ces symphonies militaires qui arrivaient pour la première fois à nos oreilles, ces généraux, ces princes, ces souverains qu'on se montrait de la main et qu'on se nommait de proche en proche, tout cela avait un caractère étranger que nous sentions péniblement sans le comprendre.

L'impression fut toute autre le 12 avril 1814. Nous revoyons encore, par nos plus lointains souvenirs, les boulevards tels qu'ils étaient à cette époque, bien moins brillants qu'ils ne sont aujourd'hui, mais couverts d'une foule immense. La garde nationale, avec ses uniformes nouveaux, faisait la haie des deux côtés. Tout ce qui présentait une saillie, la borne, le banc, quelques chaises apportées des boutiques voisines, des planches posées par des spéculateurs sur des tonneaux, étaient vivement disputés et bientôt couverts de spectateurs. Tout à coup nous entendîmes un air qui ne nous rappelait aucun souvenir à nous autres enfants qui ne l'avions jamais entendu, mais qui mettait des larmes dans les yeux de nos pères. C'était l'air de *Vive Henri IV*, cet air si ancien, redevenu nouveau en France. Nous le reconnaissions instinctivement pour français à son tour vif, à son entrain, à son expression à la fois narquoise et naïve. Du coin de la rue Villeneuve-Bourbon et de la rue Saint-Denis où nous étions, on vit bientôt apparaître à travers l'arche de la porte Saint-Denis un groupe nombreux annoncé à nos oreilles par cet air national. Cette fois, c'étaient des uniformes français, des chapeaux surmontés de panaches blancs qui ondoyaient au vent. Un cri que nous n'avions nulle part entendu encore, mais au bruit duquel, pendant tant de siècles, on était mort en France pour la patrie, sur les champs de bataille, sur les mers : à Bouvines avec Philippe-Auguste, à Orléans avec Jeanne d'Arc, à Fontaine-Française avec Henri IV, à Rocroy avec Condé, en face du pavillon anglais avec Duquesne, Tourville, Jean Bart, Dugay-Trouin, Suffren, le cri de *Vive le roi!* s'éleva puissant et irrésistible. Dans ce moment, le groupe brillant de cavaliers qui s'était resserré pour passer sous le monument des triomphes du grand roi débouchait sur les boulevards, et, s'élargissant à mesure qu'il sortait de la porte Saint-Denis, il occupa le vaste espace auquel deux haies de spectateurs servaient de rives vivantes.

A la tête de ce groupe, et entre deux maréchaux de France, paraissait, sous l'uniforme de la garde nationale, un homme d'une figure régulière et pleine de franchise et de dignité, qui pouvait avoir alors cinquante-six ans, mais que le bonheur, écrit dans tous les traits de son visage, rajeunissait. Il montait avec une grâce parfaite un magnifique cheval; le cordon bleu décorait sa poitrine. Il saluait courtoisement à droite, à gauche, aux fenêtres, sur les toits, sur les boulevards, dans les rues qui donnaient sur les boulevards, et dont toutes les maisons étaient garnies de femmes élégantes, et il y avait dans son geste expressif tant de bienveillance avec tant de grâce, tant de reconnaissance avec tant de majesté, tant de joie avec tant d'émotion, que personne ne résistait à un entraînement sympathique, et que ceux qui connaissaient les Bourbons comme ceux qui ne les connaissaient pas, les femmes, les enfants, les hommes faits, les vieillards, tous étaient émus. C'est ainsi que les Bourbons nous apparaissaient, pour la première fois, sous les traits de Monsieur, comte d'Artois.

Quoique bien enfant à cette époque, nous avions vu quelquefois l'empereur Napoléon. Un jour entre autres, c'est celui qui nous a laissé les plus vifs et les plus profonds souvenirs, il arrêta à l'improviste dans une propriété de notre père, située sur les hauteurs de Chaillot, en face du Champ de Mars, à l'endroit où descend aujourd'hui la double route qui par une pente adoucie conduit au quai, en face du pont d'Iéna que l'on construisait. On lui avait indiqué cette propriété comme le terrain le plus convenable pour élever ce palais du roi de Rome, du haut du balcon duquel, lui disaient ses courtisans, il verrait ses troupes manœuvrer dans le Champ de Mars. Il reve-

1.

nait de la chasse avec sa suite. Comme on n'était pas prévenu de sa visite, on laissa longtemps sonner à la porte du clos, qui, donnant sur le boulevard extérieur, était fort éloignée de la maison d'habitation. Quand on apprit que l'Empereur était à la porte, un domestique ahuri se trompa de clef, ce qui prolongea l'attente de Napoléon et augmenta l'impatience de son cortége. Enfin notre père arriva avec la clef au moment où l'on était allé querir un maçon pour abattre un pan de mur, afin de faire entrer l'Empereur chez nous, en véritable conquérant, par la brèche, commentaire passablement énergique du mot tant reproché à Louis XIV : « J'ai pensé attendre. » Comme il y avait trois marches à descendre pour passer du boulevard extérieur dans le clos, toute la suite mit pied à terre; l'Empereur seul descendit les degrés à cheval. Malgré l'impatience que lui avait causée la station forcée faite à notre porte, il se montra aimable envers ma mère qui s'était avancée pour le recevoir. Peut-être dut-elle en partie cet accueil bienveillant à la réponse qu'elle put faire à la question que l'Empereur adressait à toutes les femmes : « Combien avez-vous de garçons? » Ma mère en avait trois. On nous amena tous les trois, et l'on nous plaça presque sous la tête du cheval ; le plus jeune de nous avait quatre ans, l'aîné en avait dix. Je sens encore, à tant d'années de distance, l'impression du regard que l'Empereur posa sur nous. Ce regard perçant semblait traverser de part en part comme une épée. — « Quand ils auront l'âge, dit l'Empereur à mon père, il faudra les envoyer dans une école militaire. » Ceci se passait en 1812 : nous n'eûmes pas le temps de grandir assez pour arriver jusqu'au niveau de cette terrible faux de la guerre qui couchait les jeunes générations dans les sillons comme des épis.

Je puis, on le voit, dire, d'après une impression personnelle, l'effet que produisait la présence de Napoléon. C'était comme une apparition de la puissance dans ce qu'elle a de plus imposant, de la victoire dans ce qu'elle a de plus irrésistible, du génie dans ce qu'il a de plus éclatant ; c'était la majesté de la force et de la gloire ; c'était un maître. En présence du comte d'Artois, nous éprouvions une impression toute nouvelle.

La paternité royale nous apparaissait sous les traits du premier des Bourbons auquel il était donné de revoir la douce France, comme disent nos anciens auteurs. Monsieur, comte d'Artois, attirait à lui les cœurs par cette expression d'amabilité bienveillante, de bonté pleine de tendresse qui rayonnaient sur son visage ; c'était un père. Quand, le soir, il rassembla dans son cœur toutes les joies de cette journée, il dit à quelques-uns de ses amis d'exil qui lui demandaient s'il était content de l'accueil des Parisiens : « Ah ! mes amis, après tant d'années d'absence, ils m'ont reçu comme l'enfant de la maison ! » Cela valait mieux que le mot spirituel, mais moins sensé que spirituel, qu'un homme plein de finesse s'est vanté depuis, dans ses mémoires, de lui avoir prêté, et nous le croyons volontiers sur parole : « Mes amis, il n'y a rien de changé, aurait dit le comte d'Artois, il n'y a qu'un Français de plus. » C'est là un de ces mots qui ne manquent jamais leur effet, parce qu'ils sont bien frappés, qu'ils se retiennent aisément, et qu'ils semblent contenir beaucoup de sens dans le cadre étroit d'une seule phrase. Il devait être au gré de M. de Talleyrand, qui l'avait demandé, et qui souhaitait que le retour des Bourbons ne changeât rien à sa situation, à son influence et à celle de ses amis. Mais, quand on va au fond des choses, on trouve que ce Français de plus rapportait la paix au lieu de la guerre, la liberté politique au lieu d'un pouvoir absolu, l'abolition de la confiscation, une autorité reposant sur la tradition, au lieu d'un pouvoir créé par le génie d'un homme et par les circonstances. Il y avait donc bien quelque chose de changé par le retour de ce Français, et M. Beugnot n'avait fait qu'un bon mot ; il est vrai qu'il ne visait pas, dans cette occasion, à autre chose. Chacun commenta le lendemain cette parole à sa manière. Les uns y virent un gage donné au Sénat et aux fonctionnaires, les autres une simple et vive expression de tendresse pour la France, et l'ivresse générale s'en augmenta.

Ah! dans les tristes et sévères journées que le comte d'Artois était destiné à traverser, dans les épreuves poignantes des révolutions, dans les longues veillées de l'exil, les émotions, le bonheur de cette matinée du 12 avril 1814, ont dû plus d'une fois se présenter à sa pensée comme une consolation, comme un lointain rayon de soleil qui venait illuminer les ombres de sa destinée et réchauffer les froides journées de sa vieillesse voyageuse! On ne peut se croire complétement malheureux quand, ne fût-ce qu'un seul jour, on a été ainsi aimé par les Français. Ces mains étendues vers lui, ces cris qui sortaient des poitrines frémissantes, et dans l'accent desquels on sentait encore les vibrations des cœurs attendris, ces vieux serviteurs de la maison de Bourbon qui, traversant à grand'peine les rangs de la garde nationale, arrêtaient le cheval du prince en se jetant à genoux et saisissaient sa main pour la baiser ; l'attendrissement de tous, les larmes, les acclamations, puis l'enthousiasme impétueux de cette foule qui, surmontant tous les obstacles et les entraînant avec elle, roulait en grossissant vers Notre-Dame, où le *Te Deum*, chanté par dix mille voix, produisit un de ces effets puissants, irrésistibles, comme peuvent s'en faire une idée ceux qui ont entendu le *Miserere* chanté par les nombreux auditeurs des conférences du Père Lacordaire, du Père Ravignan ou du Père Félix ; il y a dans de pareilles scènes des émotions dont le souvenir est immortel pour ceux qui en ont été témoins, à plus forte raison pour ceux qui en ont été l'objet !

II

RENTRÉE DU ROI A PARIS

— 3 mai 1814. —

Dieu est un magnifique poëte, qui, pendant que l'homme s'agite ici-bas, mène d'en haut la grande épopée des choses humaines. Quel siècle que le nôtre! A quelle époque vit-on de plus éclatants spectacles et de plus étonnantes péripéties se succéder dans l'histoire? Quelle génération assista jamais à des élévations plus soudaines, à des chutes plus inattendues et plus profondes? Ah! c'est de nos jours, grand évêque de Meaux, que, du haut de votre chaire inspirée, vous auriez dû prononcer ces belles paroles qui trouvent si bien leur application dans les événements dont nous avons été témoins depuis un demi-siècle : « Celui qui règne dans les cieux, de qui relèvent tous les empires, à qui seul appartient la gloire, la majesté et l'indépendance, est aussi le seul qui se glorific de faire la loi aux rois et de leur donner, quand il lui plaît, de grandes et de terribles leçons. »

Pour bien comprendre les émotions qu'éprouva la France à l'époque de la première Restauration, il faut avoir cet ordre d'idées présent à l'esprit. Depuis la Révolution de 89, c'était le second grand coup de théâtre que Dieu frappait au milieu d'un silence produit par la stupeur. On avait vu l'homme de la terreur, Robespierre, qui, empruntant pour gouverner la faux de la mort, avait fauché successivement ses amis et ses rivaux après ses adversaires, de manière à s'élever solitaire, comme une de ces pyramides d'ossements qui se dressent dans un champ nu et dévasté; on l'avait vu tomber dans un jour, et alors que tout le monde avait cessé de croire à sa chute. Chacun avait pu voir le formidable dictateur renversé par ses anciens complices, devenus ses meurtriers pour ne pas être ses victimes, et, la mâchoire fracassée par un coup de pistolet, le visage couvert d'une pâleur tachée de sang, gisant faible et agonisant sur une table, objet d'horreur sans être un objet de pitié, en attendant qu'on lui fît l'aumône d'un arrêt de mort. En 1814, on assistait à un spectacle qui avait quelque chose d'analogue par la profondeur et la rapidité inouïe de la chute succédant à une élévation prodigieuse, quoiqu'il n'y eût rien de semblable entre les deux hommes.

L'homme de la guerre, qui avait mené les rois et les peuples pendant quinze ans avec son épée de conquérant, comme un berger mène un troupeau craintif, le dictateur armé de l'Europe, qui avait gouverné la France avec des exécutions de peuples et l'avait distraite de la liberté par des victoires aussi pesantes à la fin pour les vainqueurs que pour les vaincus, disparaissait à son tour. Un an auparavant, lors de sa campagne de Russie, ses lieutenants disaient : « L'Empereur est à son commencement. » Un an plus tard, cette domination prestigieuse, qui semblait assise sur des colonnes de fer, s'évanouissait en un clin d'œil, comme ces palais féeriques qu'un coup de baguette évoque et qu'un autre coup de baguette fait presque aussitôt disparaître : l'homme de la guerre périssait par la guerre, comme l'homme des échafauds avait péri par l'échafaud. L'Europe, par un effort suprême, rejetait de son sein et venait renverser, jusque dans le sein de la France, cette brillante, mais homicide idole de la gloire, qui resplendissait au dehors de l'éclat des métaux les plus précieux, mais qui, dans les profondeurs dévorantes de son corps, recevait et consumait les générations naissantes. La Providence, après l'avoir laissé monter à l'apogée des choses humaines pendant des années, après avoir souffert que ce glorieux dominateur du monde prévalût contre les peuples et contre les rois, et que cette étoile qu'il voyait au ciel lui apparût toujours brillante et toujours radieuse, le renversait en un jour. Il tombait atteint au plus haut de son vol par un coup de foudre, et, attaché sur un rocher solitaire pour être dévoré par ses souvenirs, il devenait l'expression réelle et vivante de l'antique fable de Prométhée, tandis qu'une royale famille, sortant des abîmes du malheur dont elle avait sondé les profondeurs les plus inexplorées, venait recevoir sur son sein paternel la France défaillante, et arrêtait l'Europe en s'asseyant au pied de l'échafaud de Louis XVI et en invoquant un passé de quatorze siècles.

C'était un grand spectacle! Mais, pour bien comprendre toutes les émotions qu'il provoquait, il faut se placer au point de vue de cette époque au lieu de demeurer au point de vue de la nôtre. Fatigués que nous sommes de paix, et rassasiés de repos, nous comprenons mal l'immense lassitude de la France et de toute l'Europe, qui en 1814 n'en pouvaient plus de guerre. Notre esprit national est choqué de cette espèce de confusion qui régnait entre la population de notre pays et les armées qui avaient envahi notre territoire. La vue de ces uniformes étrangers, de ces drapeaux qui ont chassé l'aigle devant eux, nous blesse. Ce qui nous frappe, c'est le côté patriotique de la question. Les chevaux du Cosaque de l'Ukraine se désaltérant dans la Seine, le général Sacken gouverneur de Paris, huit cent mille étrangers dictant des lois à la France, telles sont les images qui nous apparaissent, et, par un anachronisme qui se comprend à cette distance, l'ombre mélancolique de Waterloo se levant dans nos souvenirs, et la mémoire des traités de 1815, imposés à la seconde Restauration, venant peser sur notre esprit, ajoutent à l'amertume de nos pensées. De sorte que, tout royalistes que nous sommes, nous trouvons avec peine de la joie pour cette journée qui vit le retour des Bourbons en France, nous sommes tous prêts à condamner nos pères, nous voudrions qu'ils eussent étouffé leurs cris d'allégresse pour porter le deuil de la patrie.

Ce n'était pas ainsi que la France de 1814 était impressionnée. Ni Waterloo, ni les traités de 1815, n'étaient encore venus attrister son esprit. Ces maux effroyables d'une guerre qui se prolongeait presque sans interruption depuis vingt ans, et que nous jugeons philosophiquement à distance, elle les endurait dans ses membres endoloris et sanglants. Elle était affamée de paix, et toutes les nations européennes étaient affamées de paix comme elle. Dans cet éloignement de plus de trente années, nous ne voyons que l'éclat de l'idole, elle en sentait le poids. Nous n'apercevons qu'une magnifique statue qui tombe du faîte des choses humaines, et dont la splendeur nous semble être le patrimoine de la France; en 1814, le piédestal vivant qui défaillait sous la statue se sentait soulagé d'un immense fardeau. Il y avait de longues années que la liberté n'existait plus que pour un homme; le seul homme libre de l'Empire, c'était l'empereur. Le couchant de la gloire était donc l'aurore de la liberté, et cette génération de 89, qui avait tant souffert pour elle, renaissait à la pensée que cette longue dictature militaire allait avoir un terme; que cette guerre inexpiable, qui avait fait couler des torrents de sang humain pour des questions d'ambitions et des rivalités d'intérêt ou d'orgueil, allait faire place à une paix heureuse et féconde qui permettrait aux peuples de s'embrasser, et aux idées, ces immortelles conductrices du monde, trop longtemps étouffées dans le tumulte des camps par le despotisme des armes, de reprendre vers l'avenir leur sublime essor.

L'Europe demandait à la France la paix dont elle avait aussi besoin qu'elle-même. Les peuples étaient fatigués d'être fauchés sur les champs sanglants de la guerre, comme des épis mûrs. Cette fois, en effet, ce n'étaient plus seulement des rois qui avaient marché contre Napoléon, c'étaient des peuples, et ils avaient marché pour conquérir le repos dont ils étaient privés par le magnifique perturbateur du monde. La jeune Allemagne avait passé le Rhin en chantant ses chansons de guerre et de liberté, et il semblait que cette victoire fût celle de tous, une victoire sans vaincus, à l'exception d'un seul homme. La génération de cette époque envisageait la question à un point de vue plus large que le nôtre, le point de vue humain, au lieu de l'envisager au point de vue des nationalités. Songez qu'il y avait des années que les mères ne souriaient plus en voyant grandir leurs fils! Les hommes commençaient à manquer à la charrue; il fallait des armées de gendarmes pour conduire à la frontière des armées de conscrits et les livrer aux caresses homicides de la gloire. On avait assez de la guerre, comme, à la fin de la Terreur, on avait assez des supplices. Napoléon avait trop tendu la corde de l'arc; il fallait qu'elle rompît ou qu'elle fût relâchée. Le jour que la nouvelle du dernier de ses succès avait été annoncée à Paris par la voix du canon, ces mots significatifs avaient été entendus : « Ce n'est qu'une victoire! » Que dire de plus et comment expliquer par une preuve plus éclatante et par une parole plus énergique la disposition des esprits? La gloire, sans cesse arrosée de sang, devenait impopulaire en France, comme quinze ans plus tôt la liberté; l'armée elle-même était fatiguée de combats; le monde aspirait au repos. On voulait d'autres émotions, d'autres événements, d'autres hommes, d'autres spectacles que ceux qui se succédaient depuis tant d'années. On était lassé de haïr, de combattre, d'agir, de courber la tête, de tuer et de mourir; on voulait aimer, penser, être libre et vivre. Si l'Europe avait renversé Napoléon, la France l'avait laissé tomber, et, comme l'a dit M. de Chateaubriand, ce témoin si digne de foi, et comme l'ont reconnu des contemporains peu suspects, Carnot, Benjamin Constant, Bignon, le despotisme impérial avait été si lourd et cette nécessité perpétuelle de guerre avait tellement épuisé et fatigué la population, que, cette fois, l'invasion ressemblait à une délivrance.

C'est sous l'influence de ces impressions que la Restauration de 1814 fut accueillie. On était dans le mois de mai, et ce mois où tout renaît dans la nature, où le ciel sourit à la terre, ce mois des longs et beaux jours où le soleil semble s'attarder à l'horizon pour regarder plus longtemps avec amour la terre, son immortelle fiancée, qui se pare de tous ses trésors sous les regards de feu de son céleste amant, ouvrait toutes les âmes à la joie. Par une de ces mystérieuses harmonies jetées par la main du Créateur entre le monde spirituel et le monde matériel, comme des ponts entre deux rives, le cœur de l'homme s'épanouit en même temps que les plantes et les fleurs à l'aspect du retour de la belle saison. Le chant universel qui s'élève autour de lui trouve un écho dans son âme. La jeunesse perpétuelle de la nature lui fait illusion sur sa jeunesse, qui ne fleurit qu'une fois et qui se fane sans retour, et il éprouve, à chaque printemps, je ne sais quel rajeunissement de l'esprit et des sens qui le dispose aux douces émotions du bonheur et de l'allégresse. De même qu'une froide et sombre journée d'hiver avait été le cadre naturel du régicide du 21 janvier, qu'elle avait pour ainsi dire caché dans les plis funèbres de ses brumes mystérieuses et sous un ciel en deuil, en mariant les harmonies d'une nature froide et morte avec les tristesses de cette grande immolation, il semblait que l'époque du printemps fût bien choisie pour les fêtes d'une restauration, et qu'une journée du mois de mai dût voir renaître cette monarchie qu'une journée du mois de janvier avait vue mourir.

Depuis le 12 avril, journée de l'entrée de *Monsieur*, comte d'Artois, on était à Paris dans une sorte de fièvre, et dans cette attente qui rend plus vive encore les émotions. *Monsieur* avait cette grâce qui charme et qui double le prix de la bonté; il avait tant de joie au cœur en revoyant la France, et il avait montré un attendrissement si vrai, que tout le monde s'était trouvé attendri. Il y avait dans ses manières une affabilité et une familiarité toutes charmantes, qui convenaient à merveille à une entrée sans apparat, sans pompes officielles, telle qu'avait été la sienne. Quoique alors dans les premières années de notre enfance, nous nous souvenons de l'impression profonde que produisit un épisode bien simple de cette rentrée; c'étaient quelques vieux chevaliers de Saint-Louis qui, pendant que le petit cortége longeait les boulevards, vinrent se jeter en pleurant sur *Monsieur*, qui montait un cheval blanc, et arrêtèrent un moment sa marche en couvrant ses habits de leurs baisers et de leurs larmes. Parmi ces royalistes, qui souhaitaient ainsi la bienvenue au frère de Louis XVI, peut-être s'en trouvait-il quelques-uns qui faisaient partie de cet intrépide escadron du baron de Bast, qui, vingt et une années auparavant, avait essayé, comme M. de Beauchesne l'a raconté, d'arrêter la marche du cortége sinistre qui conduisait le roi martyr à la place du 21 janvier. Il faut dire que tout contribuait à entretenir cet enthousiasme. La veille encore, une grande partie de la population savait à peine s'il y avait des Bourbons, et voici que les Bourbons semblaient se multiplier pour venir aborder les côtes de France. De tous les points de l'horizon, le télégraphe annonçait la venue d'un Bourbon. A Vesoul, c'était le comte d'Artois; à Cherbourg, le duc de Berry; à Bordeaux, le duc d'Angoulême; à Marseille, la duchesse douairière d'Orléans; à Boulogne, enfin, le roi Louis XVIII et la fille de Louis XVI. On aurait dit que ces augustes exilés voulaient entourer de leurs bras cette terre de France qu'ils avaient depuis si longtemps quittée, et l'embrasser dans une étroite étreinte, afin qu'elle ne leur échappât plus.

Dès qu'on apprit que le roi Louis XVIII et madame la duchesse d'Angoulême s'étaient embarqués à Douvres pour Boulogne, on commença à tout disposer pour l'entrée solennelle du roi à Paris. Il faut dire les choses comme elles sont : il y avait, à cette époque, une tendance trop grande parmi les personnes qui réglementaient ces matières à ressusciter tous les vieux us et coutumes de la monarchie. C'était encore plutôt la faute de la situation que celle des hommes. La Restauration s'accomplissait à l'occasion d'une situation extérieure, et, par conséquent, elle n'avait été précédée par aucun de ces compromis qui permettent aux gouvernements qui se relèvent d'étudier les nouveaux besoins et les nouvelles mœurs qui se sont produits pendant leur absence. Il semblait à la plupart de ceux qui avaient la main dans le mouvement des faits que leur œuvre serait plus parfaite si la monarchie se réveillait avec l'attirail de ses anciennes habitudes et le cortège de ses vieilles étiquettes; c'était une erreur. Le principe monarchique est éternel en France, mais il n'y a que lui d'éternel, et ce qui fait qu'il peut l'être, c'est que, dans sa manifestation extérieure, dans sa manière d'être, il s'est toujours accommodé aux diverses circonstances qu'il a eu à traverser. Prenez-le sous saint Louis, sous Louis XII, sous Henri IV, sous Louis XIV, autant de manifestations différentes d'un principe identique et invariable. Pour refaire les splendeurs de la monarchie de Louis XIV, la société de Louis XIV manquait. Dans la ferveur du dévouement, on perdait un peu trop de vue, à l'époque de la première Restauration, cette vérité qui nous semble aujourd'hui si simple et si claire. La France était si fatiguée de l'Empire et de la Révolution, qu'il y avait des gens à qui il semblait tout naturel que, dans un élan rétrograde, elle reculât jusqu'à l'étiquette de l'ancien régime. Malheureusement il n'y avait pas, à cette époque, une opinion royaliste qui, mêlée au mouvement des affaires et initiée à la vie nouvelle de la société française, pût rectifier cette illusion d'optique très-excusable chez quelques hommes dévoués, mais qui avaient vécu profondément séparés de la France. Ce pouvait être un danger pour l'avenir; mais les esprits étaient si montés et les cœurs si chauds, que rien ne pouvait les refroidir, et que les glaces de l'étiquette se fondaient elles-mêmes en approchant de ce foyer de chaleur et d'enthousiasme.

A partir de la fin d'avril, les esprits furent dans l'attente. On savait que le roi avait quitté l'Angleterre avec madame la duchesse d'Angoulême, et qu'il avait pris terre à Boulogne. Dès le 1er mai, on l'attendit à Compiègne, d'où il devait se rendre à Saint-Ouen; c'était là que devait être le point de départ de sa marche solennelle vers Paris. Tous les préparatifs

étaient faits dans l'antique château pour le recevoir. Des lanciers de la garde impériale étaient placés à l'entrée de la cour, des grenadiers de ces vieilles et intrépides bandes qui étaient entrées sur les pas de Napoléon dans toutes les capitales de l'Europe stationnaient dans le vestibule. Les vétérans de César s'étonnaient dans leur cœur d'avoir à assister à un nouveau spectacle, eux qui avaient vu tant et de si merveilleux spectacles se dérouler devant leurs yeux; mais, dans leur longue carrière militaire, ils n'avaient rien vu de comparable à la scène dont ils allaient être tout à la fois les témoins et les acteurs; eux, les compagnons d'armes de Napoléon, appelés à rendre les honneurs militaires à un souverain qu'ils ne connaissaient pas, et apprenant pour la première fois peut-être qu'il y avait un roi de France qui n'était pas l'Empereur. Les courriers se succédaient d'heure en heure, annonçant l'approche du roi. Tout à coup on bat aux champs, une voiture attelée de six chevaux entre dans la cour; tous les regards sont attentifs. La portière s'ouvre, ce n'est pas encore le roi. On voit un vieillard soutenu par son fils descendre du carrosse. Le nom du prince de Condé et celui du duc de Bourbon ont circulé de rangs en rangs :
« On vit, dit un témoin oculaire, ces vieux soldats, presque tous décorés, pleurer en rendant le salut des armes aux Condés. Ils n'étaient que deux; où était

le troisième? A deux pas de là s'élevait Chantilly, qui n'existe plus. Quand l'héritier manque, qu'importe l'héritage? » Vous reconnaissez la magnifique prose de M. de Chateaubriand, jetée comme un manteau de pourpre sur les premières journées de la Restauration. Une heure après, une autre voiture arrive, les tambours battent encore une fois aux champs; cette fois, il n'y a plus de méprise possible, c'est Louis XVIII, c'est la fille de Louis XVI, c'est le roi : « Il descend de sa voiture, appuyé sur le bras d'une jeune femme, se montre à ces capitaines qui ne l'ont jamais vu, à des grenadiers qui savent à peine son nom. Quel est cet homme? C'est le fils de saint Louis, c'est le roi. Tout le monde tombe à ses pieds. » C'est toujours le même correspondant qui, sous le voile modeste de l'anonyme déchiré par son style, instruit un journal de l'arrivée du roi dont il vient d'être témoin.

Le lendemain, 2 mai, le roi alla coucher à Saint-Ouen. La journée du 3 mai avait été choisie pour son entrée à Paris.

C'est ici qu'il faudrait avoir la puissance créatrice du poëte qui fait voir et toucher ce qu'il peint, et qui ressuscite les scènes qu'il raconte, en contraignant les passions éteintes, les sentiments glacés par la mort, de sortir des catacombes de l'histoire où la main du temps les a couchés, et de se réchauffer et de revivre à la lumière du jour en cédant au charme irrésistible des évocations du génie. La journée du 3 mai fut la revanche de la royauté. Ce fut comme une réparation éclatante et solennelle de toutes ces journées révolutionnaires qui avaient été faites contre elle. De retour de son long exil, la royauté allait reprendre possession de ces rues d'où la Révolution l'avait chassée, et par lesquelles elle l'avait conduite dans un si triste et si ignominieux appareil vers quel terme fatal, vous le savez! Paris ne fait pas les choses à demi. Le triomphe de la royauté devait égaler ses humiliations, les hommages aller aussi loin que les injures. Cette journée était la sienne.

Le matin du 3 mai, le soleil se leva radieux et pur, un vrai soleil de fête allumé dans un ciel bleu qui semblait sourire à la terre et mêler aux joies des hommes les joies de la nature. Comme dans les circonstances solennelles, la grande roue du travail s'était arrêtée, et chacun avait cessé de vivre de sa vie privée pour vivre de la vie publique. Dès le matin, Paris tout entier était dans la rue. Les maisons, devenues désertes, avaient versé tous leurs habitants au dehors, les voies publiques ruisselaient d'hommes. Quand on approchait des lieux qui se trouvaient sur l'itinéraire du cortège royal, c'était comme une mer de têtes qui ondoyaient au soleil. Hommes, femmes, enfants, revêtus de leurs habits de fêtes, se serraient, se pressaient, marchaient en sens divers; on se connaissait sans se connaître, on s'interrogeait sans attendre la réponse; sur tous les visages, l'empressement, la curiosité, la joie; les femmes surtout étaient radieuses de bonheur; elles ne soupiraient plus en regardant leurs fils. Chacun cherchait une place favorable pour bien voir le cortége. Des tréteaux, des chaises disposées d'avance, se louaient à un haut prix; les riches, qui ont des priviléges partout, se dirigeaient en toute hâte vers les fenêtres qu'ils avaient retenues et payées à un prix exorbitant; car les légions de la garde nationale, arrivant leur musique en tête, commençaient à former la haie. Les maisons semblaient aussi regarder dans les rues par leurs fenêtres ouvertes, comme autant d'yeux curieux et attentifs; elles se pavoisaient de drapeaux blancs, d'écussons fleurdelisés, de bannières argentées, dont les plis ondoyants se mêlaient à des écharpes bleues, à de riches draperies; elles prenaient un air de fête. Ces couleurs blanche et bleue, qui se mariaient admirablement avec un beau ciel et qui remplaçaient les couleurs tricolores, avaient un caractère de pureté et de sérénité qui, par des harmonies intimes, répondaient à l'état général des esprits. Le rouge couleur de sang, disparaissant de la bannière de la France, semblait indiquer la fin de cette terrible guerre d'extermination qui décimait l'Europe, et l'avénement de cette paix objet des désirs universels. Sans doute on ne faisait point ce raisonnement qui a quelque chose d'abstrait, mais il y a des harmonies secrètes senties sans être raisonnées.

Il faut ici indiquer en quelques mots l'itinéraire du cortége royal. Le point de départ était Saint-Ouen; c'était donc par la barrière Saint-Denis que le roi devait entrer à Paris. La première visite du roi très-chrétien était pour Dieu, la seconde pour les rois ses ancêtres. Deux buts étaient donc marqués au cortége royal, Notre-Dame et les Tuileries. Pour se rendre à ces deux buts, il fallait suivre ce long rayon qui, après avoir formé un arc presque insensible jusqu'à la hauteur des boulevards, court, en passant sous l'arc monumental qui s'y élève, en ligne droite à la Seine, sous le nom de faubourg et de rue Saint-Denis, en coupant le Paris de la rive droite en deux parts presque égales et en s'enfonçant dans le cœur même de la grande ville, au sein des quartiers les plus commerçants et les plus populeux. Après avoir longé le marché des Innocents, on passerait la Seine sur le pont au Change pour entrer dans l'île de la Cité, cet œuf primitif qui contint, au commencement de notre histoire, les destinées de la cité immense qui, débordant aujourd'hui sur les deux rives de la Seine, renferme dans son vaste sein le fleuve qui porta jadis entre ses bras son berceau. On laisserait à sa gauche le Marché-aux-Fleurs, et on suivrait la rue de la Barillerie en longeant toute la façade du Palais de Justice, sinistre souvenir dans cette journée de fête! Après avoir dépassé la Sainte-Chapelle, on prendrait la gauche en côtoyant la Morgue, on déboucherait par la rue Notre-Dame, le parvis Notre-Dame, et l'on arriverait ainsi à la cathédrale, ce solennel témoin de toutes les joies et de tous les deuils! Le *Te Deum* chanté, le cortége se remettrait en marche, reprendrait la rue Notre-Dame, le marché Neuf, le quai des Orfévres qui fait suite, et, arrivé à la pointe de l'île de la Cité, il reviendrait sur lui-même, en suivant le coude que forme le pont Neuf, qui tombe à angle droit sur la pointe extrême de l'île de la Cité, qu'il met ainsi en communication avec les deux rives de la Seine. On repasserait le fleuve, la rue de la Monnaie, et la rue du Roule conduirait ensuite le cortége dans la rue Saint-Honoré, qu'il suivrait jusqu'à la rue de l'Échelle, par laquelle il arriverait jusqu'au guichet de la cour des Tuileries.

L'itinéraire de la marche du cortége royal pouvait donc être représenté par trois parallèles inégales tirées au cœur de Paris : la première, et de beaucoup la plus longue, ayant pour point de départ Saint-Ouen, et pour point extrême le pont Saint-Michel; la seconde, liée à la première par une ligne transversale tirée de Notre-Dame au pont Neuf, et ayant pour point de départ la pointe de l'île Saint-Louis, et, pour point extrême, la rue Saint-Honoré à l'endroit où elle coupe à angle droit la rue des Prouvaires ; la troisième et la plus courte incomparablement des trois, liée à la seconde par une ligne transversale tirée le long de la rue Saint-Honoré jusqu'à la rue de l'Échelle, qui n'existe plus aujourd'hui, et venant aboutir par cette rue à la cour des Tuileries. La population tout entière affluait vers ces trois lignes que devait traverser le cortége royal. Cet immense théâtre, de plus de deux lieues de long, sur lequel devait se dérouler cette grande scène, était assiégé par des flots de spectateurs que versaient les rues innombrables qui débouchaient sur la ligne de l'itinéraire royal, semblables à des affluents qui apportent leurs eaux à un fleuve. On peut compter qu'avec les nombreux habitants accourus des provinces et les étrangers présents à Paris, il y avait près de deux millions d'hommes concentrés sur cet espace. Dans tout ce parcours, le bruit, le mouvement, la vie, l'activité d'une fourmilière humaine qui s'agitait au soleil ; dans le reste de la ville, demeurée déserte, l'immobilité, la solitude et le silence des tombeaux. Dès six heures du matin, une foule compacte remplissait la ville de Saint-Denis, la plaine, l'avenue, la grande rue qui conduit à la barrière. Des deux côtés, les spectateurs se pressaient sur six rangs jusqu'à la barrière, et l'on peut dire que, de Saint-Ouen à Notre-Dame, et de Notre-Dame aux Tuileries, s'étendaient deux rubans de têtes qui reliaient ces points extrêmes.

Le roi partit à onze heures de Saint-Ouen. Il était dans une calèche attelée de huit chevaux blancs. A côté de lui et à sa gauche, la fille de Louis XVI ; vis-à-vis du roi, le prince de Condé, et, vis-à-vis la fille de Louis XVI, le duc de Bourbon ; à la portière de droite, le comte d'Artois à cheval ; à la portière de gauche, le duc de Berry, également à cheval ; le duc d'Angoulême, retenu dans les départements du Midi, n'était pas encore arrivé à Paris. Devant et derrière la calèche du roi, la garde nationale à cheval, des troupes de ligne et un nombreux et brillant état-major ; et, derrière ces troupes, une longue file de jeunes filles de Paris et de Saint-Denis, qui étaient allées au-devant du roi jusqu'à Saint-Ouen, et qui marchaient à pied comme dans une procession, toutes vêtues de blanc, autour d'une blanche bannière sur laquelle on lisait : « *La Providence nous rend les Bourbons. Vive le roi!* » Les carrosses de la cour, au nombre de huit, tous attelés de huit chevaux, venaient ensuite ; puis ceux de la ville, au nombre de dix-sept. De nombreux détachements de cavalerie fermaient le cortége. Au moment où il se mit en marche, on vit commencer une scène d'une beauté inexprimable, que ceux qui en ont été témoins n'oublieront jamais, scène qui fait battre encore le cœur des enfants qui l'ont vue, et qui sont aujourd'hui des hommes dans la maturité de la vie, et qui met des larmes dans les yeux de ceux qui étaient alors des hommes dans la force de l'âge et qui sont aujourd'hui des vieillards. Partout, les fenêtres pavoisées de drapeaux blancs laissaient passer des essaims de têtes, dont les regards joyeux ou mouillés de larmes plongeaient sur le cortége royal. Des femmes presque toutes vêtues de blanc, tenant des branches de lis à la main et agitant des bannières blanches, se penchaient du haut des croisées. C'étaient des mères, des épouses, des sœurs, qui remerciaient Dieu du grand changement qui, en rendant à la France ses rois, leur rendait leurs fils, leurs frères, leurs époux. La Restauration fut la fête des femmes françaises.

La voiture du roi roulait lentement entre deux haies vivantes formées de cœurs qui battaient de joie. Depuis Saint-Ouen jusqu'à Notre-Dame, et depuis Notre-Dame jusqu'aux Tuileries, ce fut comme un seul cri de *Vive le roi!* qui dura ainsi pendant sept heures ; car le roi, parti de Saint-Ouen à onze heures, n'arriva aux Tuileries que vers six heures. Il est impossible à ceux qui ne l'ont pas entendu de se faire une idée de l'impression que produisait cet immense cri de *Vive le roi!* proféré par un million de voix humaines se confondant dans une clameur infinie qui montait vers le ciel, puissante, irrésistible, en couvrant le bruit des canons qui tonnaient, le tintement des cloches des églises qui sonnaient à pleine volée, le roulement des tambours qui battaient aux champs, le fracas harmonieux des orchestres qui jouaient l'air de *Vive Henri IV!* C'était comme une cataracte de voix humaines dans laquelle on entendait vibrer le cœur de tout un peuple. Il y avait de temps à autre des redoublements quand on passait devant les grandes artères de Paris, où la multitude se pressait plus nombreuse et plus compacte; on discernait comme des élans nouveaux dans l'élan général, et alors les acclamations prenaient un caractère si vif et si pénétrant, que l'on sentait malgré soi ses larmes couler et son cœur se fondre au contact de ces vibrations de voix humaines dont aucun instrument ne peut rendre l'effet. Le roi était heureux et ému; la fille de Louis XVI était sans cesse entre le sourire et les larmes. Elle avait vu, bien des années auparavant, des multitudes réunies avec un esprit bien différent, et ses joies mêmes lui rappelaient peut-être ses douleurs.

Dans cette longue marche, il y eut peu d'épisodes. A la barrière, le roi trouva M. de Chabrol et le corps municipal, qui lui présenta les clefs de Paris. Il prononça quelques paroles qui se résumaient dans ce sentiment exprimé au début de ces paroles : « Enfin, me voilà dans ma bonne ville de Paris! » Il s'arrêta un moment sous la porte Saint-Denis, du haut de laquelle descendit une couronne colossale qui toucha presque sa tête royale. Arrivé au marché des Innocents, il s'arrêta encore et fut complimenté par les dames de la Halle, tandis que deux orchestres immenses faisaient entendre l'air de : *Vive Henri IV!* Un petit enfant d'une charmante figure offrit des fleurs à la fille de Louis XVI ; elle les reçut avec attendrissement. Deux colombes lâchées par la main de l'enfant vinrent voltiger autour de la tête de la princesse ; les anciens auraient dit que c'étaient l'âme de son frère et celle de madame Élisabeth qui venaient lui souhaiter la bienvenue. Quand on eut traversé le pont au Change et que, en débouchant dans la rue de la Barillerie, on se trouva devant la façade du palais de Justice, la fille de Louis XVI et de Marie-Antoinette se laissa aller en arrière, et, le visage couvert des pâleurs de la mort, elle sembla au moment de s'évanouir. Un mouvement électrique de douloureuse sympathie courut, aussi rapide que l'éclair, dans la foule. Le char de triomphe de Marie-Thérèse venait de se croiser, dans la mémoire de tous, avec l'ignoble charrette qui avait conduit Marie-Antoinette à l'échafaud, en traversant le pont au

Change et la rue Saint-Honoré dans toute sa longueur, au sortir de la Conciergerie. On avait compris que le procès de la reine et celui de madame Élisabeth s'étaient dressés dans sa mémoire comme deux spectres sanglants sortis des tombeaux du passé pour attrister les joies du présent.

Il était deux heures et demie quand on entra à Notre-Dame. Il y eut alors un moment d'émotion intraduisible dans les langues humaines : ce fut celui où la foule compacte qui remplissait l'immense vaisseau de la vieille église entonna d'une voix unanime le *Domine salvum fac regem*, pendant qu'aux alentours de la basilique retentissait le cri infatigable de *Vive le roi!* d'une manière si intense, que la foule qui stationnait sur toute la longueur des quais l'entendait et le répétait à son tour. Hors l'église, la joie le disait à la terre; dans l'église, la prière le portait jusqu'au pied du trône de Dieu.

Les esprits et les cœurs étaient remplis d'étonnement et d'émotion à la pensée du grand événement dont on rendait grâce au Dieu de saint Louis. Beaucoup de ceux qui assistaient au cantique d'actions de grâces de la Restauration naissante pouvaient à bon droit s'étonner d'y avoir travaillé, car là figuraient le prince de Bénévent et tout ce sénat conservateur, peuplé des créatures de Napoléon, et qui, après avoir obéi pendant de si longues années à sa volonté souveraine, avaient prononcé sa déchéance. Dieu prend ses instruments où il lui plaît, et tourne comme il veut les hommes, faibles roseaux qui plient sous sa main. Le roi était grave et pensif, Monsieur et le duc de Berry radieux, le prince de Condé et le duc de Bourbon semblaient chercher quelqu'un du regard comme s'il y avait eu entre eux un vide. La fille de Louis XVI était abîmée dans les profondeurs de la prière. Elle n'était plus sur la terre, elle était devant Dieu.

Au sortir de Notre-Dame, il y eut une longue station sur le pont Neuf. Le roi éprouva un vif sentiment d'émotion en apercevant le simulacre improvisé de la statue de son aïeul Henri IV, qui se dressait sur son piédestal pour souhaiter la bienvenue à sa race, comme si la restauration de 1594 eût salué celle de 1814! Sur ce point encore, on vit éclater une de ces scènes d'attendrissement qui s'étaient plus d'une fois renouvelées sur le passage du cortége. Tout le Conservatoire était groupé autour de la statue du bon roi, et faisait retentir l'air consacré à sa mémoire; on lisait sur le piédestal cette inscription simple et touchante, disputée par M. Beugnot à M. de Lally-Tollendal : *Ludovico reduce, Henricus redivivus*. Le peuple répétait en chœur l'air si longtemps cher à la France. La foule qui couvrait le pont et les deux rives de la Seine étendait les bras vers les Bourbons, et l'on eût dit qu'avant de les laisser rentrer dans le palais de leurs pères elle voulait prolonger ces heures d'enthousiasme et de délire, et sentir leur cœur battre sur son cœur. Ce fut en ce moment que l'aérostat monté par madame Blanchard s'éleva majestueusement dans les airs et apprit en même temps à toute la ville, qui le suivait des yeux, que le cortége royal était arrivé sur le pont Neuf. Après une longue attente, il se remit en marche, précédé, accueilli, suivi des mêmes cris d'enthousiasme et d'amour. A mesure qu'on approchait des Tuileries, la foule devenait plus compacte, parce que les spectateurs qui avaient assisté au passage du cortége royal sur les points les plus éloignés refluaient de tous côtés vers le château. On n'avançait plus qu'avec une extrême lenteur. Le roi et les princes étaient pâles de fatigue et comme courbés sous le poids du bonheur. Ils avaient oublié vingt et un ans de douleur et d'exil. En suivant la rue Saint-Honoré, la fille de Marie-Antoinette put voir, parmi ces fenêtres pavoisées de drapeaux blancs, celle du haut de laquelle, vingt et une années plus tôt, un prêtre invisible pour tous, visible seulement pour la reine avertie, fit descendre sur sa tête l'absolution suprême, dernier sacrement qui précéda de si près le sacrement du martyre. Quand on traversa la place du Palais-Royal, la fille de Louis XVI pâlit légèrement et leva les yeux au ciel. La calèche royale venait de passer à l'endroit même où le peuple avait arrêté le tombereau qui traînait Philippe-Égalité au supplice, afin qu'il vît une dernière fois le palais qu'il avait habité aux jours de ses prospérités et qu'il regrettât plus amèrement la vie. On put croire que la fille du martyr trouvait, dans les trésors de sa pitié miséricordieuse, une prière pour le plus indigne et le plus coupable des juges de son père.

Il était six heures quand la calèche royale entra dans la cour du château des Tuileries. Il y avait vingt-deux ans moins trois mois que la royauté en était sortie par la porte opposée pour chercher, dans la journée du 10 août, un asile au sein de l'Assemblée nationale, qui l'avait envoyée à la prison du Temple, et avait laissé à la Convention le soin de l'envoyer à la place du 21 janvier. Après ce long espace de temps écoulé, la royauté, qui avait traversé les horreurs de l'échafaud et les tristes vicissitudes de l'exil, revenait au palais de ses pères, et les débris du naufrage de la famille de Louis XVI se rencontraient avec les débris du naufrage de la France. On eût dit que ces deux grandes infortunes se consolaient en se rapprochant, et que chacune d'elles s'oubliait elle-même pour pleurer sur l'autre. Dès que la fille de Louis XVI eut le pied sur les marches des Tuileries, elle oublia sa fatigue et sortit de son accablement. Comme si elle avait été soutenue par une force surnaturelle, elle courut plutôt qu'elle ne marcha, guidée par ses souvenirs, et en s'orientant dans cette longue file d'appartements dont l'ordonnance avait été changée. Elle cherchait la chambre de sa mère. Tout à coup on la vit s'affaisser sur elle-même, et, se laissant aller sur ses genoux, elle pria, pleura et s'évanouit : elle avait reconnu la chambre de Marie-Antoinette. Un long sanglot s'éleva parmi les femmes royalistes qui remplissaient le château. Tout le monde était tombé à genoux, non devant la princesse, mais devant la sainte. On lui demandait avec instance sa bénédiction ; il semblait que la reine et madame Élisabeth, couronnées de l'auréole des bienheureux, fussent debout à ses côtés. La fille de la reine douloureuse se leva avec effort. En se voyant ainsi aimée et honorée là où sa mère avait été si cruellement, si indignement insultée, elle remercia du cœur ces cœurs généreux qui faisaient amende honorable à la reine des injures dont ils n'avaient pas été coupables, voulut parler pour verser son âme dans l'âme de ces femmes et de ces jeunes filles qui l'entouraient ; mais sa voix expira sur ses lèvres, ses émotions étaient trop fortes ; son cœur, partagé entre la douleur de ses souvenirs et les élans de sa reconnaissance, battait à se briser ; elle prit, pour ainsi dire, la fuite en murmurant : « Ah ! c'en est trop ! » Elle était déjà sortie depuis quelques moments, que les femmes qui remplissaient la chambre étaient encore à genoux.

Fermons le récit de la rentrée des Bourbons sur cette scène, quoiqu'il y eût bien des choses à dire encore. Le soir, le Roi, la fille de Louis XVI, les princes, ne cessèrent de se montrer au balcon. La foule, qui se renouvelait sans cesse, ne pouvait se lasser de les voir, et semblait vouloir s'assurer qu'elle n'était pas le jouet d'une illusion et qu'il était bien sûr qu'ils lui étaient rendus. Quand la nuit vint terminer cette belle journée, le jour recommença, car la ville s'éclaira tout entière et jusque dans ses quartiers les plus reculés, par une de ces illuminations universelles que le despotisme ne peut commander ni obtenir. La joie publique flamboyait à chaque croisée; çà et là on s'arrêtait devant des transparents qui traduisaient la pensée publique en caractères de feu. Au-dessus de l'Hôtel de Ville, on remarquait cette inscription tirée des Machabées : *Felix dies in qua reversus es ad domum patrum tuorum, et sedisti in sede regni eorum.* Sur un nombre immense de maisons on retrouvait l'écusson fleurdelisé, avec ces mots en exergue : « Dieu nous les rend. » Vers le milieu du faubourg Saint-Denis, la foule stationna longtemps devant un transparent allégorique qui représentait la Mort accoudée et endormie sur le fût d'une colonne brisée, et entourée d'enfants qui jouaient auprès d'une touffe de lis; on lisait ces mots sur le pied de la colonne : « Croissez et multipliez, la Mort se repose; » idée ingénieuse et touchante, sortie sans doute du cœur d'une mère. Le soir on dansa en rond dans les parterres des Tuileries; les inconnus se connaissaient, et les passants se donnaient la main comme de vieux amis. Enfin, la soirée s'avançant, Paris épuisé d'ivresse et harassé de bonheur, et les Bourbons succombant sous le poids des émotions, cherchèrent un peu de repos. Vers minuit, on n'entendait plus que le bruit de quelques passants attardés qui faisaient retentir le cri de vive le Roi! en rentrant chez eux à la lumière des illuminations qui étincelaient sous un ciel pur et serein, et la détonation de quelques pièces d'artifice, derniers restes des feux de joie qu'on avait tirés pendant la soirée. La première journée de la Restauration était finie.

III

TÉMOIGNAGES RENDUS A LA RESTAURATION.

En considérant la Restauration dans ces premières journées, on comprend l'opinion de ceux qui la voient si forte à son origine, qu'ils ne peuvent plus s'expliquer sa chute, sinon par ses fautes. En effet, si Manuel a prononcé la parole qui lui a été tant reprochée, sur la répugnance avec laquelle la France aurait vu le retour des Bourbons, jamais parole ne fut plus contraire à la vérité historique. Non-seulement la Restauration fut accueillie avec bonheur par les familles demeurées attachées, malgré les vicissitudes des révolutions, à la tradition nationale; mais ceux pour qui elle ne fut pas une satisfaction de cœur l'acceptèrent, dans ce premier moment, comme un expédient honorable pour les difficultés de la patrie et une sauvegarde pour leurs intérêts les plus chers. Les mères saluèrent en elle le gage de la vie de leurs enfants, qu'elles voyaient, la veille encore, grandir avec terreur comme une proie due aux champs de bataille. Les classes moyennes, si nombreuses, l'envisagèrent comme le signal d'un repos auquel elles aspiraient depuis si longtemps, comme la garantie d'un gouvernement tempéré et d'une politique modérée. L'industrie et le commerce virent un vaste champ ouvert à leurs fructueux labeurs. Aux yeux de la population tout entière, elle représentait un besoin impérieux, une nécessité française et européenne, la paix.

Parmi les plus illustres compagnons de guerre de l'Empereur, il y en avait un grand nombre qui, rassasiés de gloire, épuisés et haletants de leurs mille combats, étaient reconnaissants à la royauté du repos qu'elle leur apportait, à la fin de leur carrière. L'histoire ne saurait oublier que, parmi ceux qui déclarèrent à l'empereur Napoléon, lorsqu'il voulut marcher de Fontainebleau sur Paris, que la continuation de la guerre était impossible, et sollicitèrent, nous allions dire exigèrent, son abdication, on comptait les princes de Neufchâtel et de la Moskowa, les ducs de Reggio, de Dantzick et de Tarente.

Tandis que les plus glorieux lieutenants de l'Empereur pensaient et agissaient ainsi, les négociants de la rue Saint-Denis et de la rue Saint-Martin tapissaient la devanture de leurs maisons de drapeaux blancs et d'écussons fleurdelisés, comme s'ils avaient voulu souhaiter la bienvenue à cette ère de prospérité sans exemple qui allait s'ouvrir pour le commerce et pour l'industrie. Enfin, la jeunesse studieuse et lettrée, qui commençait dans l'ombre à se sentir gênée par cette pensée dictatoriale qui, remplissant l'étendue, ne laissait de place à aucune autre pensée, voyait s'ouvrir avec la Restauration des horizons pour cette liberté politique, l'attrait de ses études et de ses lectures, le charme de ses rêves. Il faut se souvenir qu'à cette époque M. Guizot, M. de Lamartine, M. Cousin, M. Jouffroy, M. Villemain, M. Odilon Barrot, M. Augustin Thierry, M. Casimir Delavigne, se rencontraient avec Lainé, Royer-Collard et l'illustre métaphysicien Maine de Biran, dans cette réaction de l'idée contre le fait, de l'indépendance de l'esprit humain contre l'omnipotence de la gloire et du génie, de sorte que la Restauration fut pour eux une délivrance.

La Restauration, ce n'était pas seulement le trône de France rendu à la famille de Bourbon, c'était encore le Pape rendu à Rome, les Bourbons à l'Espagne, la patrie rendue à madame de Staël, la parole à M. Lainé, la plume à M. Benjamin Constant comme à M. de Châteaubriand ; c'était surtout l'Océan rendu au commerce, les bras à l'agriculture, le repos aux corps, l'activité aux esprits, la sécurité aux intérêts, la concorde au monde. Les contemporains les plus séparés d'opinions, de principes, de situations, en ont parlé dans le même sens. M. Benjamin Constant écrivait, au début de la première Restauration, ces paroles qui ont plus de gravité et, par conséquent, d'autorité que le fougueux manifeste qu'il devait publier le 20 mars 1815, contre le retour de l'Empereur, et démentir, quelques jours après, en acceptant les fonctions de conseiller d'État, que lui infligea Napoléon, par une vengeance d'assez bon goût contre ce Juvénal effaré : « Le changement qui vient de s'opérer rend le sceptre aux mains de la famille incontestée ; il consacre la représentation nationale, il met hors d'atteinte l'indépendance de la magistrature. Tous les partis doivent être également satisfaits. » M. Bignon, dont l'opinion n'est pas suspecte, terminait, en décembre 1814, l'*Exposé comparatif de l'état de la France* par ces mots : « Un juste espoir nous est permis ; nous avons pour nous l'expérience du passé, toutes les données de l'avenir, un roi constitutionnel, et un Bourbon pour roi. » Carnot, dont le témoignage est moins suspect encore, écrivait, dans une lettre célèbre, ces paroles mémorables : « Le retour des Bourbons produisit un enthousiasme universel ; ils furent accueillis avec une effusion de cœur inexprimable. Les anciens républicains partagèrent sincèrement les transports de la joie commune. Toutes les classes de la société avaient tellement souffert, qu'il ne se trouvait personne qui ne fût véritablement dans l'ivresse. » Ce témoignage se trouve encore corroboré par la proclamation de Carnot, adressée à la garnison d'Anvers, le 18 avril 1814. « Soldats, disait-il, aucun doute raisonnable ne pouvant s'élever sur le vœu de la nation française en faveur de la dynastie des Bourbons, ce serait nous mettre en révolte contre l'autorité légitime que d'hésiter plus longtemps à la reconnaître. Nous avons pu, nous avons dû procéder avec circonspection ; nous avons dû nous assurer que le peuple français ne recevait cette grande loi que de lui-même. »

Il y a quelque chose de plus frappant, peut-être : c'est le nom des hommes qui ont le plus contribué, nous ne dirons pas à faire, et l'on comprendra tout à l'heure pourquoi, mais à proclamer la Restauration. Les mémoires et les conversations des contemporains qui avaient, à cette époque, atteint l'âge d'homme, ne nous laissent point ignorer que chacun voulait l'avoir faite. Entrait-on dans un salon du faubourg Saint-Germain, on trouvait M. le comte de Pradt, l'ex-archevêque de Malines, l'ex-ambassadeur à Varsovie, l'ex-aumônier du dieu Mars, comme il s'appelait lui-même, entouré d'un cercle auquel il racontait comment, dans la journée du 1er avril, il avait remis les Bourbons sur le trône. — « Ce n'est pas le moindre des services que j'aurai rendus à la France et à l'Eu-

-rope, » ajoutait-il modestement. Puis, pour peu qu'un contradicteur, saisissant un intervalle de respiration, qui seul suspendait le cours de cette parole cadencée comme un air de musique, et s'épanouissant en périodes régulières comme celles qu'on trouve dans un livre, exprimât un doute au sujet de ce droit de propriété exclusive que M. de Pradt revendiquait sur le rétablissement des Bourbons, les anecdotes pleuvaient, les confidences les plus intimes arrivaient, le flux de paroles grossissait, et le malencontreux interrupteur était obligé de s'avouer vaincu et convaincu pour arrêter le cours de ces grandes eaux. M. le comte de Pradt regardait presque comme un spoliateur quiconque mettait en doute la légitimité de ses prétentions sur ce point. N'était-ce pas lui qui, en se promenant dans les groupes, stationnant le 31 mars 1814 sur les boulevards, avait remarqué les dispositions favorables de l'opinion pour la maison de Bourbon? Qui était allé le lendemain à l'hôtel Talleyrand, rue Saint-Florentin, numéro 2, où l'empereur de Russie était descendu, et où les souverains se trouvaient réunis? C'était lui. Qui avait averti M. de Talleyrand de ces dispositions du public? Encore lui. Qui avait ainsi arraché au prince de Talleyrand cette première interjection favorable à la légitimité, ce *Hum* tout-puissant qui, semblable au mouvement de sourcil de Jupiter, avait fait pencher le plateau des destinées? Lui, toujours lui. Qui donc enfin, poussé par M. de Talleyrand lui-même sur le balcon, armé du mouchoir blanc du grand diplomate, parce que son propre mouchoir était rouge, avait crié en l'agitant : *vive le roi!* à la foule qui stationnait dans la rue? Pas un autre que lui. Il avait donc tout fait à lui seul, et il fallait bien que ses auditeurs reconnussent que c'était l'aumônier du dieu Mars qui avait fait la Restauration avec le mouchoir du prince de Bénévent.

M. le baron Louis, quand on le pressait un peu, avait bien aussi ses anecdotes à raconter. Enfin, chacun avait son action à redire, son mot à faire valoir. Mais les deux grands acteurs qui jouèrent les principaux rôles sur le seuil des deux Restaurations laissent dans l'ombre ces prétentions secondaires. Qui proclama la première? Le prince de Talleyrand. Qui proclama la seconde? Fouché.

On n'a pas, ce semble, assez insisté sur les révélations historiques contenues dans ces deux noms. Que de braves généraux aient vu venir, sans appréhension aucune, la Restauration, rien de plus naturel : la place de ces glorieux serviteurs de la patrie était marquée sous tous les gouvernements, sous tous les drapeaux. Que des hommes politiques, engagés dans d'autres voies, pendant les longues vicissitudes de nos révolutions, impériaux, républicains modérés, aient salué le retour du principe traditionnel, ramenant, par la confiance et la sécurité qu'il donnait aux intérêts d'ordre, des institutions de liberté politique, on le comprend sans peine : ils n'avaient rien d'incompatible avec les Bourbons. Mais M. de Talleyrand, dans la situation anormale, étrange, inexcusable où il s'était mis, un évêque marié ! M. Fouché, avec ses sanglants et hideux souvenirs de 93, un régicide sans foi républicaine, un proscripteur sans passions, un démagogue sans principes, un athée en morale, en politique, en religion ! Quoi ! tous deux, ensemble ou séparés, ont proclamé la Restauration ! Qu'est-ce à dire ? Bien des historiens ont affirmé que c'était parce que de pareils hommes avaient proclamé la Restauration qu'elle s'était faite. Le contraire est vrai. C'est parce que la Restauration se faisait que de pareils hommes l'ont proclamée. Ils ne pouvaient la souhaiter; mais, s'ils étaient sans enthousiasme, ils étaient sans illusion. Ils comprenaient donc que, si elle n'était pas désirable pour eux, elle était nécessaire, et, au lieu de tenter vainement d'enrayer le char de sa fortune poussé par l'irrésistible force des choses, ils poussèrent aux roues afin de marcher avec le char qui, les trouvant devant lui, les aurait écrasés. Il n'y a rien qui établisse d'une manière plus évidente ce qu'il y avait d'inévitable dans la Restauration que la coopération de ces deux hommes. Ils ne l'auraient pas voulue, s'ils avaient pu l'éviter. Ils la voulurent, comme les hommes clairvoyants veulent ce qui est nécessaire, comme de froids géomètres veulent la solution du problème posé. C'est ce qui achève d'expliquer l'erreur de ceux qui, voyant ce concours de tant de volontés divergentes en faveur de la Restauration, cette adhésion des opinions les plus dissemblables, des hommes et des partis les plus séparés par leurs principes, se disent que, pour être tombée malgré le concours de tant de forces, il faut que la maison de Bourbon et ses amis aient commis toutes les fautes et se soient donné tous les torts.

Oui, quand on se replace par la pensée dans ces journées d'émotion et d'entraînement, lorsqu'on se souvient de l'accueil enthousiaste fait au comte d'Artois le 12 avril 1814, et le 3 mai à Louis XVIII et à la fille de Louis XVI ; lorsqu'on retrouve, dans son cœur, ses impressions d'enfance à la vue de ces blanches couleurs qui, mariées à l'azur du ciel, agissaient par une symbolique naturelle sur les âmes ; quand on se rappelle ces fêtes populaires, cette ivresse, cette joie, les acclamations de la bourgeoisie parisienne, l'assentiment général, le consentement de tous les partis, le concours de tant d'hommes politiques venus des points les plus opposés de l'horizon, on est tenté de se demander comment la Restauration a pu tomber, et ce qu'elle a fait pour mourir. Ce n'est qu'en entrant plus avant dans son histoire qu'on trouve des explications et des réponses. Les nouveaux gouvernements, comme les nouveaux mariés, ont leur lune de miel, et malheureusement ce n'est pas dans ce temps exceptionnel et privilégié qu'il faut se placer pour augurer le sort de ces unions. Ce n'est qu'en voyant les uns et les autres aux prises avec les difficultés de la vie, les contrastes des caractères, les obstacles des situations, qu'on découvre les écueils auxquels se brisent souvent ces fortunés navires, partis avec des vents favorables qui semblaient devoir les pousser au port.

IV

SECONDE RENTRÉE DE LOUIS XVIII.

— 8 juillet 1815. —

Les souvenirs de la seconde entrée des Bourbons à Paris ne nous reviennent point avec la même impression de joie que la première. On était heureux dans nos familles de les revoir; mais à ce bonheur se mêlait un sentiment de tristesse, de colère et d'appréhension. On se défiait de ce bonheur qui, une première fois, avait duré si peu. On était irrité contre ceux qui avaient jeté la France dans une situation douloureuse et terrible d'où elle ne sortait que par un désastre. On était humilié et affligé du spectacle que venait de donner notre pays à l'Europe par ces changements si rapides de gouvernement, se succédant comme des décorations de théâtre. Chaque parti, presque chaque homme pouvait répéter, pour son compte, le mot célèbre par lequel Louis XVIII se fit précéder : « Mon gouvernement a fait des fautes. » Nous analysons aujourd'hui les sentiments généraux qui ne nous arrivaient, à cette époque, à nous autres enfants, que comme des sensations confuses. Le charme, l'abandon, la confiance d'une première réconciliation avaient disparu. Une expérience si récente alarmait tous les esprits pour l'avenir : on s'entre-regardait avec des yeux pleins de rancune, d'indignation et de soupçons.

Sans doute ces pénibles sentiments s'effaçaient, pour un moment, à la vue des Bourbons. La rentrée de madame la duchesse d'Angoulême, surtout, produisit une ivresse qui rappela les scènes de la première Restauration. On lui savait gré de la grandeur avec laquelle elle avait porté, à Bordeaux, le nom de Marie-Thérèse. Son courage, sa fermeté, sa présence d'esprit, vivaient dans toutes les mémoires, et, en même temps qu'on était heureux de la revoir, on était fier de pouvoir s'honorer des vertus politiques qu'elle avait déployées dans la crise d'où presque tous les caractères étaient sortis diminués. Aussi sa rentrée est-elle celle qui a laissé dans notre mémoire la trace la plus profonde.

Louis XVIII était rentré à Paris le 8 juillet 1815 ; madame la duchesse d'Angoulême, débarquée à Dieppe le 26 du même mois, se rendit à Paris en traversant Rouen, et y arriva le 27 juillet, à trois heures de l'après-midi. Cette date devait se retrouver avec une autre signification, avec d'autres souvenirs dans l'histoire de sa famille et dans la sienne; c'est la destinée des vies qui se prolongent de rencontrer souvent dans le même jour un anniversaire de joie et un anniversaire de deuil. Dans la soirée même du jour de son arrivée, une multitude immense se porta dans le jardin des Tuileries, sur la terrasse parallèle au château qui, à cette époque, n'était point séparé du reste du jardin. Nous croyons entendre encore ces acclamations, vibrantes comme un cri du cœur, puissantes comme la voix d'un peuple, qui portaient au loin le nom de madame la duchesse d'Angoulême. Nous voyons ces mains étendues, ces femmes, ces enfants qu'on élevait dans les bras pour leur faire apercevoir la princesse qui parut bientôt à la croisée. Elle salua de la main avec émotion la foule émue. Elle paraissait triste, mais profondément touchée.

C'était encore un de ces jours où les innombrables individus dont se forme cet être multiple qu'on appelle Paris vivent de la même vie. Chacun apportait son émotion dans l'attendrissement général, son cri dans la clameur publique; les barrières des rangs tombaient devant la communauté des sentiments; tous se sentaient rapprochés, confondus dans l'admiration et la tendresse qu'ils avaient pour la fille de Louis XVI, revenue une seconde fois au palais des

Tuileries, où avaient tant souffert son père le roi Louis XVI, sa mère la reine Marie-Antoinette, de sainte et douloureuse mémoire. Ces manifestations accroissant l'enthousiasme, les mains s'enlacèrent par un mouvement électrique, des rondes se formèrent au bruit des chansons populaires de l'époque ; les plus lestes franchirent les grilles des parterres de fleurs dont le jardin des Tuileries est orné, et comme la foule, cet enfant robuste, a toujours quelque chose de destructeur dans ses joies comme dans ses colères, on célébra, aux dépens des gazons foulés et des arbustes brisés, le retour de celle qu'on n'appelait plus la prisonnière du Temple, mais l'héroïne de Bordeaux. Cette fête improvisée, dont l'enthousiasme général avait fait tous les frais, se prolongea jusqu'à dix heures du soir.

La joie publique venait, à cette époque, chercher dans la présence des Bourbons aux Tuileries le seul objet qui pût l'exciter, car les Bourbons étaient la seule assurance pour le présent, le seul espoir d'un moins fâcheux avenir. Louis XVIII, en se dépêchant de venir voler son trône, comme l'a dit énergiquement M. de Chateaubriand, sauvegardait la nationalité française menacée par les rancunes et les ambitions de l'étranger. En sortant de ces lieux, il fallait voiler ses yeux pour ne pas pleurer sur la capitale de la France, occupée par l'Europe irritée et maîtresse, et au milieu de laquelle flottaient les couleurs des Anglais et des Prussiens que nous avions tant de fois vaincus.

Les Cent-Jours avaient fait un mal immense à la Restauration. Ils avaient changé les conditions dans lesquelles elle s'était accomplie la première fois, et créé des ombrages entre elle et un grand nombre d'individus; nous dirons plus, entre elle et des classes tout entières. Quand on étudie les obstacles qu'elle eut à combattre et qui finirent par l'écraser, les passions qu'elle excita, les inimitiés qui l'assaillirent, les torts qu'on eut contre elle, la plupart des fautes qu'elle commit, les injustices de ses adversaires, les erreurs, les préventions et les passions de ses amis; c'est toujours à cette origine qu'il faut remonter. Ce trait empoisonné demeura toujours dans la plaie, et, s'enfonçant de plus en plus, finit par atteindre le cœur.

Étudiez, par exemple, les dispositions de l'armée sous la première et sous la seconde Restauration, et vous demeurerez frappé de la différence. La première fois que la Restauration s'accomplit, il n'y a aucun ombrage entre elle et l'armée. Comment pouvait-il y en avoir? L'Europe, que l'empereur Napoléon a tant de fois vaincue en détail, coalisée par le désespoir contre lui, a écrasé sous une avalanche d'hommes notre armée déjà décimée par la désastreuse retraite de Moscou. L'armée a défendu jusqu'au dernier moment l'honneur du drapeau. Dégagée de son serment par l'Empereur, elle s'est rangée sous les lois du représentant de l'antique royauté française qui est venu étendre son sceptre entre la France épuisée et l'Europe maîtresse de notre sol. Le roi est naturellement plein d'estime pour l'armée, qui ne peut avoir que des sentiments de respect pour le roi. Après les Cent-Jours, les choses ne sont plus ainsi. L'armée, en revoyant le grand capitaine qui l'a si souvent conduite à la victoire, a cédé, sauf de rares exceptions, à un entraînement militaire que l'histoire comprend, mais qu'elle ne peut justifier ; qui voudrait absoudre l'oubli du serment, cette base sacrée de toute chose ? C'est elle qui, par entraînement pour l'Empereur, a fait les Cent-Jours. Elle s'en souviendra longtemps, et, comme elle s'en souvient, elle supposera que le roi ne peut pas l'oublier.

L'origine des conspirations militaires qui troublèrent les premières années de la Restauration est là : c'est le retentissement du divorce des Cent-Jours. Ce malaise se prolonge jusqu'à la guerre d'Espagne, où l'on voit encore un certain nombre de militaires français, au nombre desquels était Armand Carrel, paraître, sur les bords de la Bidassoa, dans les rangs de l'étranger. Ce n'est que par cette campagne qu'un rapprochement s'opère entre les Bourbons et l'armée.

Les Cent-Jours suggérèrent à une fraction d'hommes, qu'on désigna plus tard sous le nom de parti constitutionnel, une idée plus fâcheuse encore, parce qu'elle fut plus durable, et qu'on pourrait appeler la seconde fatalité de la Restauration comme de la liberté politique. Ils crurent, à cause de l'essai de la chambre des Cent-Jours, qu'on pourrait faire un gouvernement représentatif en France, sans avoir besoin de la maison de Bourbon et de son principe. Non que le général de Lafayette, malgré ses illusions, ait eu une grande foi dans l'acte additionnel aux constitutions de l'Empire : il n'avait pas sur ce point l'amour-propre d'auteur de M. Benjamin Constant et la naïveté crédule de M. Simonde de Sismondi, qui croyaient garrotter le lion impérial dans les filets d'une phraséologie libérale; — mais M. de la Fayette et d'autres avec lui espérèrent que le gouvernement constitutionnel, qui n'est qu'une forme, et qui a besoin de s'appuyer sur un principe d'autorité fortement établi, capable de donner des garanties solides à l'ordre, pourrait exister par lui-même et devenir le principe même d'un gouvernement, indépendamment de toute dynastie. On sait que les ambassadeurs du gouvernement provisoire poursuivirent, à la fin des Cent-Jours, les plénipotentiaires des puissances étrangères, afin d'obtenir un établissement politique qui aurait à la fois exclu une régence napoléonienne et la royauté des Bourbons. « Ces gens-là, disait spirituellement le *Journal des Débats* à cette époque, offraient la couronne de France à qui voudrait l'accepter ; ils l'auraient offerte au Grand Mogol, peu leur importait, pourvu que ce ne fût pas un Bourbon. »

Sans doute le parti constitutionnel était loin d'être tout entier dans ces dispositions. Il y eut même plusieurs de ses membres qui refusèrent avec une fermeté honorable et intelligente d'entrer dans aucune combinaison pendant le régime des Cent-Jours. Mais le souvenir de la tentative faite par la Fayette, Simonde de Sismondi, Bedoch, Dumolard, et tant d'autres pour fonder un empire constitutionnel, resta et devint à la fois la source des ombrages de quelques-uns des princes de la maison de Bourbon et d'un grand nombre de ses amis contre le parti constitutionnel ; et la tentation permanente qui séduisit bientôt les esprits les plus ardents de ce qu'on appela le parti libéral. Ils crurent que, sans Fouché, leur combinaison favorite aurait réussi. Au lieu de voir dans le retour de Louis XVIII et dans le principe qu'il représentait le moyen du gouvernement représentatif naissant, ils y virent l'obstacle. Manuel, qui avait plus de faconde que d'éloquence, et dont la parole retentissante allait plus loin que le regard, fut le type le plus prononcé de cette opinion. De là un second élément de conspiration qui agit tantôt à côté de l'élément militaire, tantôt de concert avec lui, l'élément ultra-libéral. Sans les Cent-Jours, ce rapprochement n'aurait pas été possible ; après l'acte additionnel, il devint réalisable.

Les Cent-Jours favorisèrent un autre revirement qui contribua à accroître les défiances entre la droite royaliste et le parti constitutionnel proprement dit. La prompte et éclatante palinodie de Benjamin Constant, qui passa si rapidement du camp des Bourbons au camp impérialiste, qu'il écrivit, peut-être avec la même plume, la foudroyante malédiction fulminée dans le *Journal des Débats* contre le retour de l'Empereur, et l'acte additionnel aux constitutions de l'Empire, ne pouvait être oubliée ; elle ne le fut pas. Le tort des écrivains qui abusent ainsi de la parole humaine, c'est de la compromettre. Après une affirmation si solennelle, démentie d'une manière si étrange et si prompte, on devint incrédule à toutes les protestations du parti qui ouvrait ses rangs à un homme dont la conscience facile se pliait à ces brusques revirements. Benjamin Constant fit, dans les Cent-Jours, deux choses également contraires à la Restauration : il jeta une teinte de libéralisme sur le camp bonapartiste, et une teinte de bonapartisme sur le camp libéral. Ceci facilita une confusion à la faveur de laquelle un grand nombre d'écrivains, employés dans les bureaux de l'*Esprit public,* sous le ministère de Fouché, accomplirent une évolution imprévue et se firent, dans la presse renaissant à la liberté, les défenseurs, souvent excessifs, des principes les plus libéraux. Cela rendit la liberté suspecte à bien des gens, lui donna un air de conspiration, et produisit en même temps une opposition à la fois très-inconséquente et très-puissante, parce qu'elle prenait ses armes dans deux ordres de sentiments populaires, la gloire et la liberté.

C'était de cette source que devait sortir, armée en guerre et portant le bonnet phrygien, la chanson militaire et libérale de Béranger, qui, volant de bouche en bouche, devait exciter tant de passion contre la monarchie. Avant les Cent-Jours, il avait fait le *Roi d'Yvetot;* après les Cent-Jours, qui avaient vu le fédéré parisien fraterniser avec le soldat des armées impériales, et l'acte additionnel fondre la Charte avec les Constitutions de l'Empire, il fit tous ces chants mi-républicains, mi-impériaux, qui commencèrent cette grande confusion d'idées et de sentiments à laquelle tant d'historiens, tant de poëtes, tant de dramaturges, devaient prêter leur concours. La chanson politique de Béranger, qui rappelle assez Théroigne de Méricourt à cheval sur un canon, est donc une fille des Cent-Jours.

Il faut ajouter que ce terrible épisode laissait dans les âmes populaires des impressions qui les rendaient accessibles à ces pamphlets ardents, portés d'un bout de la France à l'autre sur les ailes rapides de leurs refrains. Sans doute, pour l'équitable histoire qui, jugeant les événements de haut et de loin, rattache les effets à leurs véritables causes, l'Europe n'avait pas plus, en 1815 qu'en 1814, pris les armes pour rétablir les Bourbons. Elle n'avait pas agi dans l'intérêt moral de la légitimité, mais dans un intérêt exclusif de préservation européenne. Elle comprenait très-bien que l'empereur Napoléon, rencontrant à son retour en France des obstacles considérables et nouveaux dans le développement des idées libérales, ne trouverait la faculté de surmonter l'opposition du dedans que par des victoires au dehors, et qu'il fallait qu'il allât chercher sur les champs de bataille de glorieux moyens de gouvernement. La guerre sortait de la situation. L'Europe sentait qu'on la lui ferait si elle ne la faisait pas. Elle profita donc du moment où elle était réunie dans le congrès de Vienne, où ses armées étaient debout, où son grand adversaire n'avait pu rassembler toutes ses forces, pour lui porter un coup décisif.

C'est ainsi que tous les historiens jugent maintenant les choses, pourvu que leur coup d'œil soit clairvoyant et leur esprit impartial. Mais alors, si près des événements, dans le tumulte et la passion d'une journée de combat et de désastre, les masses étaient disposées à ne voir que la coïncidence de deux faits matériels : l'invasion des étrangers et la rentrée des Bourbons. Pour peu que l'esprit de parti s'emparât de cette fâcheuse disposition, il était indiqué qu'on verrait naître une confusion fatale. Au lieu de se dire qu'innocents des maux de la patrie les Bourbons étaient venus auprès de son lit de douleur pour l'entourer de leurs soins, la soutenir et la défendre dans cette crise, et la ressusciter enfin à la vie et à la gloire, on se disait avec colère : « Hier les uniformes étrangers, aujourd'hui les Bourbons; en 1814 d'abord, en 1815 encore; c'est donc une fatalité! »

C'en était une que ce rapprochement. Comme ceux qui voient les choses avec les yeux du corps sont bien plus nombreux que ceux qui les jugent avec les yeux de l'esprit, il rendait la tâche de la Restauration pénible et ardue. Quand la passion et la calomnie versèrent leurs poisons dans cette plaie, elle s'envenima promptement. Les Cent-Jours condamnaient en outre la Restauration à des mesures qui aggravaient ces dispositions des âmes populaires. Elle allait être obligée de licencier l'armée campée sur la Loire. Il était politiquement bien difficile d'éviter cette extrémité après le mouvement militaire qui avait amené le 20 mars. On pouvait cependant le tenter, mais les puissances étrangères, militairement maîtresses du sol, l'exigèrent. « Il fut notifié au roi de France, disait lord Castlereagh à la Chambre des communes, dans la séance du 20 février 1816, que, s'il ne voulait pas, ou ne pouvait licencier l'armée de la Loire, les alliés se chargeraient de cette tâche, et l'on mit en état d'agir une force de trois cent mille hommes pour attaquer l'armée de la Loire dès que l'armistice serait expiré. » En faisant licencier l'armée de la Loire par le maréchal Macdonald, Louis XVIII subissait donc un cas de force majeure; il ménageait le sang français qui aurait inutilement coulé dans une lutte disproportionnée. Demander pourquoi il ne conserva pas la force militaire de la France, c'est demander pourquoi, roi désarmé d'un royaume envahi, il ne fut pas plus fort que l'Europe maîtresse de notre sol. On allait le demander pourtant.

Ce n'était pas tout. Les puissances européennes n'arrivaient point à Paris avec les mêmes dispositions qu'à l'époque de la première invasion. Alors la France n'avait point subi de contributions de guerre. Elle avait gardé ses tableaux, ses statues, toutes ces richesses du génie, ornements de nos musées, conquêtes acquises pendant de longues années de victoires. Non-seulement elle avait conservé son ancien territoire intact, tel qu'il était avant 1789, mais on le lui avait laissé agrandi de la Savoie. Enfin les troupes étrangères s'étaient retirées du sol national aussitôt la paix conclue. C'était comme une réconciliation générale de l'Europe civilisée dans laquelle les vainqueurs et les vaincus oubliaient, les uns l'orgueil du triomphe, les autres l'amertume de leurs revers, dans la joie commune que leur inspirait la conquête de ce bien inestimable alors parce qu'il était depuis longtemps perdu : la paix, que les anges souhaitent du haut du ciel aux hommes de bonne volonté, car la gloire appartient à Dieu.

Rien de pareil dans les conditions nouvelles qu'on imposait à notre pays après les Cent-Jours. L'Europe irritée nous faisait payer chèrement cette récidive de guerre. Elle sentait que le désastre de Waterloo avait fait couler des veines ouvertes du pays les dernières gouttes de son sang. Elle ne craignait plus de pousser au désespoir cette nation épuisée. Elle nous imposait donc sept cents millions de contributions de guerre. Elle exigeait en outre un sacrifice qui, il faut le dire à l'honneur de notre France, cette Athènes de la civilisation moderne, souvent peu sage, comme sa devancière, mais aussi aimable qu'elle, lui fut plus pénible encore que le sacrifice d'argent : la restitution de tous ces chefs-d'œuvre, hôtes sublimes de nos musées, qui semblaient en famille au milieu de nos chefs-d'œuvre nationaux. Puis il fallut encore se résoudre à voir plusieurs de nos places fortes occupées temporairement par des troupes étrangères jusqu'à l'exécution de toutes les conventions. Enfin vint le traité de délimitation générale : non-seulement la France perdit la Savoie, mais, sur sa frontière allemande, elle fut privée de Landau et de plusieurs territoires qu'elle possédait depuis les conquêtes de Louis XIV, et vit démolir les fortifications de Huningue.

Elle faillit perdre plus. D'abord chacune des grandes puissances s'était mesuré sur la carte un territoire à sa convenance. L'Autriche s'était attribué l'Italie tout entière, Venise, Milan et la Lombardie à titre de sujettes, Rome et Naples à titre de protégées. L'Angleterre avait recouvré le Hanovre agrandi, s'était emparée des îles Ioniennes dans la Méditerranée, où elle avait Gibraltar et Malte, sans compter les possessions hollandaises, l'île de France, Helgoland, qu'elle garda, et toutes les îles qu'elle ramassa sur l'Océan. La Prusse, réalisant une combinaison imaginée par Pitt, notre grand ennemi, s'étendit dans les provinces rhénanes et devint notre voisine, tandis que, d'un autre côté, elle s'arrondissait aux dépens de la Saxe. La Russie acquit, dans la Pologne, un royaume qui fut comme l'avant-garde européenne de cet immense empire. Ce fut une vive et juste douleur, un sujet de ressentiment profond pour la France. Décroître quand tout le monde grandissait autour d'elle! Voir l'Europe partagée sans elle, contre elle qui, pendant treize ans, avait fait les destinées du monde!

Hélas! l'histoire, impartiale et calme aujourd'hui, reconnaît que ce malheur était inévitable après les Cent-Jours suivis de Waterloo. Depuis quatorze ans, il n'y avait qu'un juge en Europe, l'épée. Nous subissions le talion de la loi que l'Empereur avait faite à l'Autriche, à la Prusse, à l'Italie, à toute l'Allemagne. L'épée avait prononcé contre nous. Il eût été plus généreux, plus sage, plus équitable, même envers la France monarchique, à qui l'on prétendait ne point vouloir faire la guerre, de ne pas abuser contre nous de la fortune des armes; M. de Bonald l'écrivit, M. de Salvandy, bien jeune à cette époque, protesta avec toute l'énergie de son âme, dans sa courageuse brochure *la Coalition et la France*; la Restauration fit de vives représentations, mais en vain. L'insolence de la prospérité avait gagné les vaincus de la veille, devenus nos vainqueurs par la coalition de leurs forces et l'épuisement des nôtres. Ils passèrent outre. Ils voulaient aller plus loin encore, et la famille du noble duc de Richelieu possède la carte menaçante, injurieuse, sur laquelle les plénipotentiaires allemands avaient tracé l'indication des sacrifices qu'ils prétendaient imposer à la France, qui aurait perdu Metz, Lille et Strasbourg, avec deux lieues de territoire sur toute la ligne, depuis la Flandre jusqu'à l'Alsace.

L'histoire l'a dit depuis par la plume de Chateaubriand[1], et la postérité ajoutera que nous évitâmes ce dernier malheur parce qu'un descendant de Louis XIV, présent sur notre territoire, pouvait, si l'on nous poussait au désespoir, devenir le centre d'un soulèvement national en avertissant la France que le moment était venu de s'ensevelir sous les ruines de la patrie. Mais alors l'histoire ne parlait pas; la postérité n'était point venue; la passion politique, qui parlait seule, se préparait à se lever pour accuser la Restauration d'une situation déplorable dont elle n'était pas l'auteur, mais la victime comme la France, et qu'elle seule pouvait réparer. On oubliait que ce calice des traités de 1815 qu'elle allait boire, ce n'était point elle qui l'avait versé.

Faut-il donc accuser le médecin de la maladie, l'héritier de la succession désastreuse qu'on lui laisse? La haine accuse toujours, parce que la haine est injuste, et le malheur, hélas! croit à toutes les accusations, parce qu'il n'est guère moins injuste que la haine. On allait donc, après les Cent-Jours, accuser la Restauration des humiliations qu'on subissait, des

---

[1] M. de Chateaubriand dit dans le *Congrès de Vérone :* « J'ai vu, de mes propres yeux, cette carte dans les mains de madame de Montcalm, sœur du noble négociateur. »

maux qu'on souffrait; on allait lui reprocher de ne pas être plus forte que la force des choses, et d'avoir subi la nécessité, cette souveraine des hommes et des dieux, comme l'appelle Homère, la nécessité, cette loi implacable qu'elle subissait avec la France, qu'elle déplorait avec elle? Ce fut en effet les larmes aux yeux que le loyal duc de Richelieu présenta aux chambres les traités de 1815, d'une voix faible et entrecoupée, comme s'il eût craint de s'entendre lui-même; le front incliné, comme si son patriotisme succombait sous le poids du fardeau imposé à la patrie. « La transaction que nous vous présentons, disait-il, doit nécessairement se ressentir de la situation dans laquelle chacune des parties se trouve respectivement placée, comme des intérêts et des considérations qui résultent d'un état de choses inouï dans l'histoire. Un million de soldats s'est précipité sur nos frontières. Le gouvernement s'est vu obligé de composer, non-seulement avec les prétentions, mais avec les alarmes qu'une fatale rébellion a inspirées à l'Europe. Il n'a pu voir dans ces sacrifices que le moyen d'obtenir cette chance d'espérance à laquelle la France aspire. » Cette espérance, c'était la paix et la délivrance de notre territoire évacué, avant le temps marqué, par les troupes étrangères.

C'était là un noble langage, mais que la postérité devait seule comprendre, comme la postérité seule aussi devait rendre témoignage à ces paroles vraiment patriotiques du roi Louis XVIII annonçant aux Chambres, en 1818, que les armées étrangères avaient quitté notre territoire avant l'époque convenue : « Au commencement de la session dernière, tout en déplorant les maux qui pesaient sur notre patrie, disait le roi, j'eus la satisfaction d'en faire envisager le terme comme prochain. Un effort dont, j'ai le noble orgueil de le dire, aucune autre nation n'a donné un plus bel exemple, m'a mis en état de réaliser ces espérances. Mes troupes seules occupent toutes mes places. Un de mes fils, accouru pour s'unir aux premiers transports de nos provinces affranchies, a, de ses propres mains et aux acclamations de mon peuple, arboré le drapeau français sur les remparts de Thionville. Ce drapeau flotte aujourd'hui sur tout le sol de la France. »

A l'heure où nous écrivons, ces paroles font battre le cœur, mais alors la prévention et la haine en amortissaient le retentissement dans les âmes. C'était l'époque où l'on répétait que la Restauration était le gouvernement de l'étranger ; d'autres ajoutaient qu'elle avait été apportée dans les caissons de l'étranger ; enfin s'éleva une voix haineuse qui proféra cette absurde calomnie, aussi attentatoire à l'honneur de la France qu'à l'honneur de la royauté : « La Restauration a été une halte de quinze ans dans la boue. » Le malheureux, dont nous taisons le nom, avait oublié la campagne d'Espagne, Navarin, la campagne de Morée, la conquête d'Alger, et cette diplomatie qui avait partout parlé un langage si noble et si fier, et qui préparait le remaniement de l'Europe, à l'occasion de la question d'Orient, lorsque la Révolution de 1830 éclata.

Voilà les fatalités de la Restauration. Ce sont celles qui frappent les esprits qui prétendent que sa durée était impossible. Ces difficultés, sans être insurmontables si des deux côtés, dans les classes politiques, on avait montré beaucoup de sagesse, de patience intelligente, de modération prévoyante, car elles n'étaient que transitoires, constituaient cependant un grave péril. La situation fâcheuse de l'armée, compromise par sa défection, celle de la seconde Restauration coïncidant par récidive avec la seconde invasion, les traités de 1815, la confusion du libéralisme sincère avec le bonapartisme, la conspiration embusquée dans le camp et dans la Charte, le mirage décevant d'un gouvernement parlementaire dégagé du principe traditionnel entraînant les esprits ardents, les défiances de l'opinion monarchique, l'irritation de l'esprit national, les soupçons, les rancunes réciproques, la surexcitation de toutes les passions, rendaient les fautes tout à la fois plus faciles et plus funestes.

V

PARIS ET ORLÉANS A LA VEILLE DU 20 MARS.

— RÉCIT DE MADAME LA COMTESSE DUPONT. —

Il y a, dans toutes les époques, des hommes qui portent le poids des journées néfastes de l'histoire des peuples. Cette tendance à personnifier les malheurs comme les prospérités, les revers comme les succès dans un nom, a été la source de bien des injustices en histoire. Toutes les fois que l'historien rencontre un nom placé sous le poids d'une de ces malveillances systématiques, c'est pour lui un devoir de justice que d'examiner les pièces du procès avec une sollicitude particulière et sans parti pris d'apologie ou de blâme. En effet, s'il ne faut pas céder à l'entraînement des passions contemporaines, il importe aussi de ne pas se laisser entraîner aveuglément par l'émotion sympathique qui s'élève dans le cœur à la vue des grandes infortunes.

En préparant un travail de longue haleine sur l'histoire de la Restauration, nous avons rencontré sur le seuil de notre sujet une de ces tristes et mélancoliques figures qui demeurent perpétuellement dans un nuage : objets de haine pour les uns, d'intérêt pour les autres; problèmes vivants dont on cherchera toujours la solution. Depuis la capitulation de Baylen, le général Dupont n'a pu sortir de cette situation douteuse et fatale, et il semble que cette première prévention fâcheuse attachée à son nom par un décret de l'Empereur, sans qu'il ait pu obtenir un débat public, une défense libre et des juges, ait autorisé de nouvelles préventions répandues contre lui, en 1814, pendant son ministère, et, en 1815, à l'approche du 20 mars[1]. Malgré ces préventions et en raison même de ces préventions, nous avons dû recourir aux sources. Nous ne pouvions interroger le glorieux soldat de Pozzolo, d'Albeck, de Diernstein, de Halle, de Braunsberg, de Friedland ; il était, depuis longtemps, couché dans son tombeau. A son défaut, nous avons interrogé sa veuve. Bien nous a pris de nous hâter, car il y a quelques mois à peine, peu de temps après nous avoir donné les renseignements écrits que nous lui avions demandés sur

---

[1] M. de Talleyrand, un des membres de la commission nommée par l'empereur pour le condamner à huis clos, disait, en sortant d'une séance : « On ne saurait mieux se défendre, les pieds et les poings liés. »

la conduite du général Dupont à l'approche des Cent-Jours et pendant cette période, madame la comtesse Dupont est allée rejoindre celui à la mémoire duquel elle était restée pieusement et ardemment dévouée.

Il était impossible de voir cette noble femme sans un sympathique respect. Elle portait empreinte sur ses traits une expression de douleur navrante qui disait tout ce qu'elle avait souffert en voyant, pendant tant d'années, cette chère mémoire, objet pour elle d'un culte domestique, si cruellement attaquée. Quand je vis apparaître cette mélancolique figure, elle me produisit l'effet de la Niobé de l'amour conjugal. Sans doute on pourra faire observer qu'une femme devait être partiale dans la cause d'un mari qu'elle aimait si tendrement ; ce que je puis affirmer, c'est que madame la comtesse Dupont était sincère. Son accent, quand elle parlait du général Dupont, avait quelque chose de ferme et de convaincu qui venait de la conscience et qui allait à la conscience. J'ajouterai que c'est un honneur pour cet infortuné général que d'avoir laissé de si vifs et si longs souvenirs dans le cœur d'une femme de ce mérite ; il ne faut pas avoir une âme médiocre pour inspirer une affection si durable.

Deux motifs me décident à publier, dans ces souvenirs, la note par laquelle madame la comtesse Dupont a répondu aux questions que je lui avais adressées sur la conduite du général à la veille du 20 mars et pendant les Cent-Jours. Le premier, c'est que, dans une histoire générale, il ne me sera pas possible d'entrer dans des détails aussi étendus sur une conduite individuelle; le second, c'est qu'on retrouvera dans son récit une foule de traits d'un intérêt très-grand, des détails sur la situation de Paris et sur les dispositions de l'armée réunie à Orléans, qui peignent et montrent cette phase historique que nous ne pourrons que raconter. Nous laissons la parole à madame la comtesse Dupont, en nous contentant de retrancher quelques passages qui pourraient avoir quelque chose de trop agressif contre des personnages contemporains :

« Mon mari était à Tours, dit-elle, lorsqu'il apprit par le comte de Divonne, qui y passait, le débarquement de Bonaparte à Cannes. Je me souviens qu'il lui dit : « Si ce n'était pas le comte de Divonne « qui vient annoncer un semblable événement, je « ferais arrêter sur-le-champ le propagateur de cette « désastreuse nouvelle. » M. de Divonne répondit à cela qu'il fallait que l'événement fût bien vrai pour qu'il eût pris sur lui de l'annoncer, et l'on reconnut bientôt qu'il n'avait pas été trompé par une fausse rumeur.

« Le général avait été averti par le ministre de la

guerre du passage prochain de madame la duchesse d'Angoulême, qui se disposait à quitter Bordeaux. Nous l'attendions lorsqu'il reçut ses lettres de service comme général en chef de l'armée qui se rassemblait sur la Loire, pour être ensuite dirigée contre Napoléon. Les ordres du duc de Dalmatie se succédèrent bientôt plus multipliés que rapides, car il en arriva qui portaient quatre jours de date, tandis qu'un courrier franchissait facilement en seize heures l'intervalle qui sépare Paris de Tours : j'avais moi-même franchi cette distance en dix-sept heures en faisant précéder ma voiture d'un courrier. Pour être juste, il faut, avant de faire remonter la responsabilité jusqu'au ministre, se rappeler l'incroyable incurie et les lenteurs interminables des bureaux.

« Le général partit pour Orléans, en me laissant le soin de recevoir seule madame la duchesse d'Angoulême quand elle traverserait Tours. J'étais tout à la fois flattée de cette marque de confiance et inquiète du rôle difficile que j'allais avoir à jouer.

« J'attendais le passage de Son Altesse Royale, lorsque le 15 mars au soir, ayant chez moi, en ce moment, madame Bonet, femme du lieutenant général commandant la division, j'entendis annoncer le général Ornano, que je connaissais fort peu. Après quelques instants de conversation, cet officier me dit tout à coup : « Oserai-je, madame, vous demander

« ce que vous attendez ici ? » Étonnée de cette brusque question, je répondis : « Vous devez bien savoir, « monsieur, que j'attends madame la duchesse d'An- « goulême.

« — En conscience, madame, croyez-vous qu'elle « passera ? » De plus en plus étonnée, je répondis qu'assurément je le croyais.

« — Voyons, madame, on m'a dit que vous étiez une femme raisonnable et que l'on pouvait vous parler. Eh bien, madame la duchesse d'Angoulême ne passera pas.

« — Et pourquoi, général?

« — Parce que tout le monde tournera.

« — Vous tournerez donc, général?

« — Il ne s'agit pas de moi. J'ai fait mon serment au roi et je le tiendrai. Mais il n'y aura pas un soldat qui ne jette son fusil devant Napoléon.

« — Vos soldats le jetteront donc, général ?

« — Mes soldats feront leur devoir, madame.

« — Cela est singulier.

« — Enfin, dit-il avec un peu d'impatience, vous semblez, madame, ne pas vouloir me comprendre : *Eh bien, au moment où je vous parle* (c'était le 15 mars au soir), Paris est au pouvoir de la garde.

« A ces mots je me sentis pâlir, mais je repris avec autant de calme que je pus :

« — Cela m'étonne, je ne sais rien de semblable.

« — Vous pouvez ne pas le savoir, mais moi, je le sais.

« — Il est vrai, général, que vous pouvez avoir des intelligences que je n'ai point.

« — Il ne s'agit pas d'intelligences, madame, je n'ai point d'intelligences, répondit-il tout à fait impatienté.

« — Enfin, général, vous croyez être mieux instruit que moi! Cependant, comme chacun a sa manière de voir, moi qui persiste à penser que MADAME passera à Tours, je persisterai à l'y attendre jusqu'à preuve du contraire.

« — Mais enfin, madame, si la princesse n'arrivait pas, vous ne resteriez pas ici?

« — Non, général.

« — Et quel jour partiriez-vous?

« — Je n'en sais rien encore.

« — Et par quelle route regagneriez-vous Paris?

« Je lui nommai celle des deux que je ne voulais pas prendre.

« — Si je pouvais vous être utile en quelque chose, madame, ajouta-t-il, je suis tout à votre disposition.

« — Je vous remercie, général.

« Et nous nous séparâmes.

« J'appris le soir même, à minuit, au moment de me coucher, par le *Moniteur*, que l'Empereur était à Lyon, et ma frayeur fut à son comble. Je fis demander le général Bonet, à qui sa femme avait

5.

rendu compte de ma conversation avec Ornano, à laquelle elle avait été présente ; et je lui dis d'un ton consterné :

« — Eh bien, général, il est à Lyon !

« — Mon Dieu, oui, me répondit-il non moins tristement.

« — Bientôt il sera à Paris ! ajoutai-je.

« — Je le crains.

« — Général, je partirai demain, car je vois que le général Ornano était bien instruit, et que Madame ne passera pas à Tours.

« — Je pense comme vous, madame.

« Je partis le lendemain, comme je l'avais dit ; et, avant de partir, j'appris que le général Ornano, ayant rencontré un des officiers du général Dupont qui allait le rejoindre, lui avait dit: « Je suis allé hier « chez la comtesse Dupont ; je ne sais ce que je lui « ai dit, bien des sottises peut-être ! je sortais de « table, j'étais échauffé, mais je suis tout dévoué « au roi. Je vais remettre mon épée dans les mains « du général. Je vous prie de le lui dire. »

« Arrivée à Paris, je crus devoir, dans l'intérêt de mon mari comme dans celui du roi, avertir le ministre de la guerre de ma conversation avec le général Ornano et du peu de fond que peut-être il fallait faire sur une partie de l'armée. Je me rappelais en effet que, seulement deux jours avant ma conversation avec le général Ornano, le général Letort étant venu me faire une visite, parce qu'il n'avait pas trouvé le général Dupont, déjà à Orléans, lui aussi m'avait exprimé ses craintes sur l'esprit de l'armée et avait fini par ces mots : « Oui, madame, le mécontente-« ment de l'armée est à son comble. »

« M. le duc de Feltre, qui déjà avait remplacé le maréchal Soult au ministère, n'était pas aisé à aborder. On me dit qu'il n'y était pas. Je savais le contraire; j'insistai donc, mais sans pouvoir rien obtenir, lorsque je vis passer M. Alfred Rilliet, qui, après avoir été aide de camp de mon mari, était resté attaché en la même qualité, ou comme officier d'état-major, aux ducs de Dalmatie et de Feltre. Je le priai d'aller dire au ministre, qui, je le savais, y était, que je réclamais un moment d'audience, ayant quelque chose d'important à lui communiquer; et que, si absolument Son Excellence ne pouvait me recevoir, j'irais chez le roi, où je serais certainement admise. Dans le trouble où l'on était déjà, le 17 mars, tout le monde avait accès au château; j'en avais été avertie.

« Aussitôt les portes me furent ouvertes. Je racontai au ministre les craintes que m'avait inspirées ma conversation avec le général Ornano.

« — Pourriez-vous m'écrire cela? me répondit-il.

« — Non, monsieur le duc. Je devais, dans l'intérêt

de mon mari comme dans l'intérêt du roi, vous dire entre nous mes appréhensions, mais je ne voudrais pas écrire une dénonciation. Je pense qu'ainsi qu'il l'a dit le général Ornano sortait un peu échauffé de son dîner. Cependant j'ai cru, je le répète, que, dans tous les cas, il fallait que vous fussiez averti. Encore une fois, c'est un renseignement, ce n'est pas une dénonciation.

« Le ministre me remercia et me dit qu'en effet le mouvement de la garde avait eu lieu le 15, comme le général Ornano me l'avait dit le 15 au soir à Tours, mais que tout avait été déjoué, et que maintenant il était parfaitement tranquille.

« Je saisis cette occasion pour faire part au duc de Feltre de l'impatience avec laquelle je savais que le général Dupont attendait à Orléans l'artillerie et les munitions qu'il avait déjà plusieurs fois demandées.

« — Soyez tranquille, me répondit-il, je vais y pourvoir ; j'ai déjà donné des ordres pour que le général Dupont ait tout ce qu'il demande, et nous agirons de la meilleure intelligence.

« Je pris congé du ministre, ne me doutant guère que, pendant que Son Excellence me parlait ainsi, elle allait signer ou avait déjà signé les lettres de service du maréchal Gouvion Saint-Cyr comme commandant en chef de l'armée de la Loire, en remplacement du général Dupont.

« La défection marchait vite, et, pendant que l'on perdait à Paris le temps en vains discours, les événements couraient.

« L'armée de la Loire qui, au début, en apparence du moins, semblait bien disposée pour la cause du roi, n'avait point tardé à montrer quelques velléités en faveur du drapeau tricolore. Napoléon avait certainement des intelligences dans la place. En voici une preuve entre mille : Le général Pajol, commandant la première division, ne se trouvant pas là, le général Dupont ouvrit une lettre à son adresse, pensant qu'elle pouvait concerner le service. Il y trouva, *signé de l'Empereur*, l'ordre *de s'emparer de sa personne*. On imagine facilement que le général Dupont ne songea guère à remettre la dépêche à son adresse et que le feu, en la consumant, épargna au général Pajol, ou le chagrin de désobéir à l'Empereur, ou la tentation de lui obéir. Jusque-là, en effet, le général Pajol avait été fidèle. Il continua même à protester de son dévouement après cet incident. On trouvera assez naturel que le général Dupont ne se soit pas empressé de lui faire part de la missive impériale, qu'il ignora peut-être, et qui peut-être aussi, s'il l'eût connue, l'eût placé dans une situation difficile et dangereuse entre ses nouveaux serments et ses anciens souvenirs. Gendre d'un illustre maréchal (Oudinot), comblé lui-même, le général Pajol n'était pas encore un de ceux dont le général Dupont était porté à se défier.

« Un jour, je ne puis indiquer lequel, mais c'était à la fin de son séjour et de son commandement à Orléans, le général Dupont apprit tout à coup qu'un de ses régiments venait de se mutiner en demandant à grands cris à reprendre la cocarde tricolore, et qu'il l'avait reprise en effet. Il court à ce régiment et tente des efforts désespérés pour la lui faire quitter : tout est inutile. Cependant, malgré cette résolution obstinée, tous protestent de leur dévouement aux Bourbons, et c'est par le cri unanime de *vive le Roi !* qu'ils saluent cette chère cocarde sous laquelle ils ont si souvent combattu et triomphé. Ils promettent qu'ils n'en feront pas moins leur devoir, et n'en tiendront pas moins leur serment à la Restauration. Ils le croyaient sans doute, puisqu'ils l'affirmaient.

« Que faire en face de cette inflexible obstination, de ces acclamations en faveur de la cocarde tricolore auxquelles sont mêlés ces cris de *vive le Roi !* ces protestations d'une ferme volonté de le servir ? La puissance manquant à tout le monde pour comprimer le mouvement, il fallait bien tâcher de conduire le torrent en le suivant dans une certaine mesure c'est ce que fit le général Dupont.

« C'est au milieu de ce conflit que le maréchal Gouvion Saint-Cyr arrive pour prendre « comman dement, sans que le général Dupont en ait reçu le moindre avis. Cependant, loin de s'en formaliser, le général, tout entier à son dévouement et toujours préoccupé de cette rébellion contre la cocarde blanche, ne quitte pas Orléans; il engage le maréchal à joindre ses efforts aux siens pour la faire reprendre à ce régiment qui paraît encore, malgré son obstination à cet égard, si dévoué au roi. « Vous êtes à nouveau, monsieur le maréchal, lui dit-il; vous obtiendrez peut-être plus, et, en joignant nos efforts, nous parviendrons peut-être à notre but! »

« Ils essayent donc tous deux une nouvelle démarche et parviennent, en effet, à faire quitter au régiment la cocarde tricolore. Mais au bout de quelques heures la face des choses change encore : la cocarde tricolore est de nouveau arborée; cette fois, ce n'est plus aux cris de *vive le Roi!* c'est au milieu d'une insurrection qui bientôt va devenir générale, et aux cris forcenés de *vive l'Empereur!* qu'elle se place de nouveau sur tous les shakos.

« La plupart des chefs de corps, ceux que la défection n'avait pas atteints, se présentent bientôt au général Dupont, que, malgré la nomination presque ignorée du maréchal Saint-Cyr, ils voulaient encore seul considérer, disaient-ils, comme leur chef véritable, et d'un air consterné lui annoncent qu'il ne faut plus compter sur leurs soldats. Quant à eux, résolus d'être fidèles, ils viennent se mettre eux-mêmes à sa disposition, prêts à faire tout ce qu'il voudra de leur personne.

« Que pouvait-il faire d'eux sans soldats ?

« Peu de temps après, le général apprend que l'insurrection a gagné tous les rangs ; que les soldats demandent hautement à être conduits par le général en chef, — ils n'en connaissaient pas d'autre que Dupont, — à l'Empereur. Il apprend en même temps qu'il est à craindre, d'après quelques propos tenus, que, s'il s'y refuse, on ne l'attache sur son cheval pour le mettre à la tête des troupes qui se disposent à rejoindre Napoléon à Fontainebleau.

Le général prend à l'instant la résolution de sortir d'Orléans ; mais, pensant que le maréchal Saint-Cyr peut encore ignorer la gravité de l'insurrection et courir des dangers personnels, il se décide à l'aller chercher au milieu de l'effervescence de la révolte qui éclate de toutes parts ; et enfin, arrivé au pont d'Orléans, il apprend que le maréchal, déguisé en meunier, l'a passé et est sorti de la ville.

« Dès lors, ne songeant plus qu'à sa propre sûreté, mais sans déguisement pourtant, le général Dupont monte en voiture, et, après avoir eu quelque peine à se faire ouvrir les portes d'Orléans, sort enfin de la ville et prend la route de Nantes.

« A son arrivée dans cette ville, il trouve le général comte d'Autichamp qui y commandait après avoir été sous ses ordres dans son gouvernement, et il est saisi d'étonnement en voyant à son chapeau la cocarde tricolore.

« — Comment ! vous aussi, monsieur d'Autichamp ! comment cela se fait-il ?

« Car on ne pouvait douter du dévouement éprouvé de M. d'Autichamp.

« — Il n'y a pas eu moyen de faire autrement pour maintenir l'ordre, lui répond celui-ci.

« — Tout est donc perdu ? dit tristement le général Dupont. Puis il pria le général d'Autichamp de lui faciliter les moyens de s'embarquer. Prévoyant que malheureusement le roi quitterait la France, il avait envoyé à Sa Majesté un de ses aides de camp, le lieutenant-colonel A. de Turenne, pour prendre ses ordres ; et, présumant qu'il recevrait celui de la rejoindre, il prenait ses mesures pour le faire. M. de Turenne n'atteignit le roi qu'à Lille. Le général Dupont ne trouva point de bâtiment pour Londres, et, ayant reçu par le lieutenant-colonel de Turenne la réponse du roi, qui était celle-ci : *S. M. est sûre du dévouement du général Dupont et elle l'en remercie ; mais elle désire que ses serviteurs restent en France pour y maintenir le bon esprit*, le général prit le parti de revenir à Paris pour m'y attendre, et m'écrivit que je l'y retrouverais.

« J'avais reçu de lui, en quittant Tours, l'injonction de sortir de Paris, afin que si l'Empereur, de nouveau favorisé par son inépuisable fortune, y arrivait, malgré les efforts multipliés pour l'en empêcher, je ne fusse point, moi et mes enfants, à la merci du gouvernement impérial, pendant que mon mari combattrait contre lui.

« Malgré les représentations de mon excellent père, trop âgé pour songer à me suivre, navrée du chagrin que je lui faisais en le quittant, mais comprenant, d'autre part, de quel intérêt il était pour mon mari de n'avoir pas à s'inquiéter de mon séjour à Paris, où le maître qui l'avait traité avec une si cruelle inimitié pouvait rentrer d'un moment à l'autre, je pris les mesures les plus promptes pour quitter la capitale.

« On parlait du départ du roi. J'allai voir la comtesse de la Tour-du-Pin Gouvernet, avec laquelle j'étais liée, et je la trouvai avec la duchesse de Duras, son amie intime, que je connaissais aussi particulièrement, et qui m'apprit d'un ton consterné la défection du maréchal Ney.

« — Tout cela, dit la duchesse, je le voyais venir. C'est le résultat des amours-propres blessés. Madame Ney a monté son mari... On n'a point assez pris garde à ses paroles.

« — Il est bien tard pour s'en apercevoir, madame la duchesse !

« — Qu'allez-vous faire ? me dit-elle.

« — Partir, comme me l'enjoint le général.

« — Nous en ferons autant, sans doute, reprit-elle avec abattement.

« Madame de la Tour-du-Pin me proposa, quelques instants après, de m'accompagner chez le comte Ferrand, ministre d'État, directeur général des postes, duquel il me fallait un permis pour obtenir les moyens de départ dans ce moment de trouble impossible à décrire.

« — Nous tâcherons en même temps, disait madame de la Tour-du-Pin, d'obtenir de lui quelques nouvelles, quelques renseignements sur ce qui se passe. Qui sait? Peut-être lui en donnerons-nous qu'il ne sait point!

« Hélas! il en savait, en effet, moins que nous encore, malheureusement.

« Arrivées chez le comte Ferrand, nous pénétrons, sans trop d'obstacles, jusqu'à un salon d'attente où nous trouvons une espèce de secrétaire, plein de son importance, qui, sur notre demande de lui être annoncées, nous dit que « M. le directeur général était occupé avec un inspecteur et qu'on ne pouvait l'interrompre. »

« — Mais, reprit madame de la Tour-du-Pin, moins facile à décourager que moi, la comtesse Dupont et moi avons à l'entretenir de choses importantes et qu'il sera bien aise d'apprendre.

« — Je ne saurais déranger Son Excellence, répliqua le commis.

« — Je parie, me dit tout bas madame de la Tour-du-Pin, que le pauvre M. Ferrand ne sait rien ; tout ici ne serait pas si tranquille s'il en était autrement. Il faut cependant l'avertir.

« Et là-dessus, insistant encore, elle parvient à faire quitter son siège à l'impassible scribe, seul hôte de ce salon. Il alla gratter à la porte de M. le directeur général, mais d'une façon si timide et si réservée, qu'il semblait avoir peur d'être entendu, et qu'il eût fallu assurément que Son Excellence retint son souffle pour l'entendre.

« — Vous le voyez, madame, j'ai gratté, et Son Excellence ne répond pas ; il n'y a pas moyen de vous procurer une audience.

« — Mais il faut absolument que nous lui parlions, reprit, presque en colère, madame de la Tour-du-Pin, qui, à mesure que nous trouvions plus d'obstacles, sentait un plus vif désir de voir M. Ferrand afin de l'éclairer sur les dangers du moment. Je ne sais pas même si, dans son impatience, elle ne frappa pas elle-même à la porte du directeur général en l'appelant par son nom. Ce fut peine perdue, et tout resta muet.

« Si j'avais été moins triste et moins inquiète, j'aurais assurément bien ri de ce siége en règle de la porte de M. le directeur général fait par deux femmes.

« Le commis nous regardait agir sans s'émouvoir. Il nous dit enfin d'un air narquois :

« — On voit bien que ces dames ne savent guère ce que c'est que les occupations d'un ministre !

« — Nous le savons mieux que vous, aurions-nous pu dire toutes deux ; car mon mari sortait d'un ministère, et le beau-père de madame de la Tour-du-Pin avait été ministre sous Louis XVI.

« Elle le regarda seulement de cet air d'ironique dédain qu'elle savait si bien prendre, et, imitant son silence, je sortis avec elle, m'affligeant comme elle de notre peu de réussite [1].

Je parvins à me procurer, à défaut d'un permis, des chevaux de louage pour quitter Paris, et, le soir, à minuit, sans nouvelles précises de mon mari, pourvue de peu d'argent et tout en larmes en quittant mon père, je partis avec mes enfants, le précepteur de mon fils, un courrier et une femme de chambre, en suivant la même route que le roi, qui, comme je l'avais craint, quittait aussi Paris.

[1] J'appris que M. le comte Ferrand, si bien enfermé, si bien celé par ses employés, était réellement resté dans son ignorance jusqu'à l'heure à laquelle, le soir même, M. de Lavalette vint chez lui prendre poliment son fauteuil.

« Je trouvai les voitures de Sa Majesté à Saint-Denis presque embourbées dans les ornières par le temps affreux qu'il faisait, et les gardes du corps que, par suite d'une combinaison fort singulière, on avait mis à pied pour le suivre, plus embourbés et plus empêchés encore.

« Je ne pus non plus me procurer des chevaux à la poste de Saint-Denis, et j'employai toute mon éloquence à obtenir de mon postillon de louage qu'il laissât courir le relais suivant aux deux chevaux qu'il m'avait amenés pour les joindre aux miens, lesquels, malgré cette aide, écrasés par cette course de trois relais, traînant une lourde berline, d'autant plus lourde qu'à défaut d'argent j'emportais mon argenterie, furent vendus le lendemain éreintés, forcés, fourbus, trois ou quatre louis qu'ils ne valaient pas.

« Je perdis là les traces du roi, qui se dirigeait vers Lille ; moi, je me dirigeai sur Dunkerque, pour passer de là à Furnes, petite ville frontière où je pourrais attendre des nouvelles du général.

« J'arrivai tant bien que mal jusqu'à Breteuil, consolée et presque rassurée par les sentiments royalistes que j'avais vus éclater sur ma route, et, d'un autre côté, étonnée et presque inquiète d'avoir trouvé le pavé de la route constamment encombré par les trains d'artillerie et les canons que l'on avait fait revenir du Nord, probablement pour s'en servir contre Napoléon, qui, à son tour, allait diriger leur feu de manière à rendre au roi tout retour impossible. Comment, si c'est dans cette vue et pour le service du roi qu'on les a mandés, comment n'ont-ils pas reçu contre-ordre, me demandais-je, lorsqu'on a dû craindre qu'ils ne servissent contre lui? J'avais réellement envie de crier : « Arrière! » à cette malencontreuse artillerie, que, du reste, le roi avait dû rencontrer comme moi.

« Tout ce que je voyais et entendais sur cette route ne cessait de m'étonner. Partout on attendait des ordres; nulle part on n'en recevait; chacun était dans l'ignorance de ce qui se passait à Paris. Un soldat faisant partie d'un détachement de l'ancienne garde, — grenadiers royaux maintenant, — que j'avais rencontré enfoncé dans la boue, s'était avancé à la portière de ma voiture, arrêtée un instant, pour me demander des nouvelles, et m'avait dit : « Madame, nous sommes là quatre cents de la garde, tous dévoués au roi; mais nous attendons inutilement des ordres; personne pour nous diriger, et nous ne savons que faire. » Je ne sus, de mon côté, que leur répondre, tout en les encourageant à persévérer dans leur royalisme.

« Plus loin, à Aire, où éclatèrent encore les manifestations des sentiments les plus exaltés pour les

Bourbons, le colonel des dragons de Berry s'étant approché de ma voiture pendant que je relayais, aux cris forcenés de *Vive le roi!* m'avait priée, pensant que j'allais rejoindre le roi, de dire à Sa Majesté que tout *son régiment était dans les meilleurs sentiments* et qu'il ne demandait que des ordres. « Mais, ajouta-t-il, j'écris en vain ; personne ne nous en donne, et j'en suis désolé. »

« De Paris à Dunkerque je rencontrai de semblables manifestations, partout le même enthousiasme pour la cause royale, les mêmes témoignages de fidélité exaltée. Je me demandais s'il était possible que le roi fût contraint à quitter un royaume où il était si tendrement aimé, lorsque j'appris que, sur le conseil du maréchal Mortier et sous la pression de circonstances plus fortes que sa volonté, Sa Majesté avait quitté Lille pour passer à l'étranger.

« Arrivée à Dunkerque, j'y restai quelques jours : ayant enfin reçu un mot de mon mari, et connu par lui la réponse du roi à M. de Turenne, dont j'ai parlé, je renonçai à la pensée de franchir la frontière et me décidai à revenir à Paris, où je présumais pouvoir retrouver mon mari.

« Il m'y rejoignit au bout de quelques jours, et nous y étions assez tranquilles, lorsque le général Bonet (le même qui commandait à Tours et qui jusqu'à la rentrée de Bonaparte aux Tuileries avait tenu ferme pour les Bourbons) vint voir son ancien gouverneur, auquel il était fort attaché. Le général Bonet fut d'abord obligé de lui avouer, avec quelque embarras, qu'il avait été chez l'Empereur, ne pouvant guère faire autrement, comme bien d'autres camarades. Puis, s'enhardissant, il chercha à prouver au général qu'il devait en faire autant.

« — Moi! s'écria Dupont, moi! y pensez-vous?

« — Oui, mon général, oui. Vous surtout, après l'affaire d'Espagne. Cela arrangerait tout.

« — Il n'y a rien à arranger, et vous n'y pensez pas!

« — Allons, mon général, ajouta le général Bonet, venez à l'Élysée (l'Empereur y était alors), venez-y! Vous devez bien penser que, si je vous y engage, c'est que je suis sûr que vous y serez bien reçu.

« — Bien reçu ou non, il ne me convient pas d'aller chez l'Empereur. Je suis et je resterai du parti du roi. »

« Bonet insista cependant et encore assez longtemps pour que le général Dupont, fatigué de cette lutte, prétextât un motif pour le quitter.

« Le général Bonet, resté seul avec moi, multiplia de nouveau ses arguments en faveur de cette visite, si favorable, pensait-il, au général, et enfin il me dit : « Vous avez, madame, de l'influence sur votre mari. Employez-la donc pour lui ouvrir les yeux sur ses véritables intérêts! Il a servi les Bourbons avec une loyauté et un zèle assez mal récompensés parfois, puisqu'en dernier lieu il a été remplacé dans le commandement de l'armée de la Loire. Maintenant leur cause est perdue, et il doit songer à lui. Allons, madame, obtenez cela de votre mari. »

« Je répondis que je n'avais pas sur M. Dupont l'influence qu'on me supposait; qu'en matière politique surtout, je ne me mêlais pas de lui donner des conseils dont il n'avait pas besoin.

« Le général Bonet continuant, en dépit de cette fin de non-recevoir, à insister et à en appeler à mon influence sur mon mari, je finis par lui dire : « Général, je vous ai déjà dit que je n'ai pas sur lui cette influence que vous voulez bien m'attribuer : maintenant je dois ajouter que, si je l'avais, ce serait pour l'encourager, s'il en était besoin, dans ses refus.

« — Alors, madame, je n'ai plus rien à dire, et je me retire affligé de l'issue de ma démarche. »

« Le ministre de la guerre, — c'était le maréchal Davoust, — avait fait enjoindre à tous les généraux et officiers présents à Paris de se rendre au ministère de la guerre pour y signer une déclaration par laquelle ils se soumettaient.

« — Passe pour la soumission, dit le général Dupont, je me soumettrai à la force. » Et il se rendit à l'appel.

Le décret qui exilait dans le rayon de quarante

lieues de Paris tous les membres du ministère de la première Restauration ayant paru, le général songea à en profiter pour quitter Paris; mais pour cela il fallait, quoique exilé, demander un passe-port au ministre de la police en personne. Le général se rendit chez Fouché à cette fin.

« Le ministre, au lieu de répondre à sa demande, l'engagea, comme avait fait le général Bonet, à aller voir l'Empereur, et, sur son refus, insista vivement : « Allez à l'Elysée, lui dit-il, allez-y; vous serez bien aise de l'avoir fait. Vous devez croire que, si je vous y engage, c'est que je suis sûr de l'accueil que vous y recevrez.

« — Non, dit le général, non. Cela est impossible, et je resterai le fidèle sujet du roi.

« — Mais qu'ont fait pour vous les Bourbons, après tout? Vous avez passé jour et nuit à les servir; vous vous êtes dévoué corps et âme : quelle récompense avez-vous reçue de votre zèle, de vos services?... Allons, général, réfléchissez; écoutez la raison : allez à l'Élysée.

« — Non, monsieur le duc. Je suis exilé comme ancien ministre du roi, et je veux profiter du bénéfice de mon exil.

« — Général, vous êtes fou !

« — C'est possible, monsieur le duc. J'insiste néanmoins pour que Votre Excellence veuille bien me faire délivrer mon passe-port pour Doullens, où je compte me retirer [1].

« — Eh bien, non, général, je ne vous donnerai pas aujourd'hui votre passe-port. Je veux vous laisser le temps de la réflexion. Dans trois jours, si vous persévérez dans votre obstination, il vous sera délivré.

« — Soit, dans trois jours, puisque Votre Excellence le veut ainsi; mais ma résolution sera la même.

« — Tant pis, général; nous verrons alors. »

« Le général revint et me raconta cette nouvelle lutte.

« Trois jours après il demanda de nouveau son passe-port, qui, cette fois, lui fut accordé, et nous nous préparâmes à partir pour Doullens.

« En attendant le général à Paris, j'allais souvent chez une amie dont la fenêtre, assez haut placée, donnait sur la cour de l'Élysée. Je vis de là plus d'une fois l'Empereur descendre sur le perron de son palais, ce qu'il faisait moins légèrement que par le passé, car il avait pris beaucoup d'embonpoint. Je l'aperçus un jour, non sans étonnement, avec son frère Lucien, si longtemps en disgrâce! Je voyais aussi entrer là les courtisans de sa nouvelle fortune. C'est ainsi qu'un jour je reconnus le maréchal Gouvion Saint-Cyr, le grand aigle brillant sur sa poi-

---

[1] Le général avait été neuf mois prisonnier à Doullens, et avait conservé dans la ville quelques amis qui lui en faisaient préférer le séjour.

trine. A cette vue, je fus un peu étonnée, — j'étais encore jeune! Cette visite devait naturellement conduire M. le maréchal au champ de Mai, où il parut en effet accompagné de bien d'autres, entre autres du duc de Dalmatie. Je cite cela pour mémoire.

« Je reviens à l'époque de notre départ pour Doullens. La veille de ce départ, nous étions à table avec quelques amis lorsqu'on remit au général un paquet du ministère de la guerre. Étonné, il l'ouvre, et y trouve cet avertissement dont j'ai conservé l'original.

« Le ministre de la guerre prévient M. le lieutenant
« général Dupont, que l'Empereur ayant prononcé sa
« destitution par un décret du 3 de ce mois, il cesse
« dès ce moment de faire partie de l'état-major de
« l'armée.
             « Maréchal prince d'Eckmuhl.

« Paris, 7 avril 1815. »

« Le général, sans changer de visage, se contenta de dire : « Messieurs, c'est la seconde. » Et il continua à dîner tranquillement, moins malheureux que satisfait de cette nouvelle disgrâce qu'il aurait dépendu de lui d'éviter.

« Nous nous rendîmes donc à Doullens, où le général passa le reste des Cent-Jours, de ces Cent-Jours dont les tristes conséquences pèseront éternellement sur la France. Le général y resta assez tranquille, quoique signalé à la police et sous sa surveillance sans doute. Enfin le mois de juin arriva, et le retour du roi avec lui! Le général, apprenant que Sa Majesté était à Roye, courut l'y joindre et rentra à Paris avec elle.

« Voilà ce que devint le général Dupont dans les Cent-Jours. On ne le vit, malgré les ouvertures dont j'ai parlé plus haut, ni aux Tuileries, ni à l'Élysée, ni au champ de Mai; et les écrivains bonapartistes lui en firent rudement porter la peine par leurs écrits remplis d'injures et de calomnies.

« Il ne fut pas épargné dans les salons du maréchal de Saint-Cyr, devenu ministre de la guerre, et qui trouva probablement commode de jeter sur le général Dupont la responsabilité des événements d'Orléans, qu'il ne lui avait pas été plus donné d'arrêter qu'au général lui-même, qui avait quitté la ville le dernier, après avoir appris la fuite du maréchal.

« Lorsque le général Dupont, naturellement indigné de ce qui se disait à ce sujet dans les salons du ministre de la guerre du roi, alla lui en demander compte, Son Excellence nia d'abord le fait et voulut mettre fin à l'entretien en assurant le général que le roi ne doutait certainement pas de son dévouement, dont lui-même était bien convaincu.

« — Alors pourquoi souffrir, monsieur le maréchal,

les propos qui se tiennent dans vos salons et devant madame la maréchale, qui les écoute et ne les dément pas? Quoi! vous laissez dire et croire que moi, moi! qui, bravant un danger réel, vous ai cherché au milieu de la révolte et des menaces des troupes pour vous avertir du péril que je croyais que vous couriez, lorsque vous étiez déjà loin, vous laissez dire et croire que c'est moi, monsieur le maréchal, qui ai excité cette révolte contre vous!... Ma vie tout entière, monsieur le maréchal, s'élève contre cette calomnie et la dément. »

« Le ministre nia encore une fois qu'on eût tenu de pareils discours, puis il ajouta d'un ton assez embarrassé : « Si vous voulez que je vous le dise, général, j'ai seulement été étonné des allées et venues de vos aides de camp.

« — Eh! monsieur le maréchal, il fallait donc me le dire. La chose eût été bien facile à expliquer : un de mes aides de camp était sans cesse sur la route de Paris pour demander une artillerie et des munitions que l'on ne m'a jamais données. Un autre courait après ma femme pour lui remettre l'argent dont je savais qu'elle manquait pour quitter Paris avant que Napoléon y entrât. »

« Plus ou moins satisfait de sa visite et des explications du maréchal Gouvion Saint-Cyr, le général demanda au roi une audience qu'il obtint aussitôt. Il lui expliqua sa conduite et toute l'affaire d'Orléans. Sa Majesté ayant paru satisfaite, et lui ayant répété combien elle avait toujours compté, et combien elle comptait toujours sur son dévouement, le général, satisfait lui-même, n'y songea plus. »

VI

LA VENDÉE APRÈS LES CENT-JOURS.

— RÉCIT DU GÉNÉRAL D'ANDIGNÉ. —

Je n'ai eu l'honneur de rencontrer le général d'Andigné que dans les jours extrêmes de son honorable vieillesse, deux ans à peu près avant sa mort. C'était une de ces puissantes organisations, une de ces fortes natures, comme on en trouve encore dans les provinces de l'Ouest. Sa taille n'était point élevée, mais l'énorme volume de sa tête droite encore sur ses larges épaules malgré le poids de ses quatre-vingt-dix ans, la grosseur de son cou, et quelque chose de reposé dans la force qui était le trait de sa physionomie, lui donnaient assez l'air et l'encolure d'un vieux lion. Je le trouvai silencieux, comme le sont naturellement les gens de son pays, peu disposés à perdre le temps en paroles inutiles, et plus enclins à admirer les belles actions que les beaux discours. D'ailleurs, à cet âge on a tant à songer au passé, tant à penser à l'avenir, que le recueillement du silence sied mieux que l'abondance des paroles à ceux qui ont laissé derrière eux la plus grande partie de leurs journées et n'aperçoivent plus, quand ils regardent devant eux, qu'un très-petit nombre de jours. Le général d'Andigné avait donc très-peu parlé pendant toute la durée d'un dîner auquel il m'avait fait l'honneur de m'inviter avec quelques amis. Mais le soir, quand, debout comme lui autour du guéridon sur lequel on venait de servir le café, nous pûmes engager directement la conversation avec lui, évoquer les souvenirs du passé, la parole lui vint, sobre, précise, fortement accentuée, comme celle des hommes qui ont vécu au milieu des situations difficiles et qui racontent simplement les grandes choses.

Le point de départ de la conversation fut un tableau dû au pinceau d'un des maîtres de la Restauration et qui représentait une scène historique dont il n'était pas difficile de reconnaître les personnages. Le premier était Napoléon Bonaparte tel qu'il était en 1800, dans son ardente et puissante jeunesse, avant que l'embonpoint de la prospérité eût altéré les lignes de son profil, au moment où, après avoir renversé du plat de son épée le pouvoir vermoulu du Directoire, il se préparait à mettre la main sur sa destinée. Son

regard était fier et altier, sa main étendue semblait
intimer un ordre et y ajouter une menace ; une émotion d'impatience contenue crispait sa bouche. Près
de lui, mais un peu en arrière, se tenait un homme,
qu'à l'expression froidement ironique de sa physionomie, à son air de distinction et surtout à l'infirmité
qui rendait sa marche inégale, on pouvait reconnaître pour M. de Talleyrand, appelé à cette époque
par le premier consul au ministère des affaires étrangères. En face de Bonaparte paraissait un autre personnage, dont la vaste tête et la vigoureuse encolure atti-
raient les regards, non moins que l'expression ferme
et intrépide de sa physionomie. Il soutenait le regard
impérieux, le geste menaçant du premier consul dans
une calme et invincible immobilité. Si on avait voulu
personnifier le génie de l'attaque dans ce qu'elle a de
plus ardent, de plus vif, de plus irrésistible, il aurait
fallu choisir pour type la figure, l'attitude du premier consul. Si on avait voulu personnifier le génie
de la résistance dans ce qu'elle a de plus fort et de
plus indomptable, il aurait fallu prendre pour type
la figure du général d'Andigné, car ce personnage,
c'était lui, mais le général d'Andigné tel qu'il était
à trente-six ans, quand la vigueur de son bras éga-
lait cette fermeté d'âme que les années n'avaient pu
lui enlever. Un quatrième personnage que je ne reconnus pas tout d'abord se trouvait à peu près sur le

même plan du tableau que M. d'Andigné. Sa physionomie était éclairée par un rayon de vive intelligence. On pouvait deviner que la chaleur de son cœur devait faire arriver facilement les paroles à ses lèvres. Le peintre avait rendu avec bonheur le type d'une de ces natures spontanées et primesautières chez lesquelles l'idée et l'action jaillissent au contact d'une émotion rapide, sans attendre le lent travail de la réflexion.

Pendant que je considérais ce tableau, le vénérable baron Hyde de Neuville, qui était au nombre des convives de madame la comtesse d'Andigné, me dit en s'approchant de moi : « Vous ne nous reconnaissez peut-être pas, car nous avons tous bien vieilli ! » Alors il voulut bien me raconter la scène historique sujet du tableau sur lequel il voyait mes yeux fixés.

Quand le général Bonaparte eut renversé le Directoire, les regards s'étaient tournés naturellement, de tous les points de l'horizon, vers le nouvel astre qui montait. Les Vendéens et, en général, tous ceux qui travaillaient au retour des Bourbons, avaient espéré rencontrer en lui un nouveau Monk. On ne soupçonnait pas encore l'étendue de son génie ni celle de son ambition, et l'on pensait que l'œuvre du rétablissement de la monarchie et la haute position réservée à celui qui accomplirait cette restauration qui, la veille du 18 fructidor, semblait au moment de s'effectuer, seraient de nature à le tenter. Ces sortes de mirages se retrouvent souvent dans l'histoire. Les hommes sont disposés à croire que les choses se passeront comme elles se sont déjà passées; ils croient prévoir quand ils ne font que se souvenir. Déjà commençait ce parallélisme de l'histoire d'Angleterre et de l'histoire de France dont on devait tirer plus tard tant d'inductions trompeuses. Louis XVI avait été l'analogue de Charles Ier, décapité sur la place de White-Hall, en vertu du vote du parlement régicide, qui avait précédé la Convention dans cette sanglante violation de la majesté royale. On faisait à Robespierre l'honneur de lui assigner le rôle de Cromwell, et certes il le surpassa de beaucoup par le nombre et l'atrocité de ses crimes, quoique le lord protecteur ait bien souvent trempé dans le sang innocent ses mains homicides et ait laissé sur le corps de la malheureuse Irlande, dont il faisait vendre les habitants à l'encan aux Barbades, après avoir confisqué leurs biens, des blessures dont les cicatrices sont encore saignantes; mais, s'il s'agissait de mesurer les hommes au niveau du génie politique, Robespierre n'arriverait pas à la cheville de Cromwell. Si Louis XVI était Charles Ier, Robespierre Cromwell, pourquoi Bonaparte ne serait-il pas Monk? Pourquoi Louis XVIII ne serait-il pas Charles II? Cela paraissait naturel et commode, et l'on croyait à cette identité historique, dans un certain temps, parce qu'il était agréable d'y croire. De son côté, le premier consul, sans s'engager envers personne, n'éloignait aucune des idées qui pouvaient rapprocher de lui les esprits et les intérêts. Il comprenait qu'une des obligations de sa nouvelle puissance était d'apaiser la guerre civile qui désolait les provinces de l'Ouest, et de donner à la France le repos et la sécurité intérieurs. Il s'était donc montré disposé à conférer avec les chefs et les agents les plus actifs du mouvement royaliste.

C'était ainsi que M. d'Andigné d'une part, et M. Hyde de Neuville, de l'autre, s'étaient rendus à Paris, avec une sorte de sauf-conduit sur lequel ils ne comptaient guère, car, sous le Directoire, les saufs-conduits avaient été souvent indignement violés, et sur la parole de M. de Talleyrand qui leur inspirait encore moins de confiance. Mais ils étaient habitués aux hasards d'une vie de périls et de dévouement, et cette rencontre, ou, si l'on veut, cette conférence, n'était pour eux qu'un hasard de plus. Du reste, tous les détails avaient été convenus par les intermédiaires de manière à diminuer, autant que possible, les risques et les chances défavorables que couraient les deux ambassadeurs du parti royaliste en venant s'aboucher avec le premier consul. Il avait été convenu que M. de Talleyrand prendrait MM. d'Andigné et Hyde de Neuville sur la place Vendôme où ils attendraient à une heure indiquée la voiture dans laquelle il viendrait les chercher pour les mener chez le premier consul, et qu'après la conférence il les remettrait au même endroit, sans essayer de savoir où ils demeuraient. Ils arrivaient donc à ce rendez-vous un peu comme on arrive en pays ennemi. Les conditions souscrites avaient été tenues. M. de Talleyrand avait pris MM. d'Andigné et Hyde de Neuville à l'heure dite, et les avait introduits chez le général Bonaparte.

Là, M. Hyde de Neuville, qui avait la parole plus prompte et plus déliée que son compagnon d'aventure, exposa sans hésiter les espérances du parti royaliste qui les avaient amenés tous les deux à Paris. Il y avait une grande chose à faire. Depuis le commencement de la Révolution, les convulsions succédaient aux convulsions; on traversait des épisodes sanglants ou honteux, sans qu'on pût arriver à un dénoûment raisonnable. Il était temps d'en finir, et l'on ne pouvait en finir qu'en revenant à la royauté française, dont le renversement avait été l'origine et la cause de tous les malheurs qui avaient suivi. Celui qui, avec la force et la puissance nécessaires pour mener à fin cette entreprise, accepterait résolûment cette grande mission et ce grand rôle acquerrait des droits éternels à la reconnaissance de la France et de la maison de Bourbon, et aucune récompense nationale, aucune situation, ne seraient au-dessus de la grandeur d'un pareil service rendu à la royauté et à la patrie. Celui qui avait l'honneur de s'exprimer ainsi devant le premier consul ne parlait pas de son chef, il avait mission de lui dire tout ce qu'il lui avait dit.

Pendant la première partie de l'allocution de M. Hyde de Neuville, le général Bonaparte l'avait écouté avec distraction, comme on écoute un homme qui se perd dans une digression avant d'arriver au point essentiel; mais il n'avait pas donné, au moins extérieurement, de marques d'impatience. Il s'attendait à une communication de cette nature, et il savait que sur le champ de bataille il faut quelquefois essuyer le feu de l'ennemi avant de riposter. Il fronça seulement le sourcil en entendant les dernières paroles de M. Hyde de Neuville; il les avait trouvées trop directes et trop hardies. Nous n'essayerons pas de mettre dans sa bouche sa réponse, c'est de la bouche de M. Hyde de Neuville que nous la tenons, et nous craindrions qu'en passant par tant d'intermédiaires le texte original ne perdît beaucoup de sa physionomie primitive. Nous en indiquerons seulement les points principaux qui ont dû rester fortement gravés dans la mémoire de M. Hyde de Neuville et dans celle du général d'Andigné qui rectifia plusieurs fois les souvenirs de son ami, pendant que celui-ci nous racontait en détail cette conférence.

Le premier consul commença par écarter la proposition de M. Hyde de Neuville en disant qu'il fallait laisser là les chimères pour s'en tenir au possible et au réel. Ce qu'il fallait à la France, c'était un gouvernement fort, impartial, intelligent, modéré, qui assurât à tous la sécurité et mit un terme aux luttes des partis en faisant jouir le pays tout entier de lois sages et protectrices. Ce gouvernement, il avait la volonté et le pouvoir de le donner à la France; il fallait que tous les honnêtes gens s'unissent à lui sans s'occuper de leurs précédents, pour l'aider dans cette œuvre. Il était très-disposé à fermer les plaies des provinces de l'Ouest, qui avaient tant souffert et dont il avait admiré le courage; il savait combien les populations de ces contrées étaient attachées au catholicisme; il ne s'écoulerait pas beaucoup de temps sans qu'il le leur rendît. Un peuple, c'était sa ferme conviction, ne pouvait vivre sans religion; depuis l'antiquité jusqu'à nos jours, on avait vu toutes les nations avoir un culte. Les gouvernements précédents avaient donc commis une faute en troublant les provinces de l'Ouest dans leurs croyances, et le général d'Andigné pouvait rassurer complétement sur ce point ceux au nom desquels il était venu. Ils obtiendraient du nouveau gouvernement toute espèce de garantie sous ce rapport; on leur rendrait leurs prêtres et leurs églises. Quant aux personnes des classes éclairées qui voudraient concourir à l'œuvre qu'il avait entreprise, il leur ouvrirait les cadres de l'armée ou de l'administration, suivant leurs aptitudes et leurs goûts, et il n'y avait point de situation, si élevée qu'elle fût, où elles ne pussent arriver par leurs services. Le premier consul répondait donc à des offres par une offre, à une promesse par des promesses.

Ce fut le tour du général d'Andigné et de M. Hyde de Neuville de faire un geste de refus. Le second répondit que bien des gouvernements avaient espéré accomplir ce que le premier consul allait tenter, et que tous avaient échoué : ce n'était pas un précédent encourageant pour le premier consul. « Avait-il bien calculé les obstacles qu'il rencontrerait dans tous les partis ? Pour les deux hommes qui étaient venus le voir sur le bruit de ses dispositions favorables à la monarchie, il devait savoir que leur vie était vouée à la cause royale. En dehors de cette combinaison, ils ne pouvaient, ils ne voulaient rien faire, parce qu'aucune considération au monde ne les ferait forfaire à un devoir. »

Le général d'Andigné se contenta d'appuyer cette déclaration d'un regard et d'un geste qui suffisaient pour montrer qu'il s'y associait.

« Alors, continua M. Hyde de Neuville, le premier consul sortit de ce sang-froid calculé dans lequel il s'était maintenu jusque-là. Il attacha sur nous des regards où la colère commençait à s'allumer.

« — J'ai une mission à remplir, dit-il; je la remplirai, quoi qu'on fasse; malheur à qui se mettra en travers de mon chemin!

« En parlant ainsi il s'animait de plus en plus, et tantôt son regard menaçant se posait sur moi, tantôt sur le général d'Andigné, qui, calme, impassible et muet, soutenait, sans baisser les yeux, les éclairs que lançait ce regard. Je voulus parler, le premier consul m'arrêta d'un geste, et, franchissant d'un pas rapide l'espace qui le séparait du général d'Andigné, il se plaça devant lui, et, les yeux presque sur ses yeux :

« — Je vous ai dit, s'écria-t-il, que j'avais une mission à remplir et que je ne souffrirais pas d'obstacle; que comptez-vous faire en sortant d'ici?

« — Ce que j'ai toujours fait, répondit froidement le général d'Andigné, mon devoir.

« La colère du premier consul était arrivée au dernier paroxysme : il saisit sa montre, et, d'un geste furieux, il la jeta à terre et la brisa en mille pièces, en s'écriant :

« — C'est ainsi que je briserai les obstacles ! »

Le général d'Andigné, qui avait suivi avec un sentiment marqué d'intérêt le récit de M. Hyde de Neuville, qui le reportait aux souvenirs de sa jeunesse et à une des scènes les plus mémorables de sa longue vie, prit ici la parole. On eût dit que cette émotion lointaine, faisant refluer le sang à son cœur, rendait à ses yeux ternis par le temps quelque chose de leur feu passé. Je pus me faire une idée de ce qu'il avait été à l'époque de ces grandes luttes.

« Oui, disait-il, cela est vrai; Bonaparte était bien en colère; si les yeux faisaient feu comme les fusils, je crois que les siens m'auraient tué. Mais la mort est encore plus imposante qu'il n'était, et je l'avais souvent regardée en face; pour un empire je n'aurais pas reculé d'une semelle. Je ne détachai pas mes yeux des siens, bien décidé à ne pas céder le premier. Mon calme augmentait sa colère.

« — Vous m'avez entendu, reprit-il en rompant le silence qui avait duré quelques secondes seulement; quelle est votre résolution?

« — Nous vous résisterons comme nous avons résisté aux autres, répondis-je.

« — Mais moi je ne suis pas comme les autres! reprit-il avec emportement; ceux qui me résistent seront bientôt écrasés; je vous chasserai des villes!

« — Alors nous nous défendrons dans les campagnes, répondis-je.

« — Je vous chasserai, le fer et le feu à la main, des campagnes! s'écria Bonaparte en élevant encore la voix.

« — Nous nous réfugierons et nous nous défendrons dans les bois, répondis-je.

« — Je brûlerai les bois et je vous écraserai, continua le premier consul.

« — Nous lutterons jusqu'à la mort, répliquai-je ; dussions-nous périr jusqu'au dernier, nous serons plus heureux que dans vos honneurs et vos places, car nous serons morts pour Dieu et pour le roi. »

Mes yeux avaient quitté le tableau qui était devenu l'occasion de cette conversation. La scène qu'il représentait, je l'avais là vivante devant moi. Le visage des deux vieillards s'était comme transfiguré au souvenir de la résistance qu'ils avaient opposée à l'homme prodigieux devant lequel tant de rois avaient courbé la tête ; la voix du général d'Andigné, brisée par l'âge, s'était raffermie, elle avait pris cet accent vibrant que donnent les émotions fortes ; son geste avait retrouvé la vigueur et l'inflexibilité de ses jeunes années. M. Hyde de Neuville avait repris aussi quelque chose de son ardeur et de son impétuosité. J'évoquai devant eux par la pensée le général Bonaparte tel qu'il était à cette brillante époque du Consulat, où sa fortune et son génie marchant de pair ne trouvaient rien de difficile et ne croyaient pas à l'impossible. M. de Talleyrand, placé dans un coin du tableau, assistait à cette scène sans émotions apparentes, et probablement sans autres émotions réelles que celles d'un spectateur déjà blasé qui trouve que les acteurs d'un drame remplissent bien leurs rôles.

D'après ce que me dit M. Hyde de Neuville, ce fut ce diplomate qui intervint pour mettre fin à cette scène qui ne pouvait se prolonger, car la corde de l'arc était trop tendue : il fallait qu'elle se relâchât ou qu'elle fût brisée. Il objecta que, de part et d'autre, on ne pouvait prendre de résolution définitive sans réflexion. Certainement on ne refuserait pas au nom des provinces de l'Ouest la sécurité politique et la liberté religieuse que le premier consul voulait leur donner; il convenait de réfléchir mûrement avant de dire son dernier mot. Avec de la réflexion, la raison politique finirait par prévaloir contre la passion; comme on ne pouvait pas tout ce qu'on voulait, il fallait vouloir ce qu'on pouvait. Avec des généralités de ce genre, M. de Talleyrand amortit la discussion. Personne, parmi les acteurs de cette scène, n'était dupe de cette phraséologie, mais on l'acceptait parce qu'elle permettait de clore une discussion pénible pour tous ceux qui y étaient engagés, discussion qui ne pouvait aboutir à aucun résultat. MM. d'Andigné et Hyde de Neuville saluèrent le général Bonaparte et se retirèrent : le second laissait derrière lui les illusions qu'il avait apportées ; le premier n'avait pas d'illusions à perdre, il n'en avait jamais eu.

Avant de raconter les détails que je tiens de la bouche du général d'Andigné sur la Vendée après les Cent-Jours, ou que j'ai puisés dans des notes dictées par lui à ses fils, qui ont bien voulu me les communiquer, j'ai voulu autant qu'il était en moi faire connaître ce rude et énergique chrétien au lecteur, et pour cela je le lui ai montré tel qu'il m'était apparu dans une soirée qui m'a laissé de vifs souvenirs. C'était une vaillante et forte nature, telle qu'il en fallait dans les temps difficiles que nos pères eurent à traverser. Il avait cette imperturbable fermeté des champions d'une cause souvent vaincue, mais où l'on ne cesse jamais de croire à la victoire; une activité puissante dès que la lutte devenait possible; une inflexible et indomptable résignation quand elle cessait de l'être. Mais dans l'action comme dans l'immobilité il restait le même; ni ses sentiments ni ses convictions ne changeaient. Vous avez peut-être vu sur le littoral de la Bretagne des roches granitiques sur lesquelles le flux et le reflux passent sans les ébranler : il y a quelque chose de pareil dans ces organisations morales que tant de révolutions n'ont pu entamer. J'ai entendu raconter à M. d'Andigné que, se trouvant, bien des années plus tard, à la Chambre des pairs avec M. de Talleyrand, il lui dit, avec ce sang-froid qui ne le quittait jamais :

— Vous ne vous doutez peut-être pas, monsieur

de Talleyrand, qu'il y a entre nous un rapport auquel vous n'avez pas songé.

— Et lequel donc? demanda M. de Talleyrand avec une certaine hauteur, mêlée cependant de considération.

— C'est que, sous la Révolution et l'Empire, j'ai été mis en prison précisément autant de fois que vous avez juré fidélité aux gouvernements qui se sont succédé.

— Vous avez raison, monsieur le comte, répliqua M. de Talleyrand; je n'aurais jamais songé à celui-là. Et combien de fois avez-vous été en prison, monsieur le comte?

— Douze fois, monsieur le prince.

— C'est précisément le nombre de mes serments; c'est étonnant comme les choses se rencontrent!

On était en 1825; M. de Talleyrand, à cette époque, avait encore un serment à prêter.

Ce que le général d'Andigné n'avait pas raconté à son collègue, M. de Talleyrand, et ce qu'il nous raconta, ce fut la manière surprenante dont il se sauva plusieurs fois de prison. La dernière fois, il était dans une citadelle dont le gouverneur l'avait reçu avec les égards dus à son caractère honoré de tous les partis, car il avait fait vaillamment et humainement la guerre la plus difficile à faire d'une manière humaine, la guerre civile. Au bout de quelques jours, ce gouverneur dit à son prisonnier : « Monsieur d'Andigné, je suis vraiment chagrin d'avoir une surveillance à exercer sur un homme tel que vous ; voulez-vous me donner votre parole d'honneur de ne pas chercher à vous échapper ? Cela me délivrera d'une sollicitude qui me pèse et vous affranchira en même temps d'une surveillance qui doit vous gêner ? — Monsieur le gouverneur, répliqua M. d'Andigné, je vous remercie de votre courtoisie, et je veux répondre loyalement à votre loyauté. Je me trouve très-bien ici dans ce moment, et je ne puis assez vous remercier, ainsi que madame X*** (c'était la femme du gouverneur), des prévenances que vous voulez bien avoir pour moi. Mais vous savez que les prisonniers ont l'esprit inconstant. Je puis, d'ici à quelque temps, être saisi du désir de changer de place, et puis mon devoir peut m'appeler ailleurs. Je ne veux pas vous donner la parole que vous me demandez, précisément parce que je la tiendrais si je vous la donnais. Croyez-moi, gardons chacun notre liberté. »

Le gouverneur ne put s'empêcher de rire ; et, sans témoigner moins d'égards à son prisonnier, il continua à le faire surveiller. Quelque temps après, le général d'Andigné commença à songer à s'échapper. Il fallait pour cela scier cinq barreaux de fer qui garnissaient une croisée élevée et trouver un moyen de franchir la distance considérable qui séparait cette croisée du fossé : il avait remarqué que du fossé on pouvait remonter par un petit escalier conduisant à une porte qui donnait dans la ville. Il commença par fabriquer pendant la nuit une corde avec du linge, et pendant la journée il s'en entourait sous ses vêtements; ses draps, attachés l'un au bout de l'autre, devaient, quand il les ajouterait à cette corde, fournir la longueur voulue. Quand ce premier instrument de délivrance fut à sa disposition, il s'arma du ressort d'une de ses montres et commença à scier ses barreaux. Ce travail demandait beaucoup de précaution. Il ne pouvait le faire que de nuit, et encore fallait-il que la sentinelle qu'on posait le soir en dehors des fossés se promenât, pour que le bruit de ses propres pas l'empêchât d'entendre le son aigu de la scie qui mordait le fer. Il dissimulait ensuite à l'aide d'un peu de mie de pain noircie la trace qu'elle avait laissée. Il continuait, pendant ce travail, à aller, de temps en temps le soir, chez le gouverneur qui l'invitait toutes les semaines à dîner, et il soutenait la conversation avec autant de liberté d'esprit que s'il n'avait pas été préoccupé d'une difficile entreprise. La veille du jour, ou plutôt de la nuit que M. d'Andigné avait marquée pour sa tentative d'évasion, le gouverneur entra dans sa chambre; sur cinq barreaux, il y en avait quatre de sciés. « Monsieur d'Andigné, dit le gouverneur en entrant, savez-vous ce qu'on m'a dit? — Non, monsieur le gouverneur. — On m'a dit que l'on avait entendu dans votre chambre un bruit de scie, et que l'on soupçonnait que vous méditiez une évasion? Que faut-il en penser? » — Le général d'Andigné indiqua de la main les barreaux qui présentaient extérieurement un aspect irréprochable, et sans donner le moindre signe d'émotion : « Monsieur le gouverneur, dit-il, les barreaux sont là, et à votre place, au lieu de demander ce qu'il faut en penser, je m'en assurerais moi-même. » Rassuré par cette imperturbable tranquillité, le gouverneur s'avança vers la croisée et frappa négligemment contre un des barreaux qui rendit un son plein. La Providence avait voulu que ce fût précisément le seul qui n'était pas scié. M. d'Andigné remercia Dieu dans le fond de son cœur, car ce rude homme de guerre fut pendant toute sa vie un fervent catholique. Le gouverneur sortit en laissant derrière lui toutes les inquiétudes qu'on avait voulu lui donner. La nuit suivante, le prisonnier était libre.

Maintenant que l'on connaît le général d'Andigné, on s'étonnera peu de l'influence qu'il exerça pendant et après les Cent-Jours dans les provinces de l'Ouest. Il y avait reparu dès la première Restauration. Peu de temps après la rentrée du roi à Paris, une fausse alerte avait mis en vingt-quatre heures vingt-cinq mille paysans sous les armes dans ces provinces. Les ministres de Louis XVIII crurent voir dans ce mouvement une réaction contre les acquéreurs de biens nationaux, et envoyèrent des commissaires pour calmer le pays. M. d'Andigné fut au nombre de ces commissaires; il fut chargé de la rive droite de la Loire sur laquelle surtout il avait de l'influence, tandis que MM. d'Autichamp, de Suzannet et de la Rochejaquelein remplissaient la même mission sur la rive gauche. Il y avait quinze ans que le général d'Andigné n'avait pas paru dans le pays. On comprend avec quel enthousiasme il fut reçu, après tant de combats et de persécutions, par ses anciens compagnons d'armes, dans le pays de sa famille. Toute la population alla au-devant de lui, et plus de quinze cents hommes armés le conduisirent au château de son frère où l'attendait un banquet. Le ministère s'émut de nouveau ; ses agents, qui étaient les mêmes que sous l'empire, lui écrivaient que le pays était en feu, et que les patriotes étaient menacés de dangers sérieux : le général d'Andigné, ajoutaient-ils, se faisait recevoir princièrement et cherchait à agiter le pays. C'était ainsi qu'on traduisait les réunions joyeuses, mais pacifiques, qui avaient lieu à l'occasion du retour des anciens chefs militaires, et l'empressement avec lequel les populations se rendaient aux services funèbres que, pour la première fois depuis tant d'années, on célébrait publiquement pour le repos de l'âme de Louis XVI et de Marie-Antoinette, dans ces provinces où l'on avait combattu pour eux. La Vendée avait été si longtemps suspecte sous l'Empire, que les fonctionnaires qui l'avaient surveillée à cette époque la traitaient comme si, sous la monarchie, elle avait été suspecte encore. Ils ne pouvaient s'habituer à l'explosion de ses joies, à la manifestation publique de ses douleurs.

La persévérance et la multiplicité de ces rapports alarmistes finirent par émouvoir le gouvernement et les princes de la maison de Bourbon eux-mêmes, et le général d'Andigné, qui avait été reçu à Beaupréau par M. le duc d'Angoulême avec une grande bonté, s'aperçut à l'accueil que ce prince lui fit, quinze jours après, à Angers, qu'on avait prévenu son esprit contre lui. Un peu plus tard, le duc d'Angoulême, mieux informé des faits, revint de ses préventions et rendit ses bonnes grâces au général d'Andigné. Celui-ci avait loyalement rempli ses fonctions de commissaire royal; partout il avait exhorté les populations à l'obéissance aux lois, à l'acquittement des charges publiques si nécessaire au trésor obéré, à l'oubli des souffrances et des injustices passées, et il avait concouru, autant qu'il était en lui, à l'apaisement des passions. Le *Moniteur* venait d'annoncer le terme de la mission des commissaires du roi. M. d'Andigné, qui n'avait pas sollicité ces fonctions et qui les avait remplies à ses frais, quitta le pays. Il y revint à la fin de l'année 1814 pour remplir une mission nouvelle. Une ordonnance royale du mois de novembre 1814 avait assimilé les blessés vendéens et les veuves des soldats morts dans les guerres de l'Ouest pour la cause royale aux blessés et aux veuves des soldats des armées impériales, et leur avait reconnu des droits à une pension. Seulement, par une inégalité assez difficile à expliquer sous le règne du frère de Louis XVI, et pénible pour les Vendéens qui la sentirent vivement, le chiffre des pensions accordées aux Vendéens blessés et aux veuves des soldats des armées royales était fixé à un taux beaucoup moins élevé. Qu'il n'y eût point de faveur pour eux et qu'ils fussent soumis à la règle commune, ils l'eussent compris ; mais qu'on apportât une exception à la règle pour les placer dans une situation défavorable, c'est ce qu'ils ne pouvaient concevoir. Pourtant leur sang était du sang et il avait coulé pour la monarchie sous Cathelineau, Lescure, Charette et la Rochejaquelein.

M. d'Andigné revint encore dans l'Ouest, lorsque le duc de Bourbon fut envoyé dans ces provinces à la nouvelle du débarquement de Napoléon à Cannes. Il espérait aider le prince à organiser une levée générale dans le pays; mais les instructions que le duc de Bourbon apportait de Paris étaient incompatibles avec l'esprit, les mœurs, les habitudes de ces localités. On voulait appliquer les principes systématiques de l'administration centrale à une guerre qui ne comportait rien de pareil, faire des levées régulières, placer les paysans sous le commandement d'officiers de la ligne, au lieu de leur laisser leurs chefs naturels, et les conduire vers Orléans pour grossir l'armée du maréchal Gouvion Saint-Cyr; en outre le prince n'avait ni armes, ni munitions, ni argent. Le général d'Andigné ne cacha point au duc de Bourbon qu'il était impossible de faire la guerre dans de pareilles données; en homme qui connaissait le terrain, il demanda au prince de lui conférer des pouvoirs pour lever des hommes sur la rive droite de la Loire, dans les départements de Maine-et-Loire, de la Mayenne, de la Sarthe et de la Loire-Inférieure, et s'engagea à lui amener en quatre jours quatre mille vieux soldats. M. d'Autichamp, muni de pouvoirs semblables, n'aurait pas de peine à en lever un pareil nombre sur la rive gauche du fleuve, dans le même laps de temps. Alors le prince, entouré de huit mille soldats armés et équipés, vétérans des vieilles guerres, ordonnerait une levée en masse, qui mettrait sur pied tous les jeunes gens du pays. L'argent ne manquerait pas si l'on voyait des chances sérieuses de succès. Déjà les membres du conseil général de Maine-et-Loire et beaucoup de propriétaires du département avaient engagé la totalité de leurs biens pour répondre des sommes qui seraient fournies au duc de Bourbon.

Les personnes qui étaient arrivées de Paris avec le prince et qui formaient son conseil hésitèrent. Ils craignaient de se mettre en désaccord avec le mouvement constitutionnel, de plus en plus marqué à Paris. Le ministre de l'intérieur, M. l'abbé de Montesquiou, était particulièrement opposé à tout ce qui pouvait donner un rôle important à la Vendée dans la résistance royale; c'est à cette époque qu'il donnait au baron de Vitrolles le sobriquet de *Ministre-Chouan*, parce que celui-ci insistait pour que le roi se rendît avec sa maison militaire dans ces fidèles provinces où il trouverait un point d'appui. Pendant ces hésitations, l'occasion, qu'il faut saisir quand elle se présente, s'évanouit, et la nouvelle de l'entrée de Bonaparte à Paris, arrivant dans l'Ouest, y jeta un tel découragement, que le duc de Bourbon n'eut que la triste ressource de s'éloigner de ces provinces où il était venu pour combattre. Tous les chefs militaires lui déclarèrent, en effet, que, dans ce moment, on ne pouvait utilement appeler aux armes les populations découragées : il fallait leur laisser le temps de se remettre ; la partie n'était point perdue, mais seulement différée. M. le duc de Bourbon, en s'éloignant, laissa au général d'Andigné des pouvoirs pour tout ce qui concernait la rive droite de la Loire, c'est-à-dire les départements de Maine-et-Loire, Mayenne, Sarthe, Loire-Inférieure et départements adjacents.

Mais en même temps il lui communiqua les ordres formels du roi qui étaient de ne rechercher personne pour ses opinions et de ne pas imposer les biens nationaux plus que les autres.

Le général d'Andigné objecta que de pareilles instructions l'empêcheraient de rien faire de considérable. « C'est me couper bras et jambes, dit-il dans son langage militaire, que de me fermer les greniers où j'avais l'habitude de puiser dans les précédentes guerres. C'est m'empêcher en même temps de remuer les passions politiques qui sont l'aliment des guerres civiles. » Le prince répliqua que tels étaient les ordres du roi et qu'il ne pouvait rien y changer. Alors le général d'Andigné s'inclina, et promit de suivre de point en point les instructions royales. Il les suivit, en effet. Pas un homme ne fut inquiété pour ses opinions par le chef des troupes royales, sur la rive droite de la Loire, après la prise d'armes de 1815; pas un acquéreur de biens nationaux ne fut extraordinairement imposé.

C'était, il faut en convenir, un assez beau spectacle que celui de ce roi obligé de quitter son royaume en fugitif, et maintenant cependant, par des ordres fidèlement suivis, l'article de la Charte qui protégeait les biens nationaux presque tous entre les mains de ses adversaires, et cet autre article qui abolissait la confiscation, tandis que Napoléon, à son retour, refusait d'insérer l'abolition de la confiscation dans les articles additionnels aux constitutions de l'Empire.

Je ne veux point raconter ici, d'après les récits du général d'Andigné, l'épisode de la courte lutte qui eut lieu pendant les Cent-Jours dans les provinces de l'Ouest. On en trouve le détail dans toutes les histoires. On sait comment, après quelques engagements qui coûtèrent la vie à MM. de la Rochejaquelein et de Suzannet, trois anciens chefs, MM. de Malartic, de la Beraudière et de Flavigny, mandés par Fouché, qui les pria de se charger de propositions de nature à amener une pacification, arrivèrent dans les provinces de l'Ouest. Le duc d'Otrante représentait que la Vendée avait commencé un mouvement qu'elle ne pourrait pas soutenir. Il ajoutait que, si ce mouvement se développait, on serait obligé, à Paris, de donner à Napoléon plus de pouvoirs à l'intérieur qu'on ne voulait lui en accorder : c'est ainsi qu'avec un cynique bon sens il expliquait l'intérêt invraisemblable que, dans cette circonstance, l'ancien proscripteur de Lyon témoignait à la Vendée. Évidemment la question allait être tranchée par le dénoûment de la lutte européenne ; pourquoi ensanglanter inutilement les provinces de l'Ouest ? On était arrivé au 5 juin, quand MM. de Malartic, de Flavigny et de la Beraudière apportèrent ces ouvertures à M. d'Andigné. Le duc d'Otrante se montrait facile sur les conditions ; il laissait aux chefs le soin d'indiquer celles qu'ils voulaient obtenir, en s'engageant d'avance à y souscrire.

Les échecs qu'on avait éprouvés, la force militaire considérable que Napoléon avait détachée de son armée pour l'envoyer dans l'Ouest, l'imminence d'un dénoûment extérieur, et, plus que tout cela encore, la difficulté de s'approvisionner en armes et en munitions, décidèrent la plus grande partie des chefs de la rive gauche à accueillir ces ouvertures. Chacun fit ses conditions. M. d'Andigné, sur la rive droite, suivit leur exemple, et il ne pouvait agir autrement sans compromettre ses compagnons d'armes ; car, sans cela, il aurait appelé sur lui toutes les forces impériales disséminées sur les deux rives. Il mit pour condition à son adhésion au traité de pacification l'obtention de certaines garanties, le payement d'une somme de trois cent mille francs pour acquitter les frais de guerre, et la faculté de rester en armes jusqu'à ce que ces garanties eussent été données et ce subside payé. Sans vouloir signer d'armistice, il fit dire au général Lamarque, commandant de l'armée impériale, que, s'il n'était pas attaqué le premier, il ne prendrait pas l'offensive. Cette situation d'expectative armée lui semblait la meilleure à prendre dans l'intérêt de la cause à laquelle il était dévoué. Elle lui permettait, en effet, d'attendre l'événement en conservant les moyens d'agir, si l'occasion devenait favorable. Cependant, du 6 juin au 18, on ne put éviter quelques engagements qui n'eurent rien de décisif. Le 18 juin, c'était le jour même de la bataille de Waterloo, M. d'Andigné reçut, par l'intermédiaire du général Bagniol, commandant à Angers, une lettre de M. de Malartic, écrite de Nantes à la date du 15 du même mois. Elle contenait le texte de propositions de paix que le prince d'Eckmühl adressait, au nom de l'Empereur, aux chefs vendéens. La négociation, commencée par Fouché, avait en effet changé de mains. Les propositions différaient assez de celles qui avaient été échangées verbalement pour autoriser M. d'Andigné à les rejeter. Il répondit d'une manière évasive, et, dans la correspondance assez active qui s'ensuivit, il eut soin de retenir le plus longtemps possible les courriers, afin de gagner du temps.

Le 24 juin il connaissait l'issue de la bataille de Waterloo, plusieurs jours avant que les autorités impériales eussent été informées de cet événement. A partir de cet instant, il résolut de ne point déposer les armes. Il lui semblait en effet important de conserver dans l'Ouest une force militaire qui pourrait exercer une influence marquée sur les événements, dans l'intérêt de la cause royale, si, comme il le pensait, la chute de l'Empire suivait la perte de la bataille.

Le 28 juin il reçut deux nouvelles en même temps, celle de la mort de M. de Suzannet, tué à la Rochevinière, et la copie du traité signé le 24 juin dans la Vendée entre le général Lamarque et MM. de Sapinaud, du Chaffault et Duperrat. Le général d'Andigné s'était mis en rapport avec le commodore qui commandait l'escadrille anglaise en vue de l'embouchure de la Vilaine; il recevait donc les armes et les munitions qui lui avaient manqué jusque-là pour entreprendre quelque chose de considérable. Il prit son parti; il écrivit à la date du 2 juillet au général Lamarque, au colonel Noirot et au général Achard, qui le pressaient, par des lettres datées du 1ᵉʳ juillet, d'accéder au traité de paix signé sur la rive gauche, qu'il s'y refusait formellement. Il terminait en leur conseillant d'user de modération en attendant l'issue des événements, et de ramener leurs troupes à l'obéissance au roi.

L'entrée du roi à Paris fut connue le 10 juillet sur la rive droite de la Loire. Le même jour le général Achard avait attaqué la légion du colonel Moustache, vaillant homme de guerre qui fut tué dans cette rencontre. Le 15 juillet, au moment où M. d'Andigné se disposait à partir pour l'embouchure de la Vilaine à la tête d'une forte colonne pour recevoir les armes et les munitions que le commodore anglais tenait à sa disposition, il reçut du général Achard une lettre datée du 13 par laquelle celui-ci le prévenait qu'en raison des ordres du prince d'Eckmühl il allait passer sur la rive gauche de la Loire et remettre au général d'Andigné le commandement du département. Presqu'au même instant M. d'Andigné recevait une lettre du général Lamarque, rédigée dans des termes analogues; ce chef militaire lui faisait une communication semblable et lui remettait le commandement des départements situés sur la rive droite du fleuve qui, jusque-là, avaient été placés sous ses ordres. Le général d'Andigné se trouvait ainsi maître absolu sur la rive droite de la Loire.

Le roi était rentré à Paris, l'empereur Napoléon était sur la route de Sainte-Hélène, la chambre des Cent-Jours était dissoute, la seconde Restauration semblait donc un fait accompli; mais les nouvelles qui arrivaient de Paris révélaient toutes les difficultés de la situation. Les exigences des étrangers, celles des Prussiens surtout, n'avaient point de bornes. Blücher avait voulu soumettre Paris à une contribution de guerre, et, sans la courageuse résistance de Louis XVIII, il aurait fait sauter le pont d'Iéna, sur lequel le roi déclara qu'il irait se placer de sa personne si le général prussien persistait dans son dessein. Le général d'Andigné comprit qu'en présence de cette situation grosse de difficutés et de périls il ne fallait pas désarmer dans l'Ouest. Sur quelle force, en effet, le roi s'appuierait-il s'il fallait résister aux exigences de l'étranger devenues intolérables? Il continua donc l'armement et l'approvisionnement de son armée, comme si la lutte n'était point terminée. En même temps, pour ne négliger aucun élément de force et de résistance, il écrivit au général Lamarque la lettre suivante : « Si je pouvais jouir d'un changement qui doit coûter du sang et des larmes, ce serait certainement en ce moment. Mais je connais les étrangers. Ce n'est que de l'union de tous que nous pouvons espérer notre salut. Si nous nous montrons forts et unis, ils n'auront aucun prétexte pour rester chez nous, mais il faut leur montrer un grand ensemble. Dans tous les cas, si les ravages des ennemis forcent les Français à s'armer, ces provinces peuvent aider l'armée d'une manière puissante [1]. » Dans une lettre qui suivit de près celle-ci, le général d'Andigné offrait au général Lamarque de se ranger sous ses ordres, s'il faisait prendre à ses troupes la cocarde blanche, pour marcher d'un commun accord, au premier ordre du roi, contre les ennemis de la France.

---

[1] Lettre citée par le général Lamarque dans ses *Mémoires et Souvenirs*, publiés par sa famille en 1836, tome III, page 70.

Presqu'au même moment où le général Lamarque recevait ces ouvertures de la rive droite de la Loire, des communications analogues lui arrivaient de la rive gauche. Le 27 juillet 1815, il recevait de M. le maréchal de camp Delaage la lettre suivante : « Monsieur le général, j'ai l'honneur de vous rendre compte que MM. de Sapinaud et de la Rochejaquelein ont député à Chollet, où ils vous croient encore, MM. Duchesne et Duperrat, chargés de vous porter le vœu unanime de tous les chefs vendéens de se réunir à vos troupes sous vos ordres pour combattre comme Français toutes les tentatives des puissances étrangères qui auraient pour but le démembrement de la France. » MM. Duperrat et Duchesne avaient apposé leurs signatures au-dessous de celle du maréchal de camp Delaage, pour donner plus d'authenticité à cette déclaration.

Ainsi, après vingt et un ans écoulés, la généreuse pensée exprimée par Lescure au général républicain Quetineau venait se formuler de nouveau, tant cette pensée de résistance à l'étranger et de protestation à main armée contre le démembrement de la France sort naturellement du cœur de la Vendée! Des deux rives de la Loire on s'était entendu sans s'être concerté. Les demeurants des grandes luttes de Cathelineau et de Lescure offraient aux demeurants de Waterloo de marcher ensemble contre l'étranger vainqueur, s'il entreprenait de démembrer le territoire national. Au milieu des désastres de l'époque, c'est un beau souvenir qu'il faut perpétuer comme un honneur pour le passé, comme une preuve de ce patriotisme supérieur à tout esprit de parti qui fait la force de la France. En effet, la proposition que les royalistes avaient été les premiers à faire, ceux auxquels ils l'adressaient devaient bientôt la leur rendre.

Le général d'Andigné avait fait le 14 juillet son entrée à Laval, où il avait été reçu avec des transports de joie qui prouvaient que la population avait conservé ses anciennes opinions dans toute leur chaleur. Il fit seulement éliminer de la garde nationale quelques mauvais éléments qu'on y avait introduits dans les Cent-Jours, et renvoya chez eux les officiers à demi-solde et les soldats retraités qu'on avait réunis en compagnies. Une ordonnance du roi ayant déclaré nulles toutes les faveurs accordées par le gouvernement des Cent-Jours, le général d'Andigné dut la faire mettre à exécution. Il eut ainsi à retirer la croix d'honneur à un lieutenant de gendarmerie qui l'avait assez mal gagnée, car il l'avait obtenue pour s'être vanté d'avoir tué le général d'Andigné lui-même à l'affaire de Cossé. Il se rendit de là à la Roche-Bernard, à la tête d'une colonne de sept mille hommes environ, car M. de Coislin l'avait rejoint avec sa division qui comptait environ trois mille hommes, et reçut des munitions. Pendant ce temps, le général de Sol de Grisolles, chef royaliste du Morbihan, commandait sur l'autre rive de la Vilaine un corps de cinq mille hommes qu'il venait d'équiper complétement avec le secours de la flottille anglaise. Il occupait les faubourgs et sommait le général Rousseau de lui livrer le reste de la ville, ce qu'il fut obligé de faire quand il reçut les ordres du prince d'Eckmühl qui prescrivait à toutes les troupes de ligne de passer sur la rive gauche de la Loire.

Le temps avait marché. Le ministre de la guerre, mettant fin aux pouvoirs exceptionnels du général d'Andigné, venait de le nommer commandant militaire du département de la Mayenne. Dans la même dépêche, il lui annonçait l'arrivée des Prussiens dans son département. Le général d'Andigné comprit combien l'attitude militaire du pays royaliste placé sous son commandement, jointe à l'union des hommes de toutes les opinions, dans l'intérêt commun de la protection du pays, contre les excès et les exigences des étrangers, pouvait avoir d'influence sur la conduite de ces derniers. Il n'épargna aucun effort pour amener cette fusion et pour donner aux Prussiens qu'on attendait à Laval la preuve palpable des ressources militaires du pays. Avant tout, il s'empressa de mettre en sûreté tous les objets précieux qui pouvaient tenter la cupidité de l'étranger, les caisses publiques, les haras de Craon; il fit cacher les registres des contributions qui révélaient à l'ennemi les facultés imposables des habitants du département. Ces précautions prises, il échelonna des divisions royalistes le long du parcours que devait suivre l'armée prussienne, et se rendit lui-même à la tête d'un nombreux état-major au-devant du général Thielmann qui commandait le corps d'armée prussien. Celui-ci se montra également inquiet et surpris de la grande quantité d'hommes qu'il voyait en armes, et des difficultés du terrain qui n'auraient pas permis à une armée régulière de se déployer. Le général prussien en fut si frappé, qu'il en fit la remarque à M. d'Andigné. Celui-ci lui répondit froidement qu'il n'y avait rien là d'étonnant; il lui rappela cependant qu'on n'était qu'à deux lieues de la lande d'Entrames, où plus de cent mille combattants, Vendéens et républicains, s'étaient heurtés, quoique le sol ne différât pas sensiblement.

Satisfait de l'impression que l'aspect du pays et des corps armés échelonnés sur la route parcourue par l'armée prussienne avait produite sur le général Thielmann, le général d'Andigné eut recours à la même tactique pendant le voyage que ce chef militaire fit de Laval à Nantes, et dans le trajet de Nantes à Angers, quand il revint dans cette dernière ville.

Partout il trouva des corps nombreux et armés qui lui rendirent les honneurs militaires dus à sa position élevée.

Cette attitude militaire, cette espèce de revue des forces de la Vendée que le général d'Andigné faisait faire au général Thielmann, étaient d'autant mieux motivées, que Thielmann avait reçu l'ordre d'exiger par la force les contributions de guerre que le gouvernement du roi refusait aux Prussiens. Il ne le cacha pas au général d'Andigné, dont il voulait sans doute pressentir les dispositions. Celui-ci lui répondit que « les départements de l'Ouest avaient souffert de la lutte, que les Prussiens y avaient été reçus comme des alliés du roi de France, et que l'on satisferait à leurs besoins aussi longtemps que leurs demandes ne prendraient pas la forme d'exigences intolérables. Si elles prenaient ce caractère, les habitants de l'Ouest croyaient avoir prouvé qu'ils savaient se défendre. »

C'étaient là de fières paroles adressées dans un pays vaincu à un vainqueur, et il n'y avait que les provinces de l'Ouest où, à cette époque, de semblables paroles pussent être prononcées. Sur ces entrefaites, une ordonnance du roi, à la date du 8 août, nomma le général d'Andigné au commandement du département de Maine-et-Loire. Les Prussiens occupaient déjà depuis plusieurs jours Angers lorsqu'il y

arriva. Les autorités n'avaient pas pris la précaution
de mettre en sûreté les registres, comme M. d'Andigné l'avait fait à Laval. Il fut donc aisé aux Prussiens
de connaître le montant des contributions, qui étaient
arriérées de plus de six mois. Ils réclamèrent aussitôt
impérieusement le payement d'une contribution de
guerre que le roi leur refusait. Ce fut l'occasion d'un
conflit entre les chefs militaires de l'armée prussienne, qui alléguaient les ordres du maréchal Blücher, et les préfets, qui se retranchaient dans leurs
instructions qui leur prescrivaient de se borner à
subvenir aux besoins les plus pressants de cette armée. Pour briser cette résistance, les Prussiens enlevèrent et conduisirent en Prusse plusieurs préfets
du roi. M. de Wismes, préfet d'Angers, fut de ce
nombre. Prévenu du sort qui attendait ce fonction-
naire, le général d'Andigné lui proposa deux moyens
de s'y soustraire : le premier, c'était de lui prêter
ses chevaux pour passer sur l'autre rive de la Loire ;
le second, c'était de l'enlever à l'escorte prussienne
par une attaque à main armée. M. de Wismes refusa l'un et l'autre expédient et préféra subir son
sort. La résistance continuant malgré l'arrestation
du préfet, l'intendant prussien fit réunir en assemblée les notables de la ville, et, malgré l'opposition
ouverte du général d'Andigné, obtint de cette réunion d'hommes d'un caractère faible et d'opinions

diverses une contribution de trois cent mille francs, qui fut presque toute payée en lettres de change sur les banquiers de Paris. Ces derniers les firent protester, de sorte que l'intendant prussien ne toucha qu'une faible somme. Les mêmes demandes et les mêmes menaces rencontrèrent la même résistance dans les départements voisins.

Le général d'Andigné n'appréhendait point de provoquer cette résistance, parce qu'il sentait le sol s'affermir sous ses pieds. Il avait la main sur le cœur des provinces de l'Ouest, et il sentait bouillonner dans le cœur de ces provinces une colère qui pouvait devenir une arme utile et redoutable si les étrangers poussaient le gouvernement royal à bout. La masse des habitants était humiliée de voir les étrangers occuper un pays où l'on n'en avait pas vu depuis le règne de Charles VII. Les vexations presque inséparables d'une occupation étrangère amenaient une fusion d'opinions préparée par la sollicitude prévoyante du général royaliste et qu'il indiquait au général Lamarque, dans sa lettre, comme le seul moyen de préserver l'Ouest. De toutes parts il recevait des propositions dont il prenait note et dont il se réservait de réclamer l'exécution dès qu'il recevrait un ordre du roi. C'est ainsi que les habitants de Cossé, gros bourg dont la population était essentiellement libérale, lui fit offrir de lui livrer, le jour où il voudrait et par les seules forces de ses habitants, toute l'artillerie de réserve de l'armée prussienne de la Mayenne, qui était parquée dans ce bourg, avec les artilleurs qui la servaient. D'autres propositions du même genre lui venaient d'un grand nombre de bourgs et de villes, principalement des bords de la Loire. D'un autre côté, les généraux, les officiers et soldats des régiments qu'il avait reçu l'ordre de licencier sur la rive gauche du fleuve lui offraient leurs services et ne demandaient qu'à combattre. Il aurait donc pu réunir dans une même pensée et dans un même effort, avec les royalistes, qui tous restaient en armes, et qui supportaient aussi impatiemment que leurs anciens adversaires l'arrogance de l'étranger, un corps assez nombreux des troupes de ligne de l'armée impériale et la majeure partie des libéraux, c'est-à-dire la presque totalité de la population. Il lui eût été facile de mettre ainsi presque instantanément sur pied cent mille hommes, avec lesquels les cantonnements des quarante mille Prussiens qui occupaient les provinces de l'Ouest eussent été facilement enlevés. Il le fit savoir au roi, afin que, dans le cas où les étrangers élèveraient des prétentions inacceptables, Louis XVIII ne se crût pas réduit à tout subir et s'appuyât sur les provinces de l'Ouest, où, à son premier signal, on verrait sortir de terre une armée. Quant aux offres qui lui étaient faites, le général d'Andigné n'en repoussa aucune, de quelque côté qu'elle vînt. Il recommanda seulement une grande prudence jusqu'au moment où il viendrait en réclamer l'effet.

Malgré le secret profond qui fut gardé, il y avait une chose qui ne pouvait échapper aux Prussiens : c'est ce qu'on pourrait appeler la physionomie morale du pays. Quoiqu'il n'y eût contre eux aucune manifestation hostile, il y avait un symptôme qui les frappait, c'est l'accord tacite qui s'était établi entre toutes les opinions depuis qu'ils avaient paru dans la contrée : les égards mêmes que leur témoignaient les royalistes avaient quelque chose de froid et de contraint qui annonçait assez que c'était par respect et par obéissance pour le Roi qu'ils agissaient ainsi. L'inquiétude des Prussiens était manifeste ; ils ne la cachaient pas, et ils prenaient les précautions les plus minutieuses pour se sauvegarder des périls dont ils se sentaient menacés. Le maréchal Blücher, qui recevait rapport sur rapport, envoya les ordres les plus précis pour qu'on eût à ménager les campagnes, et prescrivit même d'éviter, autant que possible, d'y pénétrer. Il résulta de là que l'occupation des provinces de l'Ouest fut beaucoup plus circonscrite qu'elle ne l'aurait été, et que les Prussiens rabattirent singulièrement de leurs exigences en pressentant qu'il serait imprudent de provoquer l'explosion d'un mécontentement qui les enlaçait de tout côté. Grâce à cette conduite prudente, l'entente fragile et précaire qui régnait dans l'Ouest entre l'étranger et la population ne fut pas troublée.

Elle fut cependant au moment de l'être à la suite d'une altercation qui s'éleva entre le chevalier de Boberil, aide de camp du général d'Andigné, et l'aide de camp du général prussien. A la suite de cette altercation, il y eut une rencontre, et l'officier prussien, qui avait mis de son côté tous les torts, fut tué du premier coup de pistolet. Le général d'Andigné avoua hautement la conduite de son aide de camp, qui s'était conduit de la manière la plus honorable. Le bruit se répandit que les Prussiens voulaient venger leur camarade et que cent d'entre eux proposeraient un cartel à autant de Français. Sur ce bruit, un grand nombre d'officiers à demi-solde et de bourgeois libéraux coururent se faire inscrire, et les royalistes, pensant que ce débat pourrait aboutir à des hostilités ouvertes, se tenaient prêts. Mais l'extrême loyauté qui avait présidé à cette rencontre de part et d'autre permit d'éviter des conséquences plus fâcheuses. Sur ces entrefaites, M. d'Andigné ayant fait savoir aux habitants que le gouvernement royal désirait le payement de l'arriéré des contributions, qui, dans la pénurie du trésor, lui était tout à fait nécessaire, en moins de quinze jours cet arriéré fut intégralement versé dans les caisses publiques par les contribuables, aussi empressés à donner leur argent au roi que décidés à le refuser aux Prussiens.

Cette affluence d'argent due au dévouement royaliste aida beaucoup le général d'Andigné dans une mission pénible qu'il lui restait à remplir. Le gouvernement royal l'avait chargé d'aller licencier sur la rive gauche de la Loire onze régiments de l'armée impériale. Il n'omit rien de ce qu'il put faire pour adoucir, autant qu'il était en lui, la position déjà si malheureuse de ces braves soldats. Grâce à l'abondance du numéraire dans les caisses des receveurs généraux et particuliers, il put payer intégralement leur solde, et, s'il n'était donné à personne de les renvoyer contents dans leurs foyers, du moins leur ôta-t-il un motif légitime de plainte et les trouva-t-il sensibles aux égards dont ils étaient l'objet. Lorsqu'il retourna à Angers, les Prussiens avaient évacué cette ville, de sorte qu'il put y organiser en toute liberté la légion du département et le 5ᵉ régiment de la garde royale.

VII

DE LA RÉACTION DE 1815 DANS LE MIDI.

I

Une des paroles les plus déplorables de la Révolution, celle qui à coup sûr a été le plus déplorée par celui qui l'avait prononcée, c'est la parole de Barnave après un massacre : « Ce sang était-il donc si pur? » Lorsque, pour notre part, nous revenons par la pensée sur les longues discordes civiles qui ont affligé notre pays, quoique les principes n'aient point à répondre des torts des hommes, le sang qui pèse le plus sur notre cœur n'est pas celui qui est sorti des veines de nos pères, mais celui qui a été versé par les mains de quelqu'un des nôtres, hors du champ de bataille. Chateaubriand a dit avec raison aux hommes de la Révolution, un jour qu'ils élevaient bien haut leurs reproches à ce sujet : « Quoi que vous disiez, quoi que vous fassiez, la grande propriété du crime sera toujours de votre côté. » Mais cette terrible réplique ne nous a jamais suffi. Les crimes des uns n'effacent pas les crimes des autres. Nous ne pouvons nous faire à la pensée d'avoir eu dans nos rangs des meurtriers, nous qui sommes habitués à être du grand parti des victimes et des martyrs.

Aussi avons-nous souvent été ramenés, dans nos recherches historiques, par une douloureuse curiosité vers tous les événements qui se rattachent à ce qu'on a appelé *la réaction de* 1815, et dans les écrits les plus passionnés du parti opposé, la *Terreur blanche*. Toutes les fois qu'un document de nature à jeter du jour sur cette époque nous est tombé sous les yeux, nous l'avons lu avec une anxiété dont nous ne pouvions nous défendre. Qu'y a-t-il de faux, qu'y a-t-il de vrai dans les récits publiés sur cette époque, où les passions les plus violentes de la nature humaine étaient exaltées, et où les antipathies religieuses venaient s'ajouter, pour enflammer les haines, aux antipathies politiques?

Un des derniers historiens de la Restauration, M. de Vaulabelle, dont nous aimons mieux déplorer la passion politique que révoquer en doute la bonne foi, a publié sur cette époque un roman haineux, triste écho des préventions et des colères contemporaines. Tous les torts d'un côté, aucun de l'autre; l'oubli des serments, la désertion du drapeau, la trahison acceptés avec une candeur qui serait cynique si elle n'était pas naïve, quand ils servent une cause, tandis que tous les actes coupables ou douteux du parti contraire sont mis en lumière avec une sollicitude empressée, et que toutes les accusations, toutes les exagérations, toutes les imaginations de la haine, sont adoptées comme des vérités historiques incontestables : voilà l'esprit des premiers volumes de cet ouvrage. Aussi croyons-nous que c'est un devoir pour ceux qui rencontrent des documents de nature à jeter du jour sur cette époque, travestie par des historiens qui ont eu de nombreux lecteurs, de placer ces documents sous les yeux du public, afin qu'il puisse examiner les pièces de ce procès historique, et former son jugement avec connaissance de cause. Les crimes commis à cette époque, quelles que soient les mains qui les ont commis, resteront des crimes. Mais encore faut-il qu'en détestant le mal la postérité sache quelle a été son étendue, quelles ont été ses limites.

II

NIMES.

Un des départements où la réaction de 1815 se fit le plus vivement sentir fut le département du Gard. Outre l'ardeur naturelle aux populations méridionales, les haines religieuses, qui ont si souvent mis ces populations aux prises, ajoutaient leurs rancunes séculaires aux discordes politiques. Protestants et catholiques, révolutionnaires et royalistes, les esprits les plus violents parmi les populations du Gard semblaient heureux d'avoir deux motifs pour se haïr et s'opprimer tour à tour. M. de Vaulabelle, suivant les habitudes de son esprit, n'aperçoit qu'un des côtés du tableau qu'offrit ce département pendant les Cent-Jours, et, à la suite des Cent-Jours, pendant la seconde Restauration. En outre, pour peindre ce tableau, il a emprunté ses couleurs aux passions révolutionnaires et protestantes, en tenant pour vrai tout ce qu'elles admettent. Les populations catholiques et royalistes ont fait tout le mal; les protestants et les révolutionnaires n'ont jamais été que victimes et martyrs. Enfin, le département du Gard a été le théâtre d'une véritable terreur royaliste; tel est le résumé de son récit dont nous citerons quelques traits.

« Le tocsin, dit-il, sonne dans toutes les églises. A ce signal, plusieurs milliers de furieux se précipitent dans les rues, enfoncent les maisons des habitants signalés comme bonapartistes et massacrent les propriétaires. Nîmes, pendant deux jours, eut l'aspect d'une ville prise d'assaut. La première rage assouvie, le meurtre et le pillage reçurent une sorte d'organisation; on procéda méthodiquement; chaque jour eut ses vols et ses assassinats désignés à l'avance ; ensuite on élargit le cercle ; du chef-lieu, les exécutions s'étendirent progressivement aux communes et aux habitations isolées, situées dans un rayon de cinq lieues. Un matin, on mettait un village au pillage ou à rançon ; le lendemain, on brûlait une maison de campagne, le jour suivant, on allait arracher des vignes, couper des oliviers ou bien enlever des grains dans quelques fermes ; d'autres fois, on faisait des battues dans les districts signalés comme servant de refuge à des proscrits ; on fouillait les maisons, les masures, le moindre pli de terrain ; on faisait la chasse des hommes comme on aurait pu la faire des bêtes fauves. Ces bandits, qui reconnaissaient pour chefs les nommés Servan, Truphemy ou Trophème, et Jacques Duport dit Trois Taillons ou Trestaillons, ne se bornaient pas à dévaster; ils volaient ; impitoyables pour les gens pauvres, jamais ils ne leur faisaient grâce ; la fortune au contraire les rendait quelquefois indulgents ; plusieurs proscrits, parmi ceux qu'on leur désignait comme victimes, rachetèrent leur vie au prix de rançons énormes. La passion politique n'était point l'unique mobile de ces assassinats. Les haines enfantées par la rivalité de deux communions religieuses placées en face l'une de l'autre et longtemps en lutte entraient pour une grande part dans ces fureurs. Les populations du Gard, sur 325,000 habitants, comptaient 115,000 protestants. La Révolution, en restituant à ceux-ci l'égalité des droits politiques et civils, ainsi que la complète liberté de leur culte, avait fait disparaître les barrières qui, avant 1789, imposaient aux deux communions une position différente. L'Empire les avait maintenues l'une et l'autre dans une obéissance commune. Les événements de 1814 ravivèrent les anciennes divisions. Dans la pensée des catholiques, le retour de Louis XVIII était le rétablissement de la vieille monarchie, et cet événement, en restituant au culte romain son ancienne suprématie, devait rejeter les protestants dans l'infériorité civile et politique d'où la Révolution les avait tirés. Les processions et toutes les cérémonies extérieures du catholicisme, interdites par les lois dans les communes habitées par des citoyens de sectes différentes, furent immédiatement rétablies avec une pompe et une affectation insultantes pour les dissidents; des pétitions colportées dans toutes les maisons sollicitèrent en même temps du gouvernement et des Chambres le rappel des jésuites; et des groupes d'artisans catholiques, réunis sur les places et dans les carrefours, faisaient entendre des chansons ayant pour refrain, *qu'il fallait laver ses mains dans le sang des protestants*. Alarmés par ces menaces, qu'accréditait, au reste, la marche du gouvernement royal, les protestants accueillirent le retour de l'île d'Elbe avec une joie qui, mettant le comble à la colère du parti vaincu dans la personne des Bourbons, rendit plus profonde encore la ligne de démarcation déjà marquée entre les deux partis. Ce n'étaient donc pas seulement des adversaires politiques que les royalistes, tous catholiques, poursuivaient dans les partisans de la journée du 20 mars et des institutions issues de la Révolution, mais encore des adversaires religieux. Ce double fanatisme devait imprimer à la réaction une violence et une durée exceptionnelles, et donner aux vengeances un caractère particulier. Ainsi les assassinats étaient habituellement suspendus les dimanches et les jours de grandes fêtes religieuses.

« A la nouvelle des premiers massacres de Nîmes, un habitant d'Uzès, nommé Graffan, réunit quelques bandits, les conduit à l'assaut des maisons appartenant aux protestants les plus riches de cette petite ville, tue les propriétaires, jette les femmes par les fenêtres, emporte ou détruit toutes les valeurs, tous les objets mobiliers. Les demeures des principaux religionnaires vides et leurs habitants tués ou en fuite, Graffan cherche de nouvelles victimes. Il apprend que six protestants viennent d'être incarcérés comme bonapartistes; aussitôt il se rend à la prison et commande au concierge de les lui livrer; le gardien refuse; puis, intimidé par les menaces de Graffan et de sa bande, il consent à aller prendre les ordres du commandant militaire de la place. Cet homme, dont nous regrettons de ne pouvoir signaler le nom, donne l'ordre de livrer les prisonniers : Graffan s'empare de deux de ces malheureux, les conduit sur la place de l'Esplanade, sous les fenêtres du sous-préfet alors chez lui, et les égorge. Deux fois il se rend encore à la prison. En ce moment même, les bandes armées sorties de Nîmes parcouraient les campagnes, pillant, rançonnant ou égorgeant les fermiers et les cultivateurs protestants. Ces meurtres étaient le contre-coup de nouveaux assassinats commis à Nîmes à l'occasion de la nomination des députés; les instigateurs secrets des massacres ne voulaient point permettre à leurs adversaires de prendre part aux opérations électorales, fixées au 22 août. Les 19, 20 et 21, les pillages recommencent; seize personnes sont égorgées et portées à la voirie ! »

Voilà l'histoire au point de vue de M. de Vaulabelle. Tous les crimes sont d'un côté, toutes les souffrances sont de l'autre. Les passions religieuses et politiques n'ont poussé à des actes coupables que les catholiques et les royalistes ; elles ont été innocentes et inoffensives chez les protestants. Elles les portaient seulement à demander l'égalité des droits civils et politiques. Ils n'ont jamais abusé du pouvoir. La réaction catholique, sans être provoquée par l'action protestante, a pris les proportions d'un véritable massacre.

Nimes, Uzès, ont été semblables à des villes prises d'assaut.

On comprend que notre intention n'est pas de refaire cette douloureuse histoire et d'opposer massacre à massacre. On n'efface pas le sang avec du sang. Nous ne feuilletterons donc pas les relations catholiques et royalistes. Nous ne cherchons point des sujets de récrimination, nous cherchons la vérité pour l'histoire.

Dernièrement nous parcourions les papiers politiques de M. le baron d'Haussez, pour trouver les documents nécessaires à l'*Histoire de la Conquête d'Alger*, grande et glorieuse conquête qui fut comme le berceau de tant de gloires contemporaines, qui illumine de si beaux rayons le passé de notre histoire, et qui a ouvert de si vastes champs à l'avenir. Parmi ces papiers, nous en avons trouvé qui se rapportaient à l'époque où le dernier ministre de la marine de la Restauration était préfet. M. le baron d'Haussez, administrateur de premier ordre, a laissé dans les quatre départements qu'il a successivement administrés d'excellents souvenirs. Il joignait à une connaissance parfaite des affaires une activité sans égale, un coup d'œil juste, un caractère ferme et un esprit conciliant. Ses opinions le rangeaient dans ce qu'on appelait, au début de la Restauration, le parti modéré. Il était opposé à la majorité de la Chambre introuvable, quoique fort dévoué d'ailleurs à la maison de Bourbon.

Au commencement de 1819, c'est-à-dire à une époque où cette majorité, dissoute par l'ordonnance du 5 septembre, perdait de plus en plus son influence, et où les élections nouvelles, faites sous l'ascendant de M. le duc Decazes, dont la faveur grandissait de jour en jour, avaient amené une chambre où le libéralisme se fortifiait de plus en plus, M. le baron d'Haussez fut nommé préfet du département du Gard par le ministre dirigeant. Il partit avec des instructions toutes favorables au parti libéral et protestant, toutes contraires au parti catholique et royaliste.

« J'avais pu juger, dit-il dans ses notes manuscrites, des exigences que je rencontrerais dans les deux partis, par celles que m'avaient manifestées leurs organes à Paris. Le parti protestant était alors tout-puissant par la protection que lui accordaient plusieurs hommes influents, entre autres MM. de Saint-Aulaire, beau-père de M. Decazes, et Chabaud de Latour, l'un et l'autre députés du Gard; Boissy-d'Anglas et Pelet de la Lozère, protestants zélés et pairs de France, et enfin le comte d'Argout, récemment appelé à la pairie, et que j'allais remplacer à Nîmes en qualité de préfet. Le sentiment des convenances et le désir d'étudier les besoins de mon département et de me mettre en rapport avec les hommes marquants qui lui appartenaient me faisaient un devoir de rechercher les personnes que je viens de nommer. De presque tous je reçus des conseils qui se résumaient dans ceux que me donna le comte Boissy-d'Anglas, avec une âpreté d'opinions, une rudesse de formes et une dureté de ton, dont on ne peut se faire une idée, si l'on n'a pas connu le rigorisme républicain, doublé d'intolérance protestante, qui faisait le fond de son caractère; recommandations fondées sur les titres de *protestants*, *patriotes*, *libéraux*, *persécutés* ; exclusions motivées par ces mots, qui revenaient dans la conversation de mes interlocuteurs comme des types stéréotypés, *catholiques*, *royalistes*, *intolérants*. J'étais quelque peu étonné de la hardiesse avec laquelle on présentait à un dépositaire de l'autorité royale comme des motifs de réprobation des actes qui n'étaient souvent que des preuves de dévouement données à la royauté. Nous en étions déjà là, quoique nous ne fussions qu'aux premiers mois de 1819.

« Je ne pouvais échapper aux conseils de M. d'Argout, à qui j'allais succéder, et que je connaissais depuis longtemps. Quelque préparé que je fusse à le trouver exalté dans l'opinion libérale qu'il avait adoptée depuis son administration dans le département du Gard, je fus surpris de la violence de ses opinions et de la partialité de ses jugements. M. d'Argout sait allier à une extrême flexibilité d'opinion une extrême ardeur à faire prévaloir celle qu'il professe momentanément. Dans le département des Basses-Pyrénées, où il avait fait son début administratif, il n'avait pas laissé un maire, pas un garde champêtre en place, parce qu'il n'en trouvait pas un dont le royalisme fût à la hauteur du sien. Dans le département du Gard, il destitua les maires par centaines, parce que leur libéralisme lui paraissait insuffisant. Quand les élections vinrent, il se surpassa lui-même. Pour assurer le triomphe de ses opinions nouvelles, ce bouillant néophyte eut recours à tous les moyens que plus tard ses amis et lui accusèrent les préfets de la droite d'employer. Il était convaincu sans doute que les traditions laissées dans les préfectures par un administrateur de son mérite ne pouvaient être mises en oubli. S'il faut en croire des bruits qui semblent fondés, il ne recula pas même devant l'énergie exceptionnelle de certains moyens héroïques qu'heureusement personne ne songea à mettre en usage après lui. C'est ainsi qu'il avait conquis la dignité de pair.

« Au moment où je m'y attendais le moins, je reçus du ministre de l'intérieur l'ordre de partir immédiatement pour mon nouveau département, et celui de me rendre au ministère avant de monter en voiture. J'y trouvai réunis les personnages que j'ai nommés plus haut. Tous affectaient une inquiétude qui, au premier coup d'œil, me parut exagérée. A les entendre, on devait craindre que tous les protestants du département ne fussent égorgés avant mon arrivée. Si quelques-uns avaient échappé au massacre, je devais, quels que fussent d'ailleurs leur capacité et leurs antécédents politiques, m'en entourer pour le conseil, leur donner toutes les places pour l'action, et faire passer dans leurs mains une autorité dont les catholiques auraient certainement abusé. M. d'Argout, assis à une table, où il dictait à un secrétaire, ce qui ne l'empêchait pas, nouveau César, d'écrire en même temps, s'interrompait de quart d'heure en quart d'heure pour venir jeter au milieu des lamentations de ses amis une parole de violence et de menace. Il se reprochait, bien à tort, d'avoir trop ménagé les catholiques et les royalistes, et se répandait en imprécations contre l'excès de sa modération administrative, que ses administrés qualifiaient tout autrement. Son travail terminé, il vint le communiquer au ministre et aux conseillers, dont il était entouré. C'était une minute d'ordonnance royale, prononçant la destitution de M. de la Boissière, maire de Nimes, et de M. de Chazelles, conseiller de préfecture, remplissant les fonctions de préfet. Je n'avais pas d'observation à faire, puisque je ne connaissais ni la situation ni le personnel du département.

« Les mesures proposées par M. d'Argout furent adoptées. Mais chacun voulait y ajouter quelque chose, selon ses intérêts, ses sympathies ou ses rancunes. M. Decazes pensa sans doute qu'il fallait me laisser quelque mal à faire, et il se borna à demander des désignations pour le remplacement des deux fonctionnaires dont j'allais emporter la destitution. On s'accorda sur leur choix. L'infatigable M. d'Argout rédigea deux nouvelles ordonnances. Le ministre mit le tout dans son portefeuille, partit pour se rendre chez le roi, et me prescrivit d'être de retour, une heure après, au ministère de l'intérieur, et dans ma voiture de voyage.

« Il fut exact au rendez-vous. Les personnes que j'avais laissées dans le cabinet y étaient encore. Chacune d'elles avait mis à profit le temps de mon absence, pour rédiger des notes sur la conduite que j'aurais à tenir envers les hommes et les choses. On me les remit. Le ministre, qui arrivait des Tuileries, y ajouta les ordonnances signées, me congédia, en me mesurant le temps que je devais mettre à faire ma route, quarante-huit heures de Paris à Lyon, trente-cinq de Lyon à Nîmes, et en me recommandant de lui faire donner avis, par le télégraphe, de l'exécution ponctuelle de cette partie de mes instructions.

« Je voyageai avec une telle rapidité, que je devançai de quelques heures le moment fixé pour mon arrivée à Nîmes. Il était nuit. Des patrouilles, des détachements qui bivaquaient dans les rues que je traversais, me firent craindre que les perturbations dont on avait effrayé le gouvernement n'eussent continué. Je fus rassuré à ma descente de voiture, car j'appris que les mesures dont j'avais été alarmé avaient été dictées par une précaution peut-être excessive. Il ne s'agissait pas de réprimer, mais de prévenir.

« Le lendemain, de très-bonne heure, je reçus la visite du maire et du conseiller de préfecture dont j'apportais la destitution. Informés de la rigueur avec laquelle ils étaient traités, ils me dirent qu'en bons et fidèles royalistes ils donneraient l'exemple de la soumission au roi et du respect pour sa volonté, alors même que leur conscience leur dirait que le monarque avait été trompé. Ils me demandèrent les noms de leurs successeurs, et ils m'apprirent que le nouveau maire, procureur général près la cour impériale pendant les Cent-Jours, s'était signalé par les excès de son zèle, dans le sens des opinions alors dominantes, et que le nouveau conseiller de préfecture était fils d'un régicide. Ils ajoutèrent que l'on savait à Nîmes que le ministère s'était trompé en supposant que je marcherais dans les errements de M. d'Argout, que ma réputation de royaliste était trop bien faite pour que l'on rejetât sur moi la responsabilité de choix aussi inconvenants que ceux qui venaient d'avoir lieu. Enfin ils me firent entendre que les royalistes étaient disposés à m'accorder une entière confiance, pour peu que je parusse disposé à y attacher du prix.

« Je fis appeler M. Cavalier, choisi pour remplir les fonctions de maire, et M. Jacques, destiné à celles de conseiller de préfecture. Mon accueil fut très-froid. Je leur fis part du contenu des ordonnances royales, et j'informai le premier qu'il pouvait se faire installer le lendemain. Quant au second, je lui déclarai que je ne croyais pas pouvoir le mettre en possession d'une place qu'il ne pouvait devoir qu'à une surprise faite à la bonne foi du ministre ou à une erreur dans les renseignements qui lui avaient été fournis. M. Jacques demanda des explications, que je donnai aussi précises qu'il pouvait le désirer; mais elles ne le convainquirent pas qu'il devait renoncer à sa nomination. Il insista pour être installé, et, sur mon refus, il me fit sommer par huissier de mettre à exécution l'ordonnance royale qui le concernait. Je ne tins aucun compte de cette sommation. Dès le jour même, je fis connaître au ministre et ma conduite et les motifs qui l'avaient déterminée, et je le prévins qu'il devait opter entre M. Jacques et moi. Sa réponse ne se fit pas attendre; la nomination fut révoquée et remplacée par une autre, qui portait sur un protestant très-libéral, mais qui, au moins, n'avait point la tache originelle qui m'avait fait repousser M. Jacques comme impossible.

« Ce début ne me fit pas de partisans parmi les protestants. En revanche, les catholiques se prononcèrent pour moi avec une chaleur maladroite que je cherchai vainement à comprimer, bien convaincu qu'on s'en ferait une arme contre moi auprès du ministère. Mes craintes se trouvèrent promptement justifiées.

« Je trouvai le département du Gard dans un état de trouble et de désorganisation qui ajoutait aux embarras ordinaires de l'administration dans un semblable pays. La confiance que pendant deux années M. d'Argout avait accordée aux protestants, l'appui qu'en échange ils lui avaient prêté dans les dernières élections, la révocation de plus de la moitié des maires du département (cent soixante-trois avaient été révoqués par une seule ordonnance), la destitution toute récente du maire du chef-lieu sans autre motif que son attachement à la cause royale, avaient profondément indisposé les royalistes. Alarmés dans le présent, inquiets de l'avenir, ils conçurent la pensée de se lier plus étroitement entre eux qu'ils ne l'avaient encore fait. Dans chaque localité, une espèce de fédération avait été formée ; elle avait des chefs, des moyens de correspondance, des lieux de réunion, des armes, des relations avec Lyon et Paris. Le gouvernement avait de forts indices de son existence, mais les preuves lui manquaient. Ces preuves, je les eus bientôt dans les mains, mais je ne crus pas utile à la cause royale de les transmettre au ministère. Il n'y avait pas de complot, mais une agitation motivée chez les uns par le désir de changer la marche du gouvernement qu'ils croyaient dangereuse et funeste, et chez un petit nombre par le désir d'exercer une influence et d'acquérir une importance politique. Si j'avais divulgué au ministère ces menées et ces intrigues sans but certain, qui ne menaçaient en rien la tranquillité ni la sécurité de l'État, je savais qu'il prendrait des mesures à outrance qui exaspéreraient encore davantage les populations royalistes. Je supprimai donc les renseignements, en me bornant à exercer une surveillance exacte et sévère sur la correspondance dont j'avais surpris le secret, l'association, dont je connaissais toutes les ramifications, et ses chefs, que je convainquis bientôt qu'ils ne pouvaient écrire un mot, faire une démarche sans que j'en eusse aussitôt connaissance. J'étais informé de tout. La plupart des lettres m'étaient communiquées en original, et j'avais copie exacte des autres. Je n'avais pas recours aux moyens qu'on accusait le gouvernement d'employer, l'ouverture des lettres confiées à la poste ; je déclare que ce moyen a toujours excité ma répugnance et que je n'ai jamais voulu l'employer.

Eussé-je été tenté d'y recourir, j'en aurais été empêché par les directeurs des postes qui avaient reçu la défense la plus positive d'accéder aux demandes qui leur seraient faites par les autorités.

« Je fis venir un des chefs de cette fédération avec qui je m'étais autrefois rencontré dans la Chambre de 1815, et qui, lors de mes premières ouvertures, avait tout nié, et je lui remis en original une lettre à son adresse qui avait été tirée de ses papiers : — Nierez-vous encore, lui dis-je, les manéges qui ont motivé mes avertissements? Cette lettre, qui sert de réponse à une autre lettre que vous avez écrite, renferme des preuves dont un préfet mal disposé pourrait s'armer contre vous et vos amis. La voici. Je ne veux pas que mon nom soit prononcé dans une accusation contre des royalistes. Je n'ai pas communiqué au gouvernement les informations que j'avais, mais je veux vous dire et vous prouver que je n'étais pas votre dupe, et que, si l'on s'était permis de franchir la distance qui sépare une agitation stérile d'une action dangereuse, j'avais l'œil ouvert et la main étendue pour arrêter le mouvement dès qu'il commencerait. Je me suis mêlé de machinations politiques, et dans des temps plus dangereux que ceux où nous sommes, mais j'y mettais plus d'adresse, et, si j'avais été averti, comme vous l'avez été par moi, que ceux qui étaient chargés de me surveiller avaient la clef de mon secrétaire, j'en aurais au moins fait changer la serrure.

« Ce fut sur cette correspondance, communiquée après mon départ au colonel V..., dont le régiment était alors en garnison à Nîmes, et qui en donna connaissance à M. Madier de Montjau, conseiller à la cour royale de cette ville, que celui-ci se fonda pour faire, deux ou trois ans plus tard, sa célèbre dénonciation, aliment jetée aux passions politiques du temps.

« Je fus obligé de prendre contre l'opinion révolutionnaire, qu'on appelait alors l'opinion libérale, des mesures plus efficaces et plus vives, parce qu'encouragée par les concessions qui lui avaient été faites elle aspirait ouvertement à imposer au gouvernement la ligne de conduite qu'il aurait à suivre. Au moment où j'arrivai, Nîmes était divisée par une querelle de théâtre. Huet, acteur du théâtre Feydeau, était venu pour donner quelques représentations dans cette ville. L'ardeur connue de ses opinions royalistes engagea les libéraux à s'opposer à ce qu'il jouât. Les royalistes objectaient que, l'année précédente, ils avaient laissé paraître sans opposition, sur le théâtre de Nîmes, Talma, dont les opinions étaient au moins aussi fortement accusées dans le sens du libéralisme que celles de Huet dans le sens du royalisme. Ils réclamaient donc tolérance pour tolérance. Leurs antagonistes avaient maintenu leur *veto*. De là querelles dans la salle, vitres brisées, coups de bâton et même coups de couteau échangés au dehors, et, en définitive, fermeture du théâtre. Les choses en étaient à ce point à mon arrivée. Pour calmer ce tumulte, qui durait depuis une dizaine de jours et avait donné lieu aux rapports exagérés dont on avait effrayé le gouvernement, il aurait fallu de l'énergie dans l'autorité et une force militaire imposante. L'une et l'autre avaient manqué. Les autorités locales, bien intentionnées, mais découragées par la pensée qu'elles seraient désavouées par le gouvernement, s'étaient bornées à écarter le prétexte d'une lutte entre les deux partis. La garnison ne se composait que de cent cinquante hommes d'infanterie et d'une compagnie de lanciers. Le département avait pour commandant le général de Panges, dont l'esprit enclin à l'hésitation devenait plus indécis encore sous le coup de la crainte de mécontenter le gouvernement qui venait de lui conférer la pairie. A la tête de la division militaire était le général Briche, caractère de décision et de vigueur, mais original, fantasque, et sur les dispositions duquel on ne pouvait pas compter, parce qu'elles étaient à la merci d'un mouvement d'humeur.

« J'étais arrivé à Nîmes dans la nuit du 3 au 4 mars 1819. Je recueillis à la hâte le plus de renseignements que je pus sur la situation des choses, et je m'informai des dispositions des troupes. J'appris que l'effervescence avait diminué ; elle s'était concentrée dans quelques centaines de brouillons que la masse de la population protestante ne soutiendrait pas ; les officiers de la garnison m'assurèrent que leurs soldats agiraient vigoureusement, ne fût-ce que pour prendre leur revanche des insultes qu'on les avait contraints d'endurer. Je me décidai à faire ouvrir le théâtre et à y faire paraître Huet, le dimanche suivant. J'écrivis, en même temps, au général Briche pour le requérir de renforcer de six cents hommes la garnison de Nîmes.

« Le nouveau maire me fit les représentations les plus vives contre la réapparition de Huet, et il les fit appuyer par le général de Panges. Je refusai de les admettre, et je pris des mesures pour repousser une agression que l'un et l'autre m'annonçaient devoir être le résultat inévitable de la décision à laquelle je m'arrêtais.

« Je dictai au maire un arrêté qu'il signa fort à contre-cœur, et par lequel, en annonçant que par mon ordre le théâtre serait ouvert de nouveau, il interdisait tout attroupement, et prévenait que toute infraction à cette interdiction serait immédiatement et sévèrement réprimée.

« Le dimanche, à deux heures, j'appris qu'un rassemblement nombreux se formait sur la place de la *Maison-Carrée*[1], dans le dessein de s'opposer à l'exé-

---

[1] La *Maison carrée*, ainsi appelée parce qu'elle forme un carré long.

cution de mes ordres. Je requis le général de Panges de faire sortir sur-le-champ les troupes des casernes et d'envoyer à la préfecture la compagnie de lanciers. Je l'invitai à s'y rendre lui-même lorsque ses ordres seraient donnés. Dès que la cavalerie fut devant mon hôtel, je sortis à cheval et me plaçai à sa tête. Je m'étais fait précéder par un commissaire de police qu'escortaient une cinquantaine de fantassins, pour sommer le rassemblement de se dissiper. Au moment où je sortais de la préfecture, je vis arriver le général de Panges de toute la vitesse de son cheval. Il m'informa que le rassemblement s'était dirigé vers sa maison, et que, ne pouvant forcer la grille de la cour, défendue par un poste d'infanterie, on s'était mis à briser ses vitres à coups de pierres, que lui-même n'avait pu sortir que par la porte de ses écuries qui donnait sur une autre rue. Je l'engageai à m'accompagner, et je mis mon cheval au galop en me faisant suivre par les lanciers. Le général de Panges était à ma gauche; j'avais à droite le capitaine de Jarnac qui commandait mon escorte. Au moment où je parus sur

---

isolé, est un des monuments les plus remarquables de Nîmes. Les suppositions archéologiques les plus probables font remonter sa construction à l'époque de Marcus Aurelius et de Lucius Vérus, fils adoptif d'Antonin. L'architecture de cet édifice, que l'abbé Barthélemy, dans son *Voyage d'Anacharsis*, appelle le chef-d'œuvre de l'architecture ancienne et le désespoir de la nouvelle, est d'une recherche de décoration et d'une délicatesse de travail qui rappellent les monuments de l'époque d'Adrien et d'Antonin.

la place, je fus accueilli par des cris violents et une volée de pierres dont une m'atteignit. Je me portais en avant lorsqu'un homme, armé d'un sabre, saisit la bride de mon cheval. Pendant que j'allongeais la main vers mes fontes pour prendre mes pistolets, le capitaine de Jarnac renversa cet audacieux d'un coup de sabre, et les lanciers, faisant une charge sur la foule, distribuèrent force coups de bois et quelques coups de pointe, qui tuèrent un homme et en blessèrent quelques autres. Ce coup de vigueur suffit; le rassemblement se dispersa; le soir tout était tranquille. La représentation de Huet eut lieu, comme si l'échauffourée dont je viens de parler n'en avait pas été le prologue, et, malgré les cris et les menaces dont la populace de Nîmes n'est pas avare, le calme fut maintenu pendant toute la durée de mon administration.

« Au lieu des troupes que j'attendais, je reçus dans la nuit, du général Briche, l'avis qu'il ne jugeait pas convenable d'obtempérer à ma réquisition. Je lui dépêchai un courrier pour l'informer que je renouvelais ma demande, et que je faisais peser sur lui la responsabilité de la conduite qu'il avait tenue et de celle qu'il allait tenir. J'ajoutai que je venais de rendre compte au gouvernement de son étrange procédé. Inquiet de ma démarche, le général Briche fit partir en toute hâte de Montpellier douze cents hommes au lieu de six cents que je lui avais demandés, et il les devança. J'étais à table, chez le général de Panges, lorsqu'on annonça l'arrivée du lieutenant général commandant la division. Je vois entrer un officier de petite taille, portant d'épaisses moustaches blondes. De la porte, il jette son chapeau par-dessus la table sur une autre table, à l'extrémité de la salle, et s'écrie en s'adressant au général de Panges et en accompagnant chaque phrase d'un juron : — Eh bien, la ville n'est pas brûlée ? — Non, mon général. — J'espérais qu'elle le serait, je croyais le feu aux quatre coins, tant votre préfet se montrait impatient d'avoir des troupes. Au reste, il sera content; il m'a demandé six cents hommes, je lui en amène le double.

« Avant que le général de Panges pût lui faire remarquer que j'étais présent, quelques propos peu convenants me mirent dans la nécessité de prendre la parole. Je le fis d'un ton très-vif, qui étonna ce cerveau brûlé : — Monsieur le préfet, me dit-il, on m'a mandé de Paris que vous aviez la tête chaude. La mienne ne l'est pas moins. Je vous préviens que nous aurons du mal à nous arranger. — On m'a donné le même avis, général, et je me suis promis d'avoir toujours raison et de ne jamais vous céder. Je vous ai demandé six cents hommes, vous en faites venir douze cents; si l'excédant du nombre que j'ai demandé entre dans Nîmes, un second courrier sera sans délai sur la route de Paris pour faire connaître au gouvernement le nouveau manque de procédé dont j'ai à me plaindre. Vous agirez maintenant comme il vous plaira.

« Le général se mit à table, mangea beaucoup, but davantage, commença à fumer, et n'articula pas un mot. Nous nous séparâmes presque sans nous saluer.

« Le lendemain, avant sept heures, mon valet de chambre m'annonça une visite, et, avant qu'il eût pu me dire qui me la faisait, je vis entrer un homme en bonnet de coton, enveloppé dans un vaste carrick, les jambes nues et en pantoufles. Je me serais bien gardé de reconnaître le matinal visiteur, s'il ne m'avait dit qu'il s'appelait le général Briche. Il se hâta d'ajouter que, lorsqu'il avait des torts, il était impatient d'en faire l'aveu, et qu'afin de ne pas mettre de retard dans l'acte de ce genre qu'il croyait me devoir il était venu dans le costume où son réveil l'avait surpris. Je ne pus m'empêcher de rire, il en fit autant, et nous voilà les meilleurs amis du monde.

« La conversation prit bientôt un tour plus sérieux. Elle se porta sur les circonstances dans lesquelles nous étions placés. Je vis que le général avait des sentiments tout semblables aux miens. Il connaissait le département du Gard et son chef-lieu ; il me donna des avis qui me parurent sages, et auxquels, pour être accueillis sans réserve, il ne manquait qu'un autre costume chez celui qui les donnait. Mais le moyen d'accorder de la confiance, alors même qu'il parle avec bon sens, à un homme qui, pour sa première visite au premier magistrat de son département, ne prend pas la peine de modifier son costume de nuit. L'entretien avait duré une grande heure, lorsque le général me dit : — Je vous quitte, afin de vous laisser lever. — Permettez, répondis-je, que j'envoie chercher votre toilette ou que je fasse atteler pour vous reconduire. — A quoi bon ? — Vous ne pensez pas traverser Nîmes avec le costume que vous avez. — Si fait; c'est mon costume du matin. A Montpellier et ici, je n'en ai pas d'autre; tout le monde le connaît; personne ne s'en formalise. Les enfants mêmes commencent à ne plus courir après moi. Il sortit.

« Le général Briche était un enfant mal élevé de la Révolution, qui s'était fait un moyen des défauts mêmes de son éducation. Du reste, ses antécédents parlaient très-haut en sa faveur. A une conduite militaire honorable, il avait joint, pendant l'époque des Cent-Jours, les preuves d'un dévouement qui avait attiré sur sa tête les plus grands dangers.

« Deux tentatives d'émeute, l'une au Vigan, chef-lieu de sous-préfecture, l'autre à Villeneuve, toutes deux ayant un caractère politique et religieux, me fournirent les premières occasions de parcourir mon département. Je me transportai rapidement sur les lieux, à la tête de détachements de cavalerie; mais je n'eus pas besoin de répéter la leçon un peu dure que j'avais donnée aux agitateurs de Nîmes. Ma présence suffit pour rétablir l'ordre et assurer l'arrestation de ceux qui l'avaient troublé. Tous furent jugés et condamnés.

« A ma grande surprise, le ministère approuva la conduite que j'avais tenue dans la répression de l'émeute dont j'ai rendu compte, et il donna même des éloges à ma décision et à ma fermeté, qui avaient, il est vrai, rendu le calme au département. »

Après avoir ainsi raconté son arrivée et les premières difficultés qu'il rencontra, les obstacles matériels qu'il vainquit, le baron d'Haussez entre dans le fond de la question : « Quand j'eus assuré le calme dans la rue, dit-il, la division des esprits ne cessa pas pour cela, elle continua à se manifester dans les salons. C'était surtout dans les miens qu'elle éclatait, parce que c'était là seulement que les deux partis avaient occasion de se rencontrer. Je donnais fréquemment des dîners et des fêtes, auxquels protestants et catholiques, royalistes et libéraux, étaient indifféremment invités. J'avais la simplicité de croire qu'une distribution impartiale de la justice comme magistrat, et de mes politesses comme homme du monde, suffirait pour mettre un terme à la discorde qui existait entre les partis. Grande était mon erreur! Mes réunions étaient nombreuses, mais elles ne servaient qu'à rendre plus sensible la haine que chaque parti portait à l'autre. Dans le principal salon de réception, les femmes catholiques avaient adopté le côté droit, les femmes protestantes, le côté gauche de la cheminée. Les hommes se rangeaient également par secte, et peu d'entre eux osaient franchir la ligne fatale de séparation, pour aller causer avec des femmes du bord opposé. Dans les bals, la séparation était encore plus prononcée. Il n'y avait qu'à table, où les noms inscrits sur un billet indiquant à chacun la place qu'il devait occuper, le mélange des personnes avait lieu, mais rarement la conversation s'établissait entre les voisins, et presque toujours elle se faisait d'un travers à l'autre de la table. C'était à désespérer du succès! Il fallut abandonner ces hommes irréconciliables à leur esprit de haine, et ne plus chercher à les réunir. Par une sorte de convention tacite, ils s'accordaient du moins sur un point : ils ne vinrent plus à mes réunions que de deux semaines l'une, en sorte qu'un jour était consacré aux protestants, et le jour de réception suivant aux catholiques. »

On a sans doute remarqué que les paroles de M. d'Haussez ne sont pas moins impartiales que sa position. Il n'est point l'homme d'un parti, il est neutre. Représentant d'un ministère qui incline plutôt vers les protestants que vers les catholiques, il est également frappé, également affligé des haines réciproques qui existent entre les deux partis. Il tente inutilement de les adoucir. Il est donc bien posé pour voir d'où viennent ces haines. Voici ce que nous trouvons à ce sujet dans ses notes :

« L'époque des Cent-Jours avait été marquée par des actes d'agression contre les royalistes. Plusieurs avaient été massacrés, sans provocations de leur part, dans les rues de Nîmes. Les maisons d'un grand nombre d'entre eux avaient été pillées, dévastées, démolies même après le combat du pont de la Drôme et la capitulation de la Palud. Les volontaires qui avaient fait partie de l'armée de M. le duc d'Angoulême avaient été traqués comme des bêtes fauves, et assassinés avec des raffinements de cruauté. A la seconde Restauration, les royalistes des dernières classes du peuple ne voulurent pas être en reste. Leur vengeance atteignit un certain nombre de leurs ennemis, et elle ne fut qu'imparfaitement arrêtée et contenue par les efforts de leurs chefs les plus influents. Il y avait, de part et d'autre, crimes et malheurs, désastres et cruelles représailles. Le souvenir de ces calamités ne se bornait pas aux derniers événements. De meurtre en meurtre, il remontait jusqu'aux massacres révolutionnaires de 93, aux Dragonnades et à la révocation de l'édit de Nantes, sous Louis XIV ; aux Camisards, sous les Valois ; à Raymond de Toulouse, et aux Albigeois. Les haines s'étaient transmises dans les familles comme un inaliénable héritage. C'était le sujet de toutes les conversations. On peut juger de l'âcreté que leur avaient donnée les scènes déplorables des dernières années.

« Les protestants avaient alors auprès du gouvernement des organes en crédit qui parvinrent sans peine à faire admettre leurs récriminations comme fondées de tout point, et à étouffer les plaintes des catholiques. Il fut admis en principe que ceux-ci devaient avoir tort, quoi qu'ils eussent fait ou quoi qu'ils fissent, et que le droit serait toujours du côté de leurs antagonistes ; que les royalistes massacrés seraient tenus pour bien tués, et que les protestants qui avaient subi le même sort seraient considérés comme des martyrs ; que les familles des premiers seraient condamnées à étouffer tous leurs griefs, que les familles des seconds recevraient des indemnités.

« Je fus chargé de l'exécution de cette détermination. On m'ordonna de distribuer une somme de cinquante mille francs parmi les parents les plus pauvres des victimes protestantes, dont on évaluait le nombre à plus de deux cents. Je fis connaître aux membres des consistoires la mission qui m'était confiée, et je les invitai à me remettre une liste exacte et authentique des malheureux qui avaient péri, et des renseignements précis sur la situation de leurs familles. J'éprouvai un refus immédiat fondé sur le prétexte injurieux que les renseignements que je demandais n'étaient destinés qu'à préparer des moyens de récriminations, et à servir et à éclairer de nouvelles vengeances, lorsque le temps de celles-ci serait venu.

« Offensé, comme je devais l'être, d'un soupçon si odieux, je déclarai que je ne distribuerais aucune partie de la somme que sur les renseignements complets que je demandais, et alors que la parfaite exactitude m'en serait démontrée. Le ministère approuva ma conduite et pressa ses conseillers habituels dans ces sortes d'occasions d'engager leurs amis à céder. Cette démarche eut du succès. On me remit la liste, et je pus juger du motif de l'hésitation que j'avais remarquée. Cette liste des victimes appartenant aux familles pauvres, — c'étaient les plus nombreuses, — mettait au jour la volontaire et perfide exagération du mal, puisqu'au lieu d'une liste de deux cents noms celle qu'on me remit n'en contenait que dix-huit. Certes, dix-huit meurtres sont une chose bien déplorable, bien horrible ; mais les hommes qui en portaient le nombre à deux cents étaient bien coupables, d'ajouter ainsi par un mensonge atroce à la douleur des gens de bien et à la honte qui en retombait sur leur pays. Je dois ajouter que, pour atteindre le nombre de dix-huit, on avait compris parmi les victimes cinq femmes et deux hommes, exécutés à Nimes, en 1816, par suite d'une condamnation judiciaire : ces assassins avaient tué dans le village d'Arpalliargues six volontaires royaux, pris sans armes après la capitulation de la Palud, et ils avaient été convaincus d'avoir fait griller et d'avoir mangé une partie de leur chair.

« Les catholiques, à leur tour, firent des réclamations. Ils prétendirent que, si la munificence du gouvernement atteignait les familles dont les pertes avaient été motivées par une vengeance qu'ils appelaient méritée, elle devait, à plus forte raison, s'étendre à celles où un esprit d'agression, que rien n'avait provoqué, était venu faire les premières victimes. Ils n'hésitèrent pas à me présenter une liste authentique qui renfermait une trentaine de noms.

« Je crus devoir agir sans consulter le ministère, qui probablement aurait contrarié mes vues, et, par un nouvel acte de partialité, aurait irrité encore les royalistes. Je partageai en deux parts égales les cinquante mille francs. J'en remis une à chaque parti, et leur laissai le soin d'en faire la répartition. Je fis seulement observer aux protestants que, pour l'honneur de leur secte, et s'ils ne voulaient pas assumer la responsabilité du crime, ils ne devaient pas comprendre les condamnés d'Arpalliargues parmi les victimes. Ils n'eurent pas égard à mes observations.

« La faction protestante s'irrita violemment contre moi à Nîmes et à Paris. Cette fois, M. Decazes me donna tort, mais il n'osa pas motiver ma révocation par un fait qui portait avec lui sa justification. Il fallut donc que la satisfaction promise à mes ennemis souffrît un ajournement. »

Il nous a semblé que ce document appartenait à l'histoire. Certes, la mort d'un seul homme, quand elle est le résultat d'un crime, est un malheur public, un outrage pour les lois, un deuil pour les gens de bien, à quelque opinion qu'ils appartiennent. Mais, comme le fait observer avec raison M. le baron d'Haussez, c'est un motif de plus pour ne point ajouter à des crimes déjà trop grands, à des malheurs trop affligeants, et c'est bien assez d'être condamné à accuser son pays, sans se laisser emporter par la passion politique à le calomnier. Dans le récit de M. le baron d'Haussez, tout s'explique, tout se comprend. On reconnaît ces longs ressentiments qui ont partagé les habitants de quelques-unes de nos provinces méridionales en partis ennemis, ces haines malheureuses qui enfoncent dans le passé de notre histoire leurs profondes racines. Il y a, depuis des siècles, des violences et des représailles ; des partis tour à tour opprimés ou oppresseurs, suivant que les circonstances générales leur sont favorables ou contraires. C'est ce qui faisait dire à Madame, duchesse de Berry, quand elle préparait la prise d'armes de 1832 : « J'irai à Nimes, je prendrai l'évêque par la main, et je me jetterai avec lui entre les catholiques et les protestants. »

Voilà l'histoire. Elle est assez triste, sans qu'on lui donne les proportions d'un roman atroce. C'est ce que n'a point compris M. de Vaulabelle, dont le livre, au lieu d'être un jugement sévère et impartial, comme doit l'être un livre d'histoire, est un plaidoyer révolutionnaire et protestant. Nous nous étions promis de publier sur cette question douloureuse les documents authentiques qui viendraient à tomber sous nos yeux. Les notes prises par un préfet du Gard nommé par M. le duc Decazes, et ayant administré ce département à une époque où les idées du parti libéral obtenaient plus de faveur dans la chambre et au ministère que les idées de la droite, nous ont paru offrir ce caractère. Ces notes ont, entre autres avantages, celui de faire sortir la question des généralités et des récriminations vagues et confuses. Il y a des chiffres posés, des listes demandées et fournies par chaque parti, obligé, par la précision des questions de l'autorité, de faire des réponses précises. Le public les a sous les yeux ; il a depuis longtemps aussi sous les yeux le récit de M. de Vaulabelle : c'est à lui de juger.

VIII

DE LA RÉACTION DE 1815 DANS LE MIDI

SUITE.

I

D'UNE ASSERTION DE M. DE SAINTE-AULAIRE.

Toutes les fois que des écrivains appartenant aux croyances catholiques et aux opinions monarchiques ont essayé d'éclairer par des documents la douloureuse question de la réaction du Midi en 1815, deux opinions toutes différentes se sont produites. Quelques personnes, dont l'opinion est fort imposante à nos yeux, ont dit : « Pourquoi remuer ces souvenirs et ces cendres mal éteintes? Il faut jeter un voile sur ce passé sanglant et craindre de ranimer des discordes qui grondent toujours dans le sol. » D'autres personnes, plus nombreuses, ont répondu à cela qu'il était équitable de publier tous les documents qui pouvaient éclairer la religion de la postérité.

Au-dessus de l'approbation des hommes, quelque prix qu'on y attache, de leur désapprobation, quelque pénible qu'elle puisse être, il y a une question de devoir. Fontenelle disait que, s'il avait la main pleine de vérités, il se garderait bien de l'ouvrir; mais Fontenelle n'était pas chrétien, pas même philosophe, dans la véritable et belle acception du mot. Cet aimable épicurien était, pour emprunter une expression juste et ingénieuse au révérend père Gratry, un sectateur de la sophistique du dix-huitième siècle. Savoir la vérité et la taire, quand elle intéresse l'honneur de ses compatriotes et celui de son pays, c'est ce qu'un homme de probité, à plus forte raison un chrétien, ne saurait faire. La vérité, dans ce cas, devient une dette qu'il faut payer. Ce devoir est plus étroit encore quand la responsabilité des crimes qu'il s'agit, non de justifier, à Dieu ne plaise, ni même d'excuser, mais d'expliquer, a été rejetée par l'esprit de parti sur la religion catholique elle-même.

Prenez garde que cette loi du silence, qu'on nous conseille d'observer, tout le monde ne l'observe pas. L'esprit de parti, qui a faussé les idées, en 1818 et 1819, sur les causes et la portée des événements du Midi au moment de la seconde Restauration, trouve des historiens pour soutenir sa thèse. M. de Vaulabelle, qui a publié son *Histoire de la Restauration* dans ces derniers temps, continue et exagère M. de Lacretelle, et adopte comme une vérité indubitable la tradition de 1818 : « Le parti royaliste et catholique, sans provocation aucune, a trempé ses mains, en 1815, dans le sang des protestants. C'est le fanatisme monarchique et catholique qui a produit ses fruits naturels. »

Si vous laissez affirmer sans contredire, si vous n'opposez pas les documents authentiques aux erreurs ou aux exagérations de l'esprit de parti, savez-vous ce qui arrivera? Au bout d'un peu de temps, il s'établira sur ces faits une espèce de prescription historique. Les contemporains auront tous disparu, les souvenirs légués dans les familles se seront peu à peu éteints, l'opinion des générations nouvelles se formera dans les livres de ceux qui ont parlé contre ceux qui auraient consenti à se taire de peur de réveiller des souvenirs douloureux, et la vérité historique se sera éclipsée sans retour. C'est pour empêcher, autant qu'il est en nous, ce fâcheux résultat, que, toutes les fois que nous trouverons un document sérieux de nature à éclairer l'opinion des hommes impartiaux sur les événements du Midi en 1815, nous le publierons sans hésiter. Nous déplorons les malheurs, nous condamnons les crimes, de quelque côté qu'ils aient été commis, mais nous ne devons pas laisser subsister les erreurs.

Ces erreurs remontent très-haut. En 1819, M. de Sainte-Aulaire, prenant la parole pour appuyer une pétition présentée à la Chambre, dans le moment où la lutte de la droite contre M. Decazes était dans toute sa vivacité, prononça ces paroles : « Je viens de lire dans une feuille que l'on devait considérer les crimes commis à Nîmes, après la seconde Restauration, comme une sorte de représailles, suite nécessaire de ce qui s'était passé antérieurement. Il m'est impossible de laisser l'opinion de la Chambre et celle du public s'égarer sur ce point ; je dirai, puisqu'on persiste dans d'injustes récriminations, que, non-seulement les crimes commis à Nîmes après la seconde Restauration ont été atroces, mais qu'ils ont été gratuits. J'en appelle à mes collègues de députation, à tous ceux qui connaissent le département du Gard ; je déclare, en leur nom comme au mien, que pas une goutte de sang n'a coulé à Nîmes pendant les Cent-Jours. A Arpaillargues, trois volontaires royaux ont été frappés les armes à la main, mais c'était un combat contre d'autres hommes armés. »

L'affirmation est tranchante, mais elle ne saurait changer les faits. Or voici les faits, d'abord pour Arpaillargues. Il y eut une instruction sur cette affaire après la seconde Restauration ; cette instruction amena un procès criminel. Le procureur royal près la cour de Nîmes, portant la parole dans cette affaire, s'exprimait ainsi : « La capitulation de La Palud fut signée le 8 avril 1815. Par l'article Ier, l'armée royale était licenciée et les volontaires royaux devaient rentrer dans leurs foyers après avoir déposé leurs armes ; les officiers devaient cependant garder leur épée. Cet article garantissait, par une disposition expresse, aux volontaires royaux pleine et entière sûreté pour leurs biens et surtout pour leurs personnes. Environ soixante-quatre volontaires royaux, la plupart de Nîmes, se retirant dans leurs familles, avaient pris la route qui passe à Arpaillargues. Les habitants d'Arpaillargues exigèrent qu'ils remissent leurs armes. A peine furent-ils désarmés, qu'une fusillade en renversa quatre. Les volontaires royaux épargnés par les premiers coups de feu cherchent leur salut dans la fuite ; ils sont poursuivis à travers champs, fusillés, assassinés : — *on les poursuit comme des chiens*, a dit Henri Ribaud ; on les met nus. Quatre d'entre eux, Fournier, Calvet, Chambon et Charrai, avaient été abattus et étaient restés au pouvoir de leurs assassins. Lorsqu'on s'apercevait que le malheureux Fournier faisait quelque mouvement, on se hâtait de lui donner des coups de fourche dans toutes les parties du corps. Une femme lui plongea si profondément sa fourche dans le ventre, qu'elle fut obligée d'employer tous ses efforts pour la retirer. Une autre lui lança des coups de ciseaux dans le visage. Après l'avoir déchiré dans tous les sens, on le dépouilla, on le mit à nu (le procès-verbal de levée de son corps le constate) et on le jeta au coin d'une rue ; on refusa de le transporter à un hôpital, sous prétexte qu'il n'en valait pas la peine. Il conservait cependant encore un reste de vie, et il en donna quelques signes pendant la nuit. On lui écrasa la tête avec une grosse pierre.

« Calvet, habitant de Nîmes, marié depuis peu, avait été aussi blessé à mort ; étendu à terre et baigné dans son sang, il reçut encore plusieurs blessures ; un individu, que les témoins n'ont pas connu, le déchira avec sa faux. Une femme, la *Coulourgole*, lui enfonçait de temps en temps sa fourche en fer dans le corps. Sur les dix heures du soir, il fut jeté dans une charrette, étant alors dans la plus douloureuse agonie. Il expira bientôt en effet. Fournier et Calvet ne furent pas les seuls qui perdirent la vie dans cette funeste soirée ; mais il n'a pas été possible de faire le dénombrement exact des volontaires royaux qui n'ont plus reparu, et qui par conséquent sont présumés avoir péri. Claude Chambon fut une des plus malheureuses victimes de cette journée : il se sauvait à travers champs, après avoir échappé à la première fusillade, lorsqu'il fut arrêté par un habitant d'Arpaillargues. D'autres habitants armés l'entourèrent bientôt ; l'un lui donna deux coups de baïonnette, un autre un coup de broche, un autre un coup de fourche dans les reins, un autre habitant lui perça la cuisse droite. Ils allèrent ensuite chercher le corps de Fournier, qu'ils croyaient mort, couvrirent l'un et l'autre de ronces et d'épines qu'ils foulèrent avec les pieds. »

Après avoir énuméré plusieurs coups et blessures portés à des volontaires royaux déjà blessés et renversés, le procureur général conclut ainsi : « Jean Ribaud nous a dit qu'il avait vu trois habitants frapper à la fois un militaire étendu à terre. Dans la guerre civile, on respecte les prisonniers, on donne des secours aux blessés, on prend soin de leur vie. Mais, à Arpaillargues, ce fut un massacre d'hommes qui étaient sans défense, à qui on avait fait déposer les armes en leur promettant de les accueillir. »

Maintenant, qui croirez-vous ? Le député qui, avec un intérêt politique facile à comprendre, présente les faits tout à l'avantage du parti qui l'a nommé, et trois ans après l'événement, loin du lieu où il s'est passé, de ceux qui l'ont vu, affirme tout sans rien préciser ; ou le magistrat qui, désintéressé des luttes politiques, le lendemain de l'événement, dans le lieu même où il s'est passé, devant les témoins qui l'ont vu, en face des auteurs du crime, des victimes qui y ont survécu, analyse les dépositions, et détruit par une conclusion si péremptoire l'allégation téméraire de M. de Sainte-Aulaire? Nous ne croyons pas qu'on puisse balancer entre les deux assertions, surtout si l'on considère que celle du procureur général de Nîmes a l'autorité de la chose jugée. En effet, dix des assassins d'Arpaillargues, huit hommes et deux femmes, furent condamnés à mort.

Dira-t-on à cela que, si M. de Sainte-Aulaire s'est trompé sur les événements d'Arpaillargues, qui fait partie, comme Nîmes, du département du Gard[1], son assertion subsiste au moins pour cette ville, et que dans les Cent-Jours il y eut, il est vrai, des volontaires catholiques et royalistes de Nîmes assassinés dans le Gard, mais non pas à Nimes même? Ce serait une assez puérile équivoque. Il ne s'agit pas ici d'une question de lieu, mais d'une question de sang, et M. de Sainte-Aulaire ne pourrait être admis, même dans ce cas, à dire que les crimes commis à Nîmes, après la seconde Restauration, n'ont pas eu le caractère d'une réaction et ont été gratuits. Mais cette assertion n'est pas plus exacte que la première. M. Clausel de Coussergue, dans les notes d'un ouvrage sur la Charte, publié quelques mois avant la Révolution de 1830, donne les noms d'un volontaire royal tué à Nimes, le 26 mars 1815, d'un coup de couteau; d'un autre qui eut l'œil arraché dans le

---

[1] Arpaillargues est dans l'arrondissement d'Uzès.

même mois, et enfin de dix autres qui furent tués par les fédérés, le 15 juillet 1815, au moment où ils se présentaient devant les casernes pour recevoir l'artillerie et la conduire aux Arènes, suivant ce qui avait été convenu entre le maire de nomination royale et le général remplaçant le général Gilly, qui avait évacué la ville avec les troupes impériales [1].

On touche maintenant du doigt les causes de la réaction du Midi, dans les derniers mois de 1815. Ce fut la déplorable revanche d'excès déplorables, commis pendant les Cent-Jours. Il était d'autant plus difficile de la prévenir ou de l'empêcher, que le gouvernement royal était complétement dépourvu de cette force neutre qui s'interpose entre les partis rivaux. L'armée, engagée tout entière dans le mouvement bonapartiste, avait pesé lourdement sur les

[1] La liste de ces noms a été donnée par M. de Bernis, commissaire extraordinaire du roi, dans un mémoire intitulé : *Précis de ce qui s'est passé en 1815 dans les départements du Gard et de la Lozère.* Nous avons sous les yeux l'état manuscrit des *individus catholiques assassinés au retour de l'armée de monseigneur le duc d'Angoulême*; cet état a été dressé par M. de Surville, nommé, le 20 novembre 1815, colonel de la garde nationale de Nîmes, et père de M. de Surville, membre de l'Assemblée législative en 1849. M. de Surville, homme à la fois de convictions énergiques et d'une modération pleine de fermeté, porte le nombre des victimes royalistes et catholiques, pendant les Cent-Jours, à trente-neuf tués ou blessés dont il donne l'état nominal, et il ajoute : « Il y a encore bien des individus qui ont péri, dont il a été impossible de constater la mort. Un plus grand nombre a été maltraité. »

provinces du Midi, pendant le second empire, et la première mesure qu'on avait dû prendre, pour éviter la guerre civile, avait été de faire sortir les garnisons des villes. On n'avait donc pu disposer, dans les premiers moments, que de la garde nationale, enflammée elle-même des passions politiques qu'il fallait calmer ou réprimer. Un des plus notables habitants de Nîmes, M. de Surville, le chef le plus populaire du parti catholique et royaliste, rendit dans cette circonstance d'immenses services. Nommé colonel provisoire de la garde nationale de Nîmes, il commença par réorganiser cette garde, en la divisant en garde ordinaire, exclusivement composée de propriétaires et de commerçants, et garde extraordinaire, qu'il renvoya à ses occupations, en promettant de la convoquer si les circonstances l'exigeaient, ce qui lui permit de retirer les armes des mains des ouvriers, dont les passions étaient le plus enflammées. Alors il put rétablir l'ordre dans la cité, et même, entreprise que l'on jugeait un mois auparavant impossible, il fit rouvrir les temples protestants qui avaient été fermés par la multitude catholique, et décida, non sans peine, les sectaires de la religion réformée à s'y rendre en plein jour, avec leurs ministres, en leur répondant sur sa tête que les royalistes et les catholiques respecteraient la liberté de conscience que le roi leur avait garantie. Nous avons sous les yeux, en écrivant ces lignes, un précieux autographe, au bas duquel on lit la signature du général comte de Lagarde, commandant du département, qui, à peine remis de la blessure qu'il avait reçue en défendant l'ordre et la loi contre ces populations exaspérées, écrivait à M. de Surville : « Monsieur le colonel, je profite du premier instant où mon état me permet quelques légères occupations, pour vous faire connaître la satisfaction de Monseigneur le duc d'Angoulême sur tout ce que vous avez fait pour le bien du service de Sa Majesté, et le maintien de la tranquillité publique dans la ville de Nîmes, depuis que le commandement de la garde nationale vous a été confié. Son Altesse Royale, d'après le rapport que je lui avais fait de notre retour au repos, et des moyens qui avaient été pris, m'a fait l'honneur de m'écrire, le 29 décembre dernier, de Bordeaux, et me dit, en parlant de notre tranquillité : « Je vous prie de dire « de ma part à M. de Surville que je sais combien « nous lui en sommes redevables, et que je serai « très-empressé à faire connaître sa conduite au « roi. » Je suis d'autant plus flatté, monsieur le colonel, d'être dans cette occasion l'organe des sentiments d'estime de Monseigneur, que personne n'a plus apprécié que moi l'importance des services que vous avez rendus. »

Le corps de la lettre est dicté, mais on éprouve une

émotion involontaire en voyant la signature toute tremblée, tracée de la main encore mal assurée du brave général.

Ainsi les Bourbons firent ce qu'ils purent pour empêcher la réaction du Midi, les chefs du parti royaliste les aidèrent de tout leur pouvoir. L'administration agit autant que peut agir une administration désarmée. Mais il y eut des excès qu'on ne put prévenir, de la part des populations royalistes, frappant parce qu'elles avaient été frappées, opprimant parce qu'elles venaient d'être opprimées.

II

TRESTAILLONS.

Pendant que nous étudions cette époque douloureuse pour toutes les opinions, car il y eut alors des crimes commis, nous ne dirons point par tous les partis, ce serait une injustice, mais dans tous les partis, nous avons rencontré, en feuilletant les papiers politiques du baron d'Haussez, une page curieuse et dramatique, de nature à faire comprendre les passions qui enflammaient alors ce malheureux pays. Le baron d'Haussez avait été nommé, on s'en souvient, préfet du Gard, sous le ministère de M. Decazes. En arrivant dans sa préfecture, il était tout préoccupé, on l'a vu, des difficultés de sa situation administrative, et cherchait les moyens de diminuer l'exaspération des esprits. Nous lui laissons ici la parole :

« Il y avait alors à Nîmes, dit-il, une de ces effrayantes célébrités produites par les passions politiques ; Trestaillons, à qui un jugement solennel avait conservé la vie et la liberté, jouissait tranquillement de l'une et de l'autre. Quoique désavoué par son parti, repoussé avec horreur par les gens d'honneur, il était poursuivi avec acharnement par le parti contraire, qui, au lieu de voir en lui un furieux de circonstance, affectait de le présenter comme le chef avoué du parti royaliste, et faisait un reproche au gouvernement de l'indulgence dont il usait à son égard, en le laissant résider dans les lieux mêmes où il avait commis ses crimes. Sa présence à Nîmes était un scandale, en effet ; mais, après le jugement dont le bénéfice lui était acquis, on ne pouvait le chasser de Nîmes ; il fallait obtenir qu'il en sortît volontairement. Je le fis appeler.

« Le hasard voulut que, lorsqu'il fut annoncé, j'eusse dans mon cabinet un ecclésiastique nommé l'abbé Bonhomme. C'était un curé de Nîmes, homme vénérable, en possession d'une influence presque absolue sur l'esprit de la multitude. Il s'était placé,

en toute occasion, entre elle et les malheureux qu'elle
voulait immoler; et il était parvenu à empêcher que
le nombre des victimes fût plus grand. Je le priai d'être
témoin de la conférence que j'allais avoir avec Trestaillons[1]. Mon imagination avait calculé les proportions physiques de cet homme d'après son effrayante
renommée; elle en avait fait un colosse. Il me fallut
beaucoup rabattre de cet idéal de force et de terreur
quand je vis entrer un homme petit, frêle, au teint
basané, aux joues creuses, au maintien timide et
embarrassé. Ses yeux seuls, grands et noirs, avaient
de l'expression; ils me parurent pouvoir s'allumer à
la flamme des passions terribles qui avaient grondé
dans son cœur. Il me demanda ce que je voulais de
lui. Je lui dis que j'avais à lui demander un sacrifice, en échange duquel je lui offrirais des compensations. Alors, sans plus de préambule, j'ajoutai que je
l'engageais à quitter un pays où sa conscience ne
pouvait être en repos et où sa vie n'était pas en sûreté. Il pouvait être sûr que je lui fournirais les
moyens de former, dans un autre département,
un établissement conforme à ses habitudes de tra-

---

[1] Dans les légendes apocryphes qui ont existé sur Trestaillons, on
a prétendu que ce sobriquet lui venait de ce qu'il avait coupé un
homme en *trois taillons*, trois morceaux. Cette explication est complétement erronée. Le sobriquet de Trestaillons est antérieur aux événements qui donnèrent à Jacques Dupont sa terrible célébrité. On lui avait
donné simplement ce nom parce qu'il avait trois quartiers de vigne.

vail, et qui lui permettrait de vivre dans l'aisance.

« Ses traits, que j'observais, s'animèrent à ces mots. — Si je pars, me dit-il avec émotion, que deviendront mon père, ma femme, mes enfants ? — Ils vous suivront. Mais vous-même, vous êtes-vous informé des familles de ceux que vous avez assassinés? » A ces mots, sa figure, un instant auparavant morne et sans expression, s'éclaira tout à coup, sa bouche se contracta, ses yeux étincelèrent. « — Ils vous ont trompé sur mon compte! s'écria-t-il; ils ne vous ont dit que la moitié des faits. Ils vous ont parlé de mes vengeances, ils ne vous ont rien dit de ce qui les avait provoquées. Je vais vous dire la vérité, moi; j'en ai le droit. Je parle en présence de M. le curé, qui m'a connu depuis mon enfance, qui ne m'a pas perdu de vue un seul instant. Qu'il vous dise si, avant les Cent-Jours, je n'étais pas un honnête homme, un bon fils, un bon mari, un bon père, un bon chrétien, l'exemple des gens de ma classe dans ma paroisse? — C'est vrai, répondit le curé; mais depuis !... — Eh bien! depuis... Dites donc tout à notre préfet, que l'on donne pour un royaliste. Depuis... à l'arrivée de Bonaparte, Monseigneur le duc d'Angoulême, qui était alors dans notre pays, appela autour de lui les royalistes. J'étais du nombre. Sans réflexion, sans regret, j'abandonnai ma famille pour le suivre. Au combat de la Drôme, j'ai reçu deux balles. Tenez, ajouta-t-il en me montrant une cicatrice au bras et une autre à la jambe, en voilà les marques. Après la capitulation, je trouvai le pont occupé par les bonapartistes : c'étaient des protestants de Nimes. Ils se précipitent sur nous, nous frappent, jettent plusieurs de nos camarades à moitié morts par-dessus les parapets du pont. Je suis du petit nombre de ceux qui avaient échappé. J'avais un coup de sabre sur la tête, un coup de baïonnette à la cuisse; je me sauve pourtant, je ne sais comment; j'arrive chez moi. Quelques oliviers que j'avais dans mon champ avaient été arrachés; ma maison avait été brûlée. Je m'informe de ce qu'était devenue ma femme; je découvre son asile. Elle m'apprend qu'elle a été outragée par six bandits qu'elle me désigne. Je jurai de me venger, et, pour qu'aucun n'échappât à ma vengeance, je résolus de la différer. Des premiers j'étais à l'armée de Beaucaire; des premiers j'étais à Nimes. J'ai cherché ceux qui m'avaient déshonoré; je les ai tous tués. Je ne m'en suis pas caché. C'était en plein jour, dans les rues, dans leurs maisons, partout où je les ai rencontrés. Si l'un d'eux m'avait échappé et qu'il fût là, je le poignarderais sous vos yeux. Je n'en ai pas tué d'autres; que M. le curé me démente, si je n'ai pas dit la vérité. »

« La physionomie de Trestaillons conserva quelque

temps l'expression effrayante de colère dont elle était enflammée. On peut dire qu'elle respirait le meurtre. Le Trestaillons de 1815 s'était un instant retrouvé. Puis, lorsqu'il cessa d'être face à face avec ses souvenirs, cette exaltation furieuse tomba peu à peu, ses traits se détendirent et reprirent cette expression calme et presque insignifiante qui m'avait d'abord frappé. Il redevenait ce que les événements l'avaient trouvé, un homme simple, tranquille, humble et timide, embarrassé de son maintien devant deux hommes qu'il savait être ses supérieurs. Il repoussa cependant toutes mes propositions et résista aux instances du curé. Mais, depuis que sa passion était tombée, il nous parlait avec respect, avec une sorte de regret de ne pouvoir déférer à nos désirs.

« Quand il se fut retiré, le curé me dit : « — Tout ce qu'il vous a raconté est vrai ; il n'a omis ni inventé aucune circonstance. Ce qu'il aurait pu ajouter, c'est que son caractère n'est pas une exception ; c'est que, placés dans une situation semblable à la sienne, tous les gens de sa classe seraient des Trestaillons ; c'est que tous ont son exaltation, son impétuosité, sa soif de vengeance, après un outrage ; son calme et son étrange repos de conscience, lorsque leurs passions sont assouvies. Quoi que vous fassiez pour conduire une pareille race d'hommes par la persuasion, vous ne parviendrez jamais qu'imparfaitement à votre but. Les engagements pris ne seront respectés qu'en l'absence des personnes, et les passions ne manquent jamais de s'enflammer à l'aspect des événements. »

« Ainsi parla l'abbé Bonhomme, et tout ce que j'ai observé du caractère et de l'esprit des habitants du Languedoc a confirmé pour moi la justesse de ses observations. »

Ce récit du baron d'Haussez offre tous les caractères de cette vérité essentiellement vraisemblable qui, à nos yeux, approche le plus de la certitude historique. Ainsi Trestaillons lui-même n'était point une de ces natures scélérates inclinées par tempérament vers le crime, comme on en voit dans la Révolution de 1793. C'était un homme qui, jusqu'aux Cent-Jours, avait été honnête, et qui fut précipité dans l'assassinat par la vengeance et la colère, ces deux mauvaises conseillères qui, depuis les premiers jours, ont fait tant d'homicides. Ses crimes, qu'il faut détester, car ni la religion ni la loi humaine ne permettent de venger ses injures en trempant ses mains dans le sang, ne furent pas cependant gratuits.

La vérité historique ne se trouve donc pas d'accord avec l'affirmation politique de M. de Sainte-Aulaire. Ce fut bien une réaction qui se produisit en 1815 dans le Midi, réaction qui se manifesta par des actes sanglants et coupables, provoqués dans les Cent-Jours par d'autres actes non moins sanglants et non moins coupables. La vérité historique, elle se trouve dans une lettre écrite à cette époque par un honorable protestant, M. de Castelnau, capitaine de frégate, qui a parfaitement caractérisé la nature des meurtres de cette époque.

« J'habite la Gardonnenque, terre classique du protestantisme, écrivait-il, et je suis protestant. J'ai lu dans les journaux le discours de M. de Sainte-Aulaire prononcé en comité secret. Des exemplaires de ce discours ont été envoyés en profusion dans nos contrées, et, malgré les soins de quelques administrateurs prudents pour étouffer ce nouveau brandon de discordes, il en passera toujours assez d'exemplaires pour produire l'effet qu'on se propose, et pour exiger par conséquent une explication loyale. S'il est une vérité immuable, c'est que les auteurs des assassinats d'alors, qui fournissent un texte aux agitateurs d'aujourd'hui, étaient des hommes de la lie du peuple, qui, trop fidèles aux maximes des gens de leurs classes, regardaient comme le plus incontestable de leurs droits les vengeances individuelles qu'ils exerçaient sur leurs pareils, en raison des excès dont ceux-ci s'étaient rendus coupables envers eux dans les Cent-Jours. Si, dans les Cent-Jours, on n'eût persécuté que des nobles et des prêtres, on n'aurait pas eu de réaction. »

Ces dernières lignes nous semblent péremptoires. Elles achèvent la démonstration que nous avons entreprise. L'assertion si tranchante de M. de Sainte-Aulaire ne saurait subsister devant ces documents. La passion politique dont il était l'interprète a fait son temps; celui de la vérité historique est venu. Les crimes commis au commencement de la seconde Restauration ne sont ni justifiés ni même excusés, mais ils sont expliqués, et la réaction de 1815 reprend son véritable caractère.

III

SERVAN

Nous emprunterons aux notes manuscrites du baron d'Haussez un dernier et triste récit qui prouve avec quelle sévérité, on pourrait dire avec quelle rudesse, on poursuivait en 1819 encore la répression des excès qui avaient signalé la réaction de 1815.

« Une circonstance pénible, dit le baron d'Haussez, ramena près de moi l'abbé Bonhomme, dont j'avais appris à aimer et à respecter le caractère. Deux individus, fortement soupçonnés d'avoir pris part aux meurtres qui avaient ensanglanté le Midi pendant les Cent-Jours, venaient d'être arrêtés par suite de la découverte tardive de faits qui laissaient peu de doute sur leur participation à ces crimes. Je fis sentir au procureur général les inconvénients que présenterait la mise en jugement dans un pays où il ne faut qu'une étincelle pour enflammer les haines, un incident pour armer les mains. Nous convînmes qu'il demanderait le renvoi des prévenus devant les assises d'un autre département. Sa demande fut accueillie; les inculpés furent jugés et condamnés à mort par la Cour d'assises de Riom. Une nullité fit casser le jugement; la connaissance de l'affaire fut attribuée à la Cour d'assises de Valence, qui confirma l'arrêt en ce qui concernait le nommé Servan, le modifia en une condamnation aux travaux forcés à perpétuité à l'égard de l'autre condamné, appelé Truphemy. Ce dernier était un scélérat consommé; l'autre avait joui jusque-là d'une excellente réputation. Mais, quoiqu'il n'eût cessé de protester de son innocence, les preuves qui semblaient établir sa culpabilité se présentaient avec un caractère d'évidence qui détermina la décision des deux jurys.

« L'abbé Bonhomme vint me trouver, et me dit :
« — Servan est condamné; il est innocent. Je connais le coupable, je ne puis le dénoncer; j'ai des preuves du fait que j'avance, et je ne puis les produire. Servan a ces preuves, et il ne veut pas en faire usage; il périra plutôt que de faire la révélation qui le sauve-

rait, parce qu'elle perdrait quelqu'un qui lui est cher, et qu'il croit son honneur aussi intéressé que ses affections à le sauver. Obtenez qu'on épargne la vie de cet infortuné ; une circonstance imprévue viendra peut-être éclairer la justice des hommes, et on sera heureux de s'être réservé le moyen de réparer une erreur que l'exécution de l'arrêt rendrait irréparable. Ce que je viens de vous dire, je l'affirme sur l'Évangile. »

« C'était là une grave parole dans une telle bouche. J'écrivis sur-le-champ au ministre de l'intérieur, qui fit surseoir à l'exécution. Appelé à Paris sur ces entrefaites, je m'occupai de cette affaire. Il fut convenu qu'elle serait traitée dès le lendemain dans le cabinet du ministre ; mais je doutai du succès de la cause que j'avais l'intention de plaider, lorsque je sus qu'on avait convoqué les hommes dont j'ai parlé plus haut, comme s'étant emparés de la direction des affaires dans le département du Gard.

« Je dus exposer devant ce conseil le seul motif que j'avais de douter de la culpabilité de Servan. Je trouvai peu de disposition à l'admettre chez les hommes prévenus qui m'entouraient. Quelques-uns, entre autres M. d'Argout, montraient un grand acharnement contre le condamné. Ils insistaient surtout sur la nécessité de donner du sang en expiation de celui qui avait été versé en 1815, et d'accorder satisfaction à ceux qui en demandaient. L'occasion d'obtempérer à leurs réclamations se présentant, il fallait la saisir. J'étais étonné des propos qui furent tenus à cette occasion, et surtout de cette ardeur à faire tomber une tête, quand une voix aussi grave que celle du prêtre le plus vénéré de Nimes s'élevait pour avertir l'autorité qu'elle allait frapper un innocent. M. Decazes, ébranlé, se montrait disposé à accorder une commutation de peine qui aurait laissé à la justice, mieux éclairée, un moyen de réparer son erreur si elle reconnaissait qu'elle s'était trompée; mais les instances de mes adversaires furent si véhémentes, ils rappelèrent si souvent qu'on ne pouvait plus répondre de la tranquillité du département si le ministre se permettait un acte de clémence intempestive, que M. Decazes finit par céder. Il fut donc convenu que l'arrêt serait immédiatement exécuté.

Il le fut. Servan persista jusque sur l'échafaud à déclarer qu'il était innocent. Quelques mois après sa mort, un de ses frères, que le remords conduisait au tombeau, s'avoua l'auteur du crime. Ce frère était père d'une nombreuse famille à laquelle il était nécessaire, et il n'avait pas eu le courage de sauver l'innocent en se livrant. Sa déclaration, à laquelle il donna tous les caractères de l'authenticité, fut confirmée par des preuves irrécusables. Mais il était trop tard, Servan était mort. C'est une victime de plus à inscrire sur la liste de ceux que l'esprit de parti a fait périr dans le Gard.

« La résistance que j'avais opposée à la direction que l'on voulait me donner ne convenait pas aux meneurs de Paris. Ils firent tant, que M. Decazes se décida, non à me destituer immédiatement, mais à me rappeler à Paris, et bientôt il me déclara que je ne retournerais pas dans le département du Gard. Nos rapports, autrefois très-intimes, se refroidissaient à chaque conversation, parce que les moyens que j'employais pour me défendre étaient en contradiction formelle avec le système auquel le ministre se laissait de plus en plus entraîner. »

A la fin de ces récits, on est autorisé à poser les conclusions suivantes :

Les excès commis après les Cent-Jours, pendant la réaction de 1815, avaient été provoqués par les excès commis pendant les Cent-Jours par le parti contraire ;

Le gouvernement royal fit des efforts malheureusement inutiles pour empêcher ces excès, parce que les moyens de répression lui manquaient ;

Loin d'être disposée à laisser ces excès impunis, la Restauration poussa la rigueur jusqu'à l'injustice dans le procès de Servan, tant elle avait à cœur de sévir contre les réactionnaires de 1815 !

IX

LES MISSIONS ET LES MISSIONNAIRES. — LE PÈRE RAUZAN [1].

I

LE PÈRE RAUZAN AVANT LA RESTAURATION.

Dans l'esprit de beaucoup de gens, un nuage est resté sur l'œuvre des missions de France, et, par conséquent, sur le nom du père Rauzan, leur fondateur. Il ne faut ni s'en étonner ni s'en irriter. Ce nuage, qui plane encore à l'horizon intellectuel de notre temps, s'est formé des grossières vapeurs sorties de tant d'attaques et de tant de préventions accréditées par l'opposition de quinze ans contre les mis-

---

[1] Écrit à l'occasion de la *Vie du très-révérend père Jean-Baptiste Rauzan*, fondateur de la Société des Missions de France, aujourd'hui Société des Prêtres de la Miséricorde, par le R. P. A. Delaporte, prêtre de la Miséricorde. (Paris, 1857.)

sionnaires. Les esprits les plus sains et les plus honnêtes ont été accessibles à ces préventions. L'auteur de la *Vie du Père Rauzan* en donne une preuve remarquable. Le fondateur de sa société prêchait, en 1826, une mission aux Invalides. Après avoir débuté par des entretiens simples et familiers, il demanda au gouverneur la permission de faire chanter des cantiques. L'autorisation demandée fut refusée; cependant le gouverneur des Invalides, à cette époque, était un héros et un saint, le général de Latour-Maubourg. A quelques jours de là, le gouverneur des Invalides, mieux informé, se présenta devant le père Rauzan et lui dit : « Monsieur l'abbé, j'ai des excuses à vous faire. — Vous, monsieur le gouverneur! et de quoi? — J'ai refusé d'acquiescer à vos demandes : je vous regardais comme un brouillon; je vous en fais mes excuses. — Oh! dit le père Rauzan attendri, il n'y a qu'un Latour-Maubourg au monde pour donner un tel exemple! » Puis il ajouta : « Monsieur le gouverneur, vous étiez en droit de nous juger ainsi, après tout ce qu'on s'est plu à répandre sur notre compte. »

Ce qu'un Latour-Maubourg a cru un moment, d'autres ont pu le croire, et, comme tout le monde n'a pas mis le même zèle à découvrir la vérité, et, une fois découverte, la même loyauté à la dire, il n'est pas surprenant que le nuage qui couvrait l'œuvre des missions et la vie du père Rauzan ne soit pas encore dissipé pour beaucoup d'intelligences.

Il y avait d'abord des préventions générales contre l'œuvre des missions dont il faut tenir compte et dont M. Charles Lenormant retraçait, en 1845, le souvenir dans ces lignes à la fois si modestes et si sages.

« En prononçant le nom des missionnaires, dit le célèbre professeur, ma pensée se reporte sur l'époque encore récente où leur apparition était pour la politique un sujet d'émotion et de scandale. J'ai quelques droits de parler de ces étranges inquiétudes, car je les ai docilement partagées. Notre ignorance des choses religieuses était telle, sous la Restauration, que nous n'hésitions pas à considérer les congrégations de missionnaires comme une invention de l'ancien régime. On nous aurait alors fort étonnés en nous rappelant l'origine de ces congrégations. La philanthropie nous permettait de vénérer dans saint Vincent de Paul le père des enfants trouvés : nous aurions lapidé celui des missionnaires. Dans les variétés de la réprobation presque universelle dont ils étaient l'objet, il y avait place pour des sentiments presque catholiques ; ceux d'entre nous chez lesquels ne s'était pas effacée toute trace de l'éducation chrétienne étaient disposés à plaindre les pauvres curés que les fougueux apôtres venaient ainsi troubler dans l'accomplissement de leur tâche. »

Il est évident que la *Vie du père Rauzan* doit jeter une vive lumière sur la question des missions de France, de 1814 à 1830. Était-ce un homme ambitieux, opiniâtre, avide, fougueux, intolérant, hautain, tracassier, qui cherchait l'influence, l'éclat et le bruit? Alors les défauts de son caractère et de son esprit se seront reproduits dans son œuvre. Était-ce au contraire un homme modeste, humble, prudent, généreux, bienveillant, dévoué, d'une piété sincère, solide et profonde? Alors ses vertus se seront reflétées dans ses actes. L'arbre, comme le dit l'Écriture, se sera fait connaître par ses fruits.

La vie du père Rauzan fut une des plus longues vies de notre temps. Né en 1757 et mort en 1847, il ne s'en fallut que de dix ans qu'elle embrassât tout le cours d'un siècle. Il vit les dernières années du règne de Louis XV, le règne de Louis XVI, la Révolution et ses différentes phases, la République, le Consulat, l'Empire, la Restauration, le gouvernement de Juillet, et mourut la veille de la Révolution de février 1848. En remontant aux premiers jours de cette longue vie, on découvre que ce fut le sentiment très-vif d'une vocation décidée qui le porta vers le sacerdoce. Il était né dans une famille pieuse et aisée, dont le chef occupait des fonctions honorables. Son père, après avoir été notaire à Rauzan, bourg aujourd'hui situé dans le département de la Gironde, exerça plus tard les mêmes fonctions à Bordeaux. M. Rauzan aurait voulu que son fils lui succédât dans sa charge, et il combattit ainsi sa vocation au début. Sans résister à son père, Jean-Baptiste Rauzan unit saintement à l'étude du droit celle de la théologie; il obéissait ainsi à la fois à l'autorité paternelle qui le retenait dans les affaires du siècle, et à l'autorité divine qui l'appelait plus haut. Quand son père vit l'ardeur et la sincérité de cette vocation, son opposition tomba, et Jean-Baptiste Rauzan reçut les ordres le 25 mai 1782.

Tous les documents de cette époque représentent le jeune prêtre comme faisant partie de cette majorité saine du clergé qui continuait la noble tradition des vertus évangéliques. En effet, ainsi que le fait remarquer avec raison le révérend père Delaporte, on a beaucoup trop généralisé le blâme encouru par une petite minorité du clergé de cette époque, minorité qui se laissa entraîner au courant des idées du siècle ou au relâchement des mœurs. Le grand nombre demeura pur. L'auteur cite, à ce propos, le témoignage important du célèbre orateur protestant Burke, qui fit un voyage en France peu avant la Révolution de 1789, et qui paye un tribut d'hommages aux vertus et aux lumières du clergé français de cette époque. Il ajoute à ce témoignage les lignes remarquables que M. A. de Tocqueville a écrites dans son dernier ouvrage : « Je ne sais si, à tout prendre, il y eut jamais dans le monde un clergé plus remarquable que le clergé catholique de France au moment où la Révolution le surprit, plus éclairé, plus national, moins retranché dans les seules vertus privées, mieux pourvu de vertus politiques, et en même temps de plus de foi; la persécution l'a bien prouvé. J'ai commencé l'étude de l'ancienne société plein de prévention contre lui, je l'ai terminée plein de respect. »

Jean-Baptiste Rauzan fait donc partie, pendant les dernières années de l'ancien régime, de cette majorité saine et édifiante du clergé, qui conservait le dépôt des plus pures traditions. On le voit, à Bordeaux, réunir chez son père l'élite des jeunes gens qui faisaient leurs classes au collége de Guienne, leur faire un cours de philosophie dans lequel il réfute avec beaucoup de talent Voltaire, Rousseau, Diderot, et leur donner un règlement qui assure la solidité de leur piété et la modestie de leurs mœurs. « Leur règlement, dit un contemporain, portait en substance qu'ils devaient assister tous les jours à la sainte messe, communier tous les mois, se confesser plus souvent, ne jamais lire de comédies ni les ouvrages contraires à la religion. Ils ne se poudraient pas, ils n'avaient pas de frisure, ils ne portaient pas de ceinture de soie, ils n'avaient à leurs souliers que des boucles de fer poli. » Dès lors le jeune Rauzan, nommé vicaire à Saint-Projet, commence à prêcher avec succès, et le concours qu'attirent ses prédications semble présager l'avenir. Mais pour lui les paroles n'étaient pas séparées des œuvres. L'auteur de sa vie cite un trait charmant de sa charité pour les enfants. « Il s'occupait beaucoup des pauvres, de leurs enfants surtout. Il avait pour ces derniers une collection de vêtements tout confectionnés, et, quand il en rencontrait un couvert de haillons, il l'appelait, l'emmenait avec lui, et, après l'avoir doucement exhorté à l'amour du Père qui est dans les cieux, il lui donnait les habits qui lui manquaient et le renvoyait, fier de sa nouvelle parure, se montrer à ses parents. C'étaient là les joies de son ministère. » Un moment il est directeur du petit séminaire de Saint-Raphaël, puis les réclamations des paroissiens de Saint-Projet sont si vives, que Mgr de Cicé, archevêque de Bordeaux, le fait rentrer dans cette paroisse avec le titre de bénéficier qui le laisse libre de suivre son penchant pour la chaire.

L'éloquence de la chaire était à cette époque en décadence. M. Poujoulat, dans sa *Vie du cardinal Maury*, a peint d'une manière exacte l'influence que le dix-huitième siècle exerçait même sur les prédicateurs. On ne prêchait plus guère le dogme dans la chaire chrétienne, au moins à Paris; la morale était le sujet presque exclusif des sermons. C'est à peine si l'on osait prononcer le nom de Notre-Seigneur Jésus-Christ, de peur d'offenser les oreilles. Il y avait des exceptions cependant, car c'est à cette époque que prêchait le père Beauregard, cet éloquent jésuite dont la voix prophétique annonça, du haut de la chaire de Notre-Dame, que « l'impure Vénus viendrait bientôt s'asseoir sur les tabernacles profanés du Dieu vivant. » Le jeune prêtre voulut l'entendre. Il vint tout exprès à Paris pour admirer, pour étudier cette grande éloquence qui frappait les esprits et remuait les cœurs ; après l'avoir entendu à Paris, il le suivit à Blois, où le célèbre jésuite donnait une retraite ecclésiastique. « Jusque dans sa vieillesse, dit l'auteur de sa vie, le père Rauzan racontait avec admiration le silence, les émotions, les larmes des auditoires subjugués par cette parole toute-puissante. Cette éloquence pleine de feu et d'onction, cette manière apostolique, l'avaient ravi. Il fit plus, il vit l'illustre orateur, le consulta, écouta avec respect ses avis ; il étudia ce type si parfait que la Providence lui présentait, et profita tellement des conseils qu'il reçut et des observations qu'il put faire, que plus tard les vieillards qui avaient assisté aux prédications du père Beauregard croyaient le retrouver en entendant l'abbé Rauzan. »

C'est un beau et nouvel exemple de la perpétuité du talent comme de la foi dans l'Église que le rapprochement de ces deux noms et de ces deux hommes. On peut dire que le père Rauzan recevait du père Beauregard le dépôt de l'éloquence sacrée, comme un flambeau reçoit la lumière d'un flambeau. C'est ainsi que les hommes passent et que l'enseignement de l'Église est éternel.

Jean-Baptiste Rauzan eut aussi l'occasion de consulter Mgr de Roquelaure, évêque de Senlis, qui avait eu pour maître Massillon. L'évêque de Senlis adressa au jeune Bordelais la même question que Massillon lui avait jadis adressée à lui-même : « Jeune homme, avez-vous des entrailles? » — C'était le *pectus est quod facit disertum* de l'antiquité appliqué avec plus de raison encore à l'éloquence chrétienne, car le principe de cette éloquence, comme le principe du catholicisme même, c'est l'amour. Le bon prédicateur, comme le bon pasteur, doit être prêt à donner sa vie pour ses brebis.

Bientôt après, la Révolution éclate. Le mouvement antireligieux du dix-huitième siècle ne tarde pas à se traduire dans les faits. Les assemblées révolutionnaires atteignent le clergé et la religion par leurs décrets, par la constitution civile et les lois qui suivent; puis bientôt la multitude, excitée par les chefs du mouvement, se rue contre les églises et contre les prêtres. L'autel semble au moment de s'écrouler en même temps que la monarchie. Il faut choisir entre l'apostasie, le supplice et l'exil. On est en 1792. Sur les instances de ses parents, sur les ordres de ses supérieurs, l'abbé Rauzan se décide à quitter la France, et, le 22 juillet de cette année, moins de trois semaines avant la journée du 10 août, il s'embarque pour l'Angleterre. Pour échapper aux recherches des révolutionnaires, qui visitaient tous les navires au départ, afin de découvrir si quelques prêtres n'y étaient pas cachés, l'abbé Rauzan dut se déguiser en soldat, car la Révolution ordonnait l'apostasie et ne permettait plus même l'exil ; elle avait inventé, dans ces derniers temps, un crime d'un nouveau genre : l'émigration, c'est-à-dire la fuite de la victime qui se dérobe au couteau.

Pendant ses années d'émigration, l'abbé Rauzan visite tour à tour l'Angleterre et la Belgique. Il commence dès lors à trouver l'accent de cette grande éloquence qui doit ramener tant d'âmes à Dieu. A Anvers, il prêche devant l'évêque et devant un auditoire d'émigrés français, épaves du grand naufrage de la Révolution, un sermon sur la Providence, dont la péroraison prophétique semble être la contre-partie de celle du père Beauregard à Notre-Dame, et annoncer la réparation comme l'éloquent jésuite a annoncé la ruine : « Prêtres français ! s'écrie-t-il, me permettrez-vous d'être l'organe et l'interprète de vos sentiments ? Ah ! je lis dans vos yeux l'impatience d'entendre raconter ce que la Providence a fait pour vous. En pressant mon cœur contre le vôtre, je le sens palpiter de reconnaissance. Mes frères, plus de soixante mille personnes consacrées à Dieu, placées par leurs ennemis entre l'apostasie et l'indigence, entre le parjure et la mort, se dévouent et préfèrent la mort dans la justice à la tranquillité achetée par le crime. Au même instant, arrachées de leurs foyers, pillées et dépouillées, elles quittent leur patrie, elles partent ; où iront-elles ? Ah ! qu'importe ? Chez les nations amies, dans les pays ennemis, dans les royaumes où leur religion est en honneur, dans ceux où on la persécute. Ces chrétiens ont compté sur la Providence, elle ne peut leur manquer. O Dieu, dont la Providence a toujours si richement récompensé ceux qui se font ses instruments et ses ministres, jetez les yeux sur nos bienfaiteurs et daignez éternellement vous souvenir qu'ils ont essuyé nos larmes, partagé nos peines, soutenu notre découragement. Voyez, Seigneur, comme ils nous ont couverts de leurs vêtements, alimentés de leur nourriture, réchauffés dans le sein de leur charité. Rendez-leur tout le bien qu'ils nous ont fait en votre nom. Seigneur, que l'astre de la foi se lève sur ces nations, dignes, ce semble, par leur générosité, de recevoir enfin la lumière. O mon Dieu! enhardi par vos bontés, je vous demande en finissant d'ajouter une dernière faveur à tant d'autres, celle de jeter un regard de miséricorde sur notre malheureuse patrie. Ah! Seigneur, si vous nous accordiez de voir les autels de notre religion sainte relevés, si nos mains étaient destinées à réparer leurs ruines; si le jeune Français, ramené bientôt, comme autrefois le jeune Tobie dans sa famille, par l'ange tutélaire de son pays, arrivait à temps encore pour revoir son vieux père et recueillir son dernier soupir; si sa mère, comme autrefois celle du jeune Israélite, oubliait dans ses embrassements de longs jours de souffrance... hélas! si je partageais ce bonheur, ô Providence, je repasserais dans une longue extase de reconnaissance vos bienfaits et mon bonheur, et, n'ayant plus rien à désirer sur la terre, j'attendrais, je crois, avec une sorte d'impatience, l'éternité pour vous y bénir ! »

On comprend l'effet de semblables paroles prononcées sous la tente de l'exil par un proscrit devant un auditoire de proscrits. Jean-Baptiste Rauzan avait dès lors répondu à la question que l'évêque de Senlis avait prise sur les lèvres de Massillon pour la lui adresser : il avait des entrailles. Ses paroles arrivaient au cœur, parce qu'elles sortaient du cœur toutes vibrantes de l'émotion qui les avait inspirées. L'évêque d'Anvers, ravi de cette jeune éloquence, voulut être l'hôte et la providence terrestre de celui qui parlait si bien de la Providence d'en haut. Mais il ne put longtemps lui donner asile; la Révolution française, qui débordait sur l'Europe comme un torrent grossi par la fonte des idées, plus terrible que la fonte des neiges, envahit bientôt la Belgique, et l'abbé Rauzan fut obligé de chercher plus loin un refuge.

La Providence, qui n'abandonne point ceux qui mettent en elle leur espoir, lui fit trouver de nouveaux protecteurs. Le prêtre émigré usa de leurs secours sans jamais en abuser. C'est ainsi qu'en Prusse, madame la comtesse de B... l'ayant choisi pour aumônier, il ne voulut accepter la pension qu'elle lui offrait que plusieurs années après le jour où elle lui en fit l'offre, et lorsqu'elle eut achevé l'œuvre de sa réconciliation avec Dieu. Alors il accepta le brevet d'une pension de douze cents francs, secours qui lui était bien nécessaire pour vivre pendant l'émigration. Plus tard, cette famille honorable ayant été ruinée, il renvoya aussitôt au fils de la comtesse de B... le brevet de la pension. Cet esprit de justice et de générosité éclata dans diverses circonstances. A Liége, une pieuse femme voulut lui faire accepter un don pécuniaire : il refusa d'une manière absolue, en faisant observer que, pour le moment, il n'était pas complétement dénué de ressources. Tout ce qu'on put obtenir de lui, ce fut la promesse d'écrire s'il se trouvait dans la détresse. Dans le cours ordinaire des choses, ce sont ceux qui donnent dont on a besoin d'enregistrer les promesses. La charité chrétienne intervertissait ici l'ordre des situations comme des sentiments ; avide de donner, cette pieuse femme s'éloigna riche de la promesse qu'avait faite le saint prêtre de recevoir.

Quoique émigré, il ne recevait pas toujours, il donnait quelquefois, soit par lui-même, soit au moyen de ceux qui, pleins de confiance en ses lumières, le choisissaient comme intermédiaire de leurs bienfaits. Le fils d'un ancien émigré, depuis riche propriétaire et conseiller général de la Dordogne en 1847, racontait à un des membres de la communauté du père Rauzan que, dès son enfance, on lui avait appris à prononcer avec reconnaissance et respect le nom de ce vénérable prêtre. « Pendant l'émigration, ajoutait-il, mon père le connut à Berlin, dans les salons du ministre prussien, comte d'Engestroem. Ils ne tardèrent point à se lier d'une étroite amitié. Malgré le soin que mon père prenait de cacher son dénûment, le prêtre charitable le devina et vint à son secours avec une délicatesse qui eût désarmé la susceptibilité la plus ombrageuse. D'autres émigrés étaient en même temps redevables du même bienfait à M. Rauzan. Lui-même, privé de toute communication avec sa famille, était sans ressources ; mais les vertus du prêtre et la noble intelligence de l'homme avaient fait concevoir pour lui une si haute estime, qu'il fut constamment l'intermédiaire dont la Providence se servit pour faire parvenir de nombreux secours à nos compatriotes malheureux. »

Nous recueillons ces détails, parce qu'ils servent à faire connaître l'âme du révérend père Rauzan, et que ce n'est pas seulement son talent que nous avons entrepris d'étudier, mais l'homme aussi bien que l'orateur. Il avait donc cette bonté que Bossuet appelle la marque que l'ouvrier divin a voulu laisser sur son ouvrage. Ce n'était point une cymbale retentissante, et sous cette éloquence il y avait un cœur. En Prusse, comme en Belgique, comme dans toute l'Allemagne, il continuait à monter en chaire avec un succès toujours croissant. Ses discours sur les maux de l'Église, qu'il prêcha à Berlin, produisirent autant d'impression que son sermon sur la Providence qu'il avait prêché à Anvers. L'élévation des idées, le pathétique des sentiments, l'à-propos du sujet, la véhémence de l'action, tout contribuait à entraîner ses auditeurs. Il reste encore un témoin vivant des succès de cette éloquence. Un jeune gentilhomme, qui venait d'entrer dans le corps des cadets, à l'âge de quatorze ans, raconte ce qui suit : « On me conduisait avec mes camarades catholiques au catéchisme et à l'église. J'y entendis M. l'abbé Rauzan prêcher, devant un auditoire nombreux et brillant, un sermon sur l'enfant prodigue. Il fut admirable, il semblait inspiré; sa modestie impressionna fortement et concourut à l'efficacité de son éloquence. Il obtint le même succès dans les fréquents sermons qu'il prêcha à Berlin; on remarquait un grand empressement de la part des protestants, qui n'avaient, avec les catholiques, qu'un même sentiment sur son mérite. En 1799, je devins page de la princesse Ferdinand, belle-sœur de Frédéric II, et fus introduit chez M. Rauzan, qui réunissait les jeunes Français, Polonais et autres catholiques de Berlin. Ces assemblées avaient lieu le dimanche dans l'appartement attenant au temple des calvinistes français, mis à sa disposition par le respectable M. Erman, chef du consistoire, qui l'estimait et l'aimait. Pour attirer ces jeunes gens par une réception plus cordiale, le bon prêtre, de concert avec madame Guillaume de Charleville et sa sœur, se privait de café pendant la semaine, afin de le donner au déjeuner de ses jeunes amis le dimanche. Il nous servait lui-même avec une bonté, une amabilité ineffables, puis nous conduisait aux offices, à la promenade, nous confessait et nous prêtait de bons livres. »

Et quel est ce jeune officier au corps des cadets, quel est le page de la princesse Ferdinand qui nous donne ces détails touchants sur l'aménité et l'affabilité paternelle du père Rauzan ? Admirez les voies de Dieu, qui prend dans toutes les milices et dans toutes les positions les soldats de sa milice sainte! Cet officier au corps des cadets, ce page de la princesse Ferdinand, est aujourd'hui le révérend père Magalon, de l'ordre de Saint-Jean-de-Dieu ! On dirait vraiment qu'il y a des regards qui, en se posant sur un front, le sanctifient. C'est ainsi que nous nous souvenons d'avoir lu, dans un noble et touchant récit écrit par M. de Geramb, alors officier au service de l'Autriche, plus tard appelé par Dieu à entrer dans l'ordre de la Trappe, l'effet extraordinaire que produisit sur lui la vue de la fille de Louis XVI portant dans un bal du roi d'Angleterre, avec la couronne de sa beauté et de sa jeunesse, le reflet de l'auréole du martyre du Temple, figure entre la femme et l'ange, qui fait rêver au beau tableau de Paul Delaroche sur la jeune martyre chrétienne entraînée par les eaux du Tibre.

Après le 18 brumaire, quand le christianisme, dont les autels allaient bientôt être officiellement relevés, fut déjà au moins toléré dans cette France qu'on avait autrefois appelée le royaume très-chrétien, Jean-Baptiste Rauzan reprit le chemin de sa patrie, dont les frontières s'entr'ouvraient devant les proscrits. Il recommença à prêcher. Le voilà dans l'église des Carmes, si récemment teinte du sang des martyrs. Malgré la faiblesse de son organe, qui devait devenir plus tard si clair et si mordant, il y a foule à ses sermons. Il fait le catéchisme dans la partie inférieure de la Sainte-Chapelle de Paris; il assiste à cette résurrection du culte qu'il avait prédite à Anvers, sous la forme d'un souhait, dans son sermon sur la Providence; il est au nombre de ceux qui entourent, avec des larmes de douleur et de reconnaissance, les autels si longtemps profanés et les consacrent de nouveau à Dieu, attristés par le passé, consolés dans le présent, et pleins d'espoir pour l'avenir; timides encore dans leur joie, cependant, et mêlant les prières aux actions de grâces, car les nuages amoncelés par le terrible ouragan qui a fait tant de ravages assombrissent encore l'horizon.

Bientôt après, le pape, par un acte salutaire de cette dictature que l'Église gallicane, malgré ses maximes, accepta en grande majorité avec une soumission respectueuse, érigea de nouveaux siéges épiscopaux, et renouvela, on peut le dire, l'Église de France d'un coup de son autorité. Nous trouvons dans le livre du révérend père Delaporte une touchante anecdote qui se rattache à la prise de possession des siéges épiscopaux. Le pape avait nommé au siége de Bordeaux monseigneur d'Aviau du Bois de Sanzay, un saint, comme le dit avec raison le pieux auteur. Sait-on qui donna au nouvel archevêque les renseignements sur le diocèse qu'il allait gouverner? Ce fut l'ancien titulaire de l'archevêché de Bordeaux, monseigneur de Cicé, qui n'avait pas cessé de suivre son troupeau de l'œil du fond de son exil, et qui, nouvellement arrivé d'Angleterre, vint avec une simplicité et une humilité toute chrétienne, apporter à son successeur les lumières dont il avait besoin. Nous ne connaissons rien de plus admirable dans l'histoire de l'Église que la rencontre de ces deux évêques conversant avec un esprit de douceur et de paix des besoins et des ressources de ce diocèse, que l'un cesse de gouverner par soumission pour le chef de l'Église, que l'autre va gouverner par soumission à la même autorité, tous deux également désintéressés de toute pensée personnelle, et ne songeant qu'à la gloire de Dieu et au salut des âmes.

Dans cette espèce de testament spirituel où monseigneur de Cicé léguait à monseigneur d'Aviau le soin de faire le bien qu'il ne pouvait plus faire lui-même, et les auxiliaires les plus propres à l'aider dans son œuvre, Jean-Baptiste Rauzan ne fut point oublié. L'ancien archevêque parla de lui au nouveau avec une telle estime, que l'abbé Rauzan fut choisi pour lire la bulle pontificale d'institution, le jour où monseigneur d'Aviau prit possession de l'église Notre-Dame, métropole provisoire, et pour prêcher le sermon dont le sujet, naturellement indiqué par de si merveilleux événements, était le triomphe de la religion. Ce sermon fut lui-même un triomphe pour l'orateur, et l'archevêque, pour lui marquer sa satisfaction, voulait le mettre au nombre de ses grands vicaires. Le gouvernement s'opposa à cette nomination qui, selon lui, aurait donné dans le conseil épiscopal une trop grande influence au clergé réfractaire, comme on l'appelait encore, c'est-à-dire à celui qui avait préféré obéir à Dieu plutôt que d'obéir aux hommes, et aurait trop laissé dans l'ombre le clergé constitutionnel, c'est-à dire celui qui avait préféré obéir aux hommes plutôt qu'à Dieu. Une des tendances du gouvernement consulaire était, en effet, de tenir la balance égale entre la fidélité des uns et l'infidélité des autres. Monseigneur d'Aviau nomma du moins l'abbé Rauzan vicaire général honoraire, et c'est avec ce titre qu'il coopéra à toutes les œuvres de son vénérable archevêque, œuvres si difficiles, si nombreuses et si délicates au moment du rétablissement du culte. Pour lui assurer un traitement, l'archevêque de Bordeaux lui conféra, trois ans après, le titre de chanoine; mais le désintéressement de l'abbé Rauzan devait suspendre l'effet de cette mesure. On s'aperçut, lorsque tous les postes importants se trouvaient déjà remplis, qu'un prêtre vénérable, mais pauvre, avait été oublié. M. Rauzan apprit l'embarras de son archevêque. « Donnez à ce prêtre mon canonicat, lui dit-il, je le reprendrai après sa mort. » Cette offre simplement faite fut simplement acceptée, et l'abbé Rauzan continua à vivre comme par le passé. Bientôt sa réputation sermonnaire s'étendit. On le demanda pour prêcher les avents et les carêmes à Tours, à Agen, à Paris, à Lyon. Docile comme un enfant, il allait là où son archevêque l'envoyait ou lui permettait d'aller.

Ce fut à Lyon que le cardinal Fesch l'entendit. Chose singulière! cette idée des missions intérieures de France qu'on a tant reprochées à la Restauration est une idée du cardinal Fesch, oncle de l'empereur Napoléon. Il écrivait d'Italie à son grand vicaire, M. Courbon, le 18 février 1806 : « Mon projet est vaste : c'est une maison de missions intérieures, avec un séminaire ou noviciat, alimenté par les petits séminaires et par des sujets étrangers à notre diocèse. J'ai beaucoup de courage; ayez-en autant et allez en avant. C'est un homme, me dites-vous, qui nous manque : Dieu nous le donnera. »

L'abbé Courbon proposa M. Rauzan, dont la piété l'avait édifié, et dont l'éloquence le ravissait. Le cardinal Fesch, qui avait entendu l'éloquent orateur à Paris, accueillit avec empressement cette indication, et, tout aussitôt, il écrivit à monseigneur d'Aviau pour obtenir son assentiment ; puis bientôt après il avertissait l'abbé Rauzan de son dessein par une lettre dont nous reproduisons quelques passages : « Je connaissais déjà votre amour pour l'Église, lui écrivait-il, et le bien que vous êtes en état de faire; j'en ai remercié Dieu, et je l'ai prié de vous appeler à la direction d'une maison de missions intérieures, qui deviennent d'autant plus nécessaires à l'Église de France, qu'elle ne trouve plus dans son sein les anciens moyens que Dieu avait établis pour la régénération des principes et des mœurs. M. Courbon vous a sans doute instruit du projet que j'ai formé d'établir aux Chartreux un séminaire de missionnaires, une école de perfectionnement des sciences ecclésiastiques. Mon diocèse recueillerait sans doute les fruits les plus précoces de cette pépinière, mais l'Église de France y trouverait en outre des prêtres qui porteraient, partout où ils seraient appelés, l'esprit dont ils seraient pénétrés pour fonder des maisons semblables... Je vous déclare que je ne trouve que vous seul pour mettre à la tête de cette maison. Réunissez-vous donc à moi; faisons tout le bien qui est en notre pouvoir. L'esprit de l'Église est patient, prudent et confiant en Dieu; mais il est laborieux, zélé et attentif à profiter des occasions que la Providence lui présente. Agréez mes sentiments de reconnaissance pour ce que vous avez fait à Lyon, et soyez persuadé qu'ils seront éternels si vous voulez bien concourir avec moi à une œuvre qui peut faire la consolation des amis de la religion. »

La lettre du cardinal Fesch à monseigneur d'Aviau était pressante : « Monseigneur, lui disait-il après lui avoir exposé la grandeur et l'utilité de son dessein, j'ose le dire, l'établissement serait formé si vous vouliez lui accorder l'homme qui l'assurerait et commencerait à relever l'espérance de l'Église. Dès le mois d'octobre prochain, cet établissement serait en plein exercice, si vous me cédiez l'abbé Rauzan ; plusieurs prêtres de ses amis se réuniraient à lui. Je l'ai fait sonder, et cet homme de Dieu se déciderait pour cette grande entreprise, si vous y adhériez. »

La résistance de monseigneur d'Aviau fut vive et d'abord inflexible. « Il m'est de toute impossibilité, écrivait-il au cardinal, de vous céder le bon abbé Rauzan ; c'est pour moi un devoir et un besoin de le garder. » Le cardinal insista ; il supplia son vénérable collègue de lui prêter au moins le sujet précieux qu'il refusait de lui donner. Il fallut céder, mais ce ne fut pas sans déchirement de cœur, et l'archevêque de Bordeaux exprima lui-même sa douleur à son bien-aimé grand vicaire.

Nous avons cru devoir reproduire quelques fragments de cette correspondance curieuse qui conserve le souvenir de cette lutte si honorable pour l'abbé Rauzan et qui atteste l'estime que l'on faisait dès lors de son caractère et de son talent dans le clergé de France. Elle établit en outre d'une manière irréfragable que les missions intérieures de France, qu'on a présentées comme une œuvre de parti, entreprise sous la Restauration avec des vues purement politiques, furent au contraire une œuvre religieuse dont l'idée, antérieure à la Restauration, appartient au cardinal Fesch. Quant à l'abbé Rauzan, voici la seule condition qu'il mit à son consentement dans une lettre datée du 26 juillet 1806, et écrite à son ami M. Jauffret, alors vicaire général de Lyon : « Je voudrais que vous eussiez la bonté de me mander tout ce que vous sauriez des vues de monseigneur le cardinal. Dès qu'elles me seront parfaitement connues, je partirai pour Lyon, sans même attendre que les bâtiments soient prêts. Grâce à Dieu, je ne songerai qu'au succès de l'œuvre ; mais faites en sorte que tout ce qui peut lui être utile lui soit accordé : surtout qu'il ne soit question d'aucune sorte d'émoluments, d'aucun avantage temporel pour moi ; ce sera le seul point sur lequel on me trouvera indocile. »

L'œuvre est fondée. M. Rauzan a groupé autour de lui un certain nombre d'ouvriers apostoliques : M. Guyon, dont la parole devait avoir un si grand retentissement ; MM. Fauvet, Paraudier, Montanier, Rodet et d'autres encore. L'empereur Napoléon, qui avait placé sous la direction du cardinal grand aumônier tous les établissements consacrés aux missions, et accordé à ses instances le rétablissement des lazaristes, du séminaire du Saint-Esprit et de celui des Missions-Étrangères, voit avec faveur ce nouvel établissement ; il fait féliciter en 1809 par le ministre des cultes l'abbé Rauzan de ses premiers succès. Quelle est donc la pierre d'achoppement qui vient briser l'œuvre des missions heureusement commencée? La date du décret qui supprima les missions suffit pour répondre à cette question. Il fut rendu à Schœnbrunn, le 26 septembre 1809, c'est-à-dire à l'époque où l'Empereur venait de rompre définitivement avec le pape qui lui avait adressé cette réponse d'une invincible douceur, contre laquelle viennent s'émousser les volontés et les menaces du monde : « *Non possumus.* » Ne pas devoir faire une chose, en effet, c'est pour l'Église, douée de l'heureuse impuissance du mal par son divin fondateur, ne pas pouvoir la faire.

Alors l'Empereur, par ce décret où se trahit une colère qui frappe partout comme pour se venger de l'impossibilité où elle est d'atteindre cette sainte résistance dans son principe, le sentiment du devoir, accable l'Église de ses coups. « Les missions de l'intérieur sont défendues, dit le décret, et en conséquence nous révoquons tous décrets concernant lesdites missions, et notamment celui du deuxième jour complémentaire an XIII, qui confirme les trois associations d'ecclésiastiques établies à Gênes sous le nom de *missionnaires urbains*, d'*ouvriers évangéliques* et de *missionnaires de la campagne*. Nous révoquons aussi tous les décrets par nous précédemment rendus, portant établissement ou confirmation de prêtres pour les missions étrangères, et notamment celui du 7 prairial an XII, portant établissement d'une association de prêtres séculiers qui, sous le nom de *prêtres des missions étrangères*, seraient chargés de missions hors de France. »

Vous le voyez, tout est frappé, rien n'est épargné ; ceux qui vont porter la foi aux sauvages, comme ceux qui vont en rallumer le flambeau parmi les chrétiens. Le séminaire du Saint-Esprit est atteint comme les autres établissements dans le dernier paragraphe.

Le conquérant, mécontent de l'Église, retire d'un seul coup les autorisations de faire le bien qu'il lui a données une à une ; et, pour achever de caractériser ce décret rendu *ab irato*, il le termine en en confiant l'exécution au ministre de la police comme au ministre des cultes, et en arrêtant qu'*il ne sera pas imprimé.*

Le cardinal Fesch recueillit, dans son hôtel de la rue du Mont-Blanc, les principaux débris de cette société de prêtres qui s'étaient dévoués au pénible ministère des missions. Son historien, approuvé en cela par le révérend père Delaporte, l'admire « de n'avoir pas craint de se compromettre aux yeux de la philosophie du siècle et de la sagesse du monde, en leur témoignant son amitié. » Que le révérend père Delaporte, dont nous avons lu le remarquable ouvrage avec un intérêt mêlé de respect, nous permette ici une observation motivée plus encore par un autre passage de son livre. Est-ce que ce mot d'admiration n'est pas bien fort pour un acte aussi naturel et dicté par un devoir étroit? Est-ce qu'un homme aussi élevé dans la hiérarchie de l'Église, archevêque et cardinal de la sainte Église romaine, c'est-à-dire investi de cette noblesse sacrée qui oblige encore bien plus que l'autre noblesse, doit être admiré « pour ne pas avoir craint de se compromettre aux yeux de la philosophie du siècle? » Mais, s'il eût cédé par crainte de cette philosophie, il eût été le dernier des hommes ! S'il avait abandonné ces missionnaires qu'il avait appelés lui-même, il eût manqué à l'honneur selon le monde, comme au devoir de son ministère ! Nous dirons toute notre pensée. Quand il s'agit du cardinal Fesch, le pieux et éloquent historien du révérend père Rauzan nous semble pousser trop loin l'indulgence : « Notre siècle est sévère dans ses jugements, dit-il en répondant d'avance à une objection qu'il a sans doute prévue, il se souvient plus du mal que du bien ; c'est là une faute contre la charité et contre le patriotisme; si on nous enlève une à une toutes nos illustrations, où seront pour la génération présente les nobles exemples? »

Il nous semble que ce qu'il faut redouter, dans notre temps, c'est moins l'excès de la sévérité que l'excès de l'indulgence. L'histoire, qui pèse dans ses balances impartiales les hommes et leurs actions, doit, avant tout, ne surfaire ni les uns ni les autres, et ni la charité ni le patriotisme n'obligent à accorder des louanges exagérées à des demi-courages, à des demi-caractères et à des demi-vertus. On s'exposerait par là à faire baisser le niveau des âmes, et, en se montrant trop indulgents envers les hommes de la génération précédente, on tendrait un piége aux hommes des générations qui la suivent, et qui, prenant trop bas leurs modèles, se trouveraient exposés à ne point s'élever au niveau des efforts et des sacrifices que l'Église aura peut-être à leur demander. Nous ne voulons contester ni les qualités personnelles, ni l'esprit de piété, ni les intentions du cardinal Fesch; mais il se montra faible quand la lutte s'éleva entre la puissance impériale et la puissance spirituelle dont il devait être, en qualité de cardinal, le premier défenseur, et le révérend père Delaporte est obligé de reconnaître lui-même cette faiblesse quand il le montre « se laissant aller au désir immodéré de la paix, et s'écriant, après avoir prêté une oreille trop confiante aux raisonnements captieux de l'évêque de Nantes dans le concile de Paris : « Tout est sauvé! » Ce n'est pas après une pareille faiblesse qu'on peut être mis au nombre des nobles exemples sur lesquels la génération présente doit avoir les yeux fixés. L'abbé Emery, l'abbé d'Astros et M. Rauzan, qui s'écria en répondant au cardinal Fesch : « Tout est perdu ! » nous paraissent de plus dignes modèles, et surtout des modèles plus utiles à citer.

Nous laissons le père Rauzan, dans ces dernières années de l'Empire, faisant obscurément à Paris le bien possible, priant, étudiant, dirigeant les consciences et s'occupant de bonnes œuvres. Il aide de ses conseils madame de Carcado et madame de Saiseval dans les œuvres que leur zèle venait de créer ; il encourage madame de Lézeau dans la fondation de la congrégation de la Mère de Dieu et de son OEuvre des Orphelines, adoptée ensuite par l'Empereur, et devenue la Maison des Orphelines de la Légion d'honneur. Le temps marche, la guerre élargit sa sphère de feu ; l'Empereur court de l'Espagne à l'Allemagne, il revient de l'Allemagne à l'Espagne ; le pape est prisonnier à Fontainebleau, l'Église est en deuil, Rome, ce patrimoine de Saint-Pierre, est donnée en apanage à l'enfant qui vient de naître à Napoléon. Enfin, il part pour la campagne de Russie. « Il faut que les destinées s'accomplissent ! » c'est lui qui l'a dit. Fénelon avait dit, dans un plus beau et plus juste langage : « L'homme s'agite, et Dieu mène. »

II

LE PÈRE RAUZAN PENDANT LA RESTAURATION

La restauration de la maison de Bourbon fut accueillie par le clergé français et par tous les catholiques de France comme une délivrance. Elle en était une en effet. On a pu, dans d'autres temps, et pour les besoins d'une autre situation, chercher à dissimuler cette vérité ; mais l'oubli, l'ingratitude ou le calcul et la tactique politique ne sauraient changer les faits. Ils sont ce qu'ils sont, et, quand on remonte aux souvenirs et aux documents contemporains, on retrouve partout les traces de la joie profonde que manifesta l'Église à l'époque de la Restauration.

Les dernières années de l'Empire avaient lourdement pesé sur le clergé. Les cardinaux di Pietro, Gabrielli, Oppizoni, le prélat Grégorio, le P. Fontana et l'abbé d'Astros avaient été, comme le rappelle le P. Delaporte, enfermés au donjon de Vincennes. Le cardinal Pacca, et plusieurs autres cardinaux, avaient été également arrêtés et incarcérés dans d'autres citadelles. Plusieurs membres du clergé belge étaient captifs. On avait emprisonné jusqu'à des femmes. La vénérable madame de Soyecourt, supérieure de la communauté où résidait le P. Fontana, et par cela seul devenue suspecte, avait été mise au secret le plus rigoureux, et, au bout d'un mois d'une captivité pendant laquelle il n'avait été permis à personne de pénétrer dans sa prison, elle écrivait au ministre de la police : « Veuillez me sortir, monsieur, d'un secret auquel je ne puis tenir plus longtemps. Il me cause un dérangement de santé pareil à celui que ma mère a éprouvé, et qui l'a conduite à la mort, après six semaines de prison. Voilà un mois que j'y suis ; et, si je dois succomber comme elle, je n'ai plus que quinze jours à vivre. Au nom de l'humanité, je vous le demande, que je puisse parler à quelqu'un, et savoir ce qui déplait au gouvernement. Mon courage n'est pas abattu, mais mon faible corps succombe. »

C'est ainsi que, dans ses dernières années, le gouvernement impérial traitait de vénérables cardinaux, des évêques, des prêtres, de simples religieuses. Pour comble d'outrage, on soumettait les ministres de Jésus-Christ aux mêmes précautions et au même régime que les malfaiteurs. L'historien du cardinal d'Astros a raconté comment, avant de l'installer dans son cachot, on le fouilla et on le dépouilla de tout, excepté de son linge de corps. On affecta de mettre une sollicitude particulière à lui enlever tous les instruments de fer ou d'acier qui auraient pu servir au suicide. Ayant été obligé de demander une aiguille pour recoudre un de ses vêtements, on délibéra plus d'une heure avant de la lui confier. « L'abbé d'Astros, dit le révérend père Caussette, impassible devant les autres humiliations de sa captivité, fut sensible à celle-ci. Ce soupçon était une injure à son honneur de prêtre et à sa foi de chrétien. »

Sait-on ce que répondait le ministre de la police impériale quand on se plaignait de ces traitements infligés à des prêtres coupables de leur fidélité au vicaire de Jésus-Christ ? Il écrivait ce qui suit : « Dans tout autre pays qu'en France, on eût puni ces prêtres comme des ennemis du repos public ; mais on se contenta de les enfermer comme des fous dangereux. »

Si l'on ajoute à cela la captivité du pape, détenu à Fontainebleau, violemment séparé de ses plus fidèles conseillers et soumis à une pression tyrannique par ceux qui voulaient lui arracher des concessions contraires à ses devoirs comme à ses droits, on aura une idée exacte de la situation lamentable de l'Église à l'époque où l'Empire tomba, et l'on comprendra la vive allégresse que lui fit éprouver le retour de la maison de Bourbon. Cette allégresse fut universelle. En Amérique même, l'évêque de Boston fit illuminer sa cathédrale et la croix qui la surmontait, en réjouissance du triomphe de la religion, de l'Église et du Saint-Siège. On saisit en même temps ici la cause de la solidarité qui s'établit entre les royalistes et le clergé, ou, comme on disait dans la langue du temps, entre l'autel et le trône. On avait souffert ensemble, on était délivré ensemble ; le même coup de la Providence qui ramenait la monarchie préservait l'Église, qui commençait à craindre un schisme.

La société des missionnaires, fondée par le cardinal Fesch et dissoute par l'Empereur à l'époque de ses grandes colères contre le saint-siége, prit part à ce mouvement général. Ce n'était pas, on le sait, le seul ordre religieux qui eût été frappé. Les trappistes à qui l'Empereur, dans un de ses bons jours, avait confié la chapelle et les bâtiments du mont Valérien, ces lieux vénérés, consacrés de temps immémorial à la prière, en avaient été, par ses ordres, outrageusement chassés ; un peu plus tard, dans les ténèbres de la nuit, la croix qui dominait la montagne avait été renversée, car le despotisme d'en haut est aussi aveugle et aussi violent que le despotisme d'en bas : le crime que l'on faisait ainsi expier aux trappistes et à la croix de Jésus-Christ, c'était la lecture faite, dans un monastère de la Trappe à Gênes, de la bulle d'excommunication lancée par le souverain pontife contre les auteurs et les fauteurs des persécutions et des usurpations dont l'Église était victime. Dans l'avénement de la Restauration, les missionnaires comme les trappistes, comme le clergé tout entier, comme l'Église universelle, avaient vu l'aurore d'un meilleur temps. Le père Rauzan avait été nommé, dès la formation du personnel de la grande aumônerie, chapelain du roi. Il jouissait de la confiance et de l'estime du cardinal de Talleyrand-Périgord, archevêque de Paris. Celui-ci l'avait appelé à prêcher à la cour la station de l'Avent de 1814. L'éloquence du prédicateur produisit une profonde impression sur l'auditoire, et ce premier succès lui permettait d'aspirer aux plus hautes dignités ecclésiastiques, s'il continuait à suivre cette carrière. Mais le père Rauzan, comme l'annonçait assez la conduite qu'il avait tenue pendant les premières années de sa vie, préférait à tous les avantages personnels les services qu'il pouvait rendre à la cause de l'Église. Il n'avait pas cessé de croire l'œuvre des missions utiles, il résolut de profiter des événements pour l'établir. Dieu lui amena en ce moment, pour l'aider dans son entreprise, un jeune prêtre qui, dédaignant la haute fortune à laquelle l'appelaient son illustre naissance et l'influence de sa famille, était dévoré de ce zèle que la ferveur de la piété, jointe à l'enthousiasme de la jeunesse, peut seule inspirer. L'abbé de Forbin-Janson s'associa aux idées, aux sentiments du père Rauzan, et devint son second dans l'œuvre des missions. Ce fut lui qui alla à Rome faire bénir par le saint pape Pie VII cette pieuse entreprise.

Les commencements de la société furent modestes.

Elle s'établit rue Notre-Dame-des-Champs, n° 8, dans une petite maison à peine meublée. M. Frayssinous fut le premier protecteur de l'œuvre. Quelques pieuses femmes, la princesse de Montmorency-Tancarville, la comtesse de Montmorency, la comtesse de la Bouillerie, la marquise de Croisy, la marquise de Vibraye et la vicomtesse de Vaudreuil, commencèrent à quêter afin de soutenir les missionnaires. Dans l'état de pauvreté où était tombée l'Église de France, il fallait que l'œuvre des missions fût gratuite pour qu'elle fût utile. Dès que les anciens coopérateurs du père Rauzan apprirent que l'œuvre s'établissait, ils accoururent pour se mettre à sa disposition. C'est ainsi que l'œuvre des missions commença.

Pour peu qu'on étudie avec attention la situation de la France à cette époque, on pressent les contradictions et les obstacles que devait rencontrer l'œuvre des missions. Qu'était-ce, au fond, que cette pieuse entreprise? C'était un effort tenté pour faire des conquêtes sur l'indifférence et sur l'impiété au profit de la religion. Les missionnaires ne se contentaient pas de parler à des gens convaincus, ils voulaient convaincre ceux qui ne l'étaient pas. Ils employaient tous les moyens licites ; ils s'adressaient au cœur, à l'imagination, comme à la raison. C'étaient des évangélistes qui apportaient la bonne nouvelle à ceux qui ne la connaissaient pas ou qui l'avaient oubliée. Ils cherchaient à réveiller ces touches mystérieuses que Dieu a placées dans l'âme humaine, et qui, tout endormies qu'elles soient, rendent souvent un son sous une parole ardente et convaincue. Or le parti qui faisait à cette époque une opposition systématique à la Restauration n'était pas moins antichrétien que révolutionnaire. Il regardait comme des soldats dérobés à son drapeau toutes les conquêtes opérées par la parole évangélique. Il y avait là, pour lui, non-seulement une lutte de principes, mais une lutte d'influence. Il était donc indiqué que les missionnaires rencontreraient, chez les hommes de ce parti, une vive opposition.

Ce chapitre de l'histoire contemporaine deviendrait incompréhensible si on ne l'étudiait pas à la lumière de ces idées. L'opposition des doctrines ne suffirait pas pour expliquer la violence de cette guerre systématique qui fut faite aux missionnaires ; la tactique politique y eut sa part. Cette part fut d'autant plus grande, que l'espèce de solidarité qui s'était établie entre l'Église et la monarchie par la date commune de leur délivrance, comme nous l'avons expliqué plus haut, autorisait le parti révolutionnaire à regarder comme des recrues faites au profit de la monarchie toutes les recrues faites par l'Église. Que parmi ceux qui suivirent les missions il y eût, au milieu de beaucoup de cœurs vraiment touchés, quelques fonctionnaires qui affichèrent une dévotion qu'ils n'avaient pas, dans l'espoir de faire leur cour aux princes, dont on connaissait la piété, cela n'est pas impossible, cela est probable même : on spécule sur la vertu des princes quand on ne peut pas spéculer sur leurs vices. Mais ce ne furent là que de rares exceptions. La véritable cause de l'hostilité que rencontrèrent les missionnaires fut bien celle que nous avons signalée : la propagande antichrétienne et révolutionnaire se soulevait contre la propagande catholique, dans laquelle elle soupçonnait des tendances favorables à la monarchie. On ne saurait dire que cette hostilité ait été provoquée par les imprudences des missionnaires : dès qu'ils paraissent, elle commence.

A la fin de 1815, le père Rauzan était allé prêcher une mission à Orléans. Il avait annoncé une conférence pour les hommes. Le clergé de la ville disait : « Il n'y aura personne ou il y aura du bruit. » Il y a un point d'honneur pour les soldats de Jésus-Christ comme pour les soldats des princes de la terre : ils ne reculent ni devant le bruit ni devant le péril. Le père Rauzan ne recula donc pas. Il se rendit à l'église de Saint-Pierre le jour marqué pour la conférence. Bien des années après cette mission, un docte prélat, Orléanais de naissance, monseigneur Parisis, maintenant évêque d'Arras, racontait ainsi la scène, dont il avait été témoin, à un prêtre de la Miséricorde, Orléanais comme lui : « Quand le père Rauzan arriva à Saint-Pierre, l'église était remplie, mais d'hommes réunis en groupes dans la nef, la plupart le chapeau sur la tête et conversant à haute voix. Un bien petit nombre annonçait, par une tenue plus respectueuse, des dispositions amicales. Le supérieur de la mission monte en chaire, mais sa voix est couverte par le bruit des conversations qui ne cessent point. Il continue avec calme; le silence ne se fait pas. Alors il jette au milieu de l'assemblée ce mot accentué avec énergie : « L'enfer ! » — Les clameurs redoublent. — « L'enfer ! » reprend avec plus de force le missionnaire. Et ces hommes, étonnés, se taisent et se regardent. Profitant de ce silence, le prédicateur commence à développer, avec une vigueur de logique incomparable, devant son auditoire enfin maîtrisé, les pensées suivantes : Il suffit d'avoir entendu nommer l'enfer pour concevoir quelques doutes sur l'existence de ce lieu de châtiment; il suffit de douter pour examiner; il suffit d'examiner pour être convaincu; une fois convaincu, il faut se convertir. Alors, s'arrêtant, il pose la grande question : « Pour se convertir, que « faut-il? » Cette fois on écoutait d'une oreille avide. Le prêtre se penche vers l'auditoire et laisse tomber une parole que peuvent entendre seulement les auditeurs les plus voisins de la chaire. Chacun demande : « Qu'a-t-il dit? » Et ces hommes se redisent les uns aux autres : Il a dit *qu'il faut se confesser*. Ce soir-là même les pénitents entourèrent les confessionnaux. Plusieurs prêtres passèrent une partie de la nuit à entendre les confessions des auditeurs du père Rauzan. »

Cette anecdote, que nous avions déjà entendu raconter par un vénérable ecclésiastique, M. Duthuilé, en 1858 curé à Janville, qui avait été aussi témoin de cette scène, donne une idée du caractère de l'éloquence du père Rauzan. C'était un talent hardi, plein de saillies, de ressources et d'à-propos, intrépide à l'attaque, ne craignant pas la contradiction, qui l'inspirait au lieu de le déconcerter. Monseigneur Parisis disait avec raison de lui, après avoir raconté le trait que nous venons de citer : « Je n'ai rien vu dans l'antiquité qui soit comparable aux tours de force du père Rauzan. » C'était en effet un de ces évangélistes à qui Jésus-Christ a dit, dans la personne de saint Pierre : « Je vous ferai pêcheur d'hommes. » Que la mer fût calme ou troublée, il n'en jetait pas moins ses filets, sous l'invocation de celui qui fit faire aux apôtres la pêche miraculeuse.

La mission d'Orléans fut le point de départ des campagnes religieuses des missionnaires. De là on les voit aller à Angers, où le parti révolutionnaire, qui avait reçu le mot d'ordre de ses chefs, les trouble par ses clameurs. Ils triomphent par leur fermeté et leur patience. A Nantes, le directeur du théâtre, voyant la salle déserte pendant la mission, a la singulière idée d'appeler Talma pour faire concurrence aux missionnaires. Ce fut en vain que le grand tragédien arriva : la salle demeura vide. « Atterré par ce coup, dit le père Delaporte, le directeur va trouver un magistrat de la ville, lui explique qu'il a contracté avec le célèbre tragédien des engagements onéreux, et que, si on ne vient pas à son secours, il est ruiné. « Qu'y faire? répond le magistrat, chacun est libre d'aller où bon lui semble. — Mais, monsieur, répond ingénument le directeur, est-ce qu'il n'y aurait pas moyen de s'arranger? MM. les missionnaires font leurs instructions à la même heure que le spectacle ; qu'ils aient la complaisance de les avancer de quelques heures : de cette manière on pourra venir chez nous en sortant de l'église, et tout le monde sera content. »

Le même fait se reproduit à Bordeaux. Pendant la mission qu'à la demande de monseigneur d'Aviau le père Rauzan fit dans cette ville, on fit venir mademoiselle Mars, comme on avait fait venir Talma à Nantes, et sans plus de succès. De 1817 à 1818, les missionnaires parcourent le Midi ; ils vont à Tarascon, à Avignon, où ils rapprochent les esprits divisés par les passions politiques et les souvenirs des luttes civiles. Partout la calomnie les précède. Les pamphlets circulent à leur arrivée, et les regrets les suivent. Ces attaques diffamatoires vont si loin à Bayonne, qu'il y a des poursuites ordonnées d'office contre les pamphlétaires; mais ces poursuites tombent devant le refus des missionnaires de déposer une plainte. Les missionnaires sont à Marseille au moment où la nouvelle de l'assassinat de monseigneur le duc de Berry y arrive, et il ne faut rien moins que leur puissante intervention pour empêcher la population ardente de cette ville de se porter à des excès contre les personnes notoirement connues comme révolutionnaires.

Plus les missionnaires faisaient d'efforts, plus ils rendaient de services, plus aussi les clameurs du parti qui attaquait à la fois la religion et la royauté s'élevaient contre eux. La presse libérale retentissait de dénonciations; de nombreuses pétitions arrivaient aux chambres. C'était une manière de faire retentir la question à la tribune et de produire un plus grand scandale dans le pays. Partout où l'on trouvait des éléments de perturbation, on excitait des troubles à l'arrivée des missionnaires. Puis, selon la tactique ordinaire de la révolution, on les accusait des désordres que l'on dirigeait contre eux. On répétait dans les journaux, à la tribune, dans les salons, qu'en faisant cesser les missions on ferait cesser les troubles. Étrange logique d'après laquelle, en troublant quelqu'un dans l'exercice d'un droit, on se trouverait autorisé à lui dénier l'usage de ce droit! Au fait, que faisaient les missionnaires? Ils allaient prêcher dans les églises la parole de Dieu. Y venait qui voulait. Ils ne contraignaient personne à les entendre. Si l'on voulait leur faire de l'opposition, montrer qu'on désapprouvait l'œuvre ou qu'on ne partageait pas les doctrines des missionnaires, il y avait un moyen tout à la fois légal et facile d'atteindre ce but : c'était de rester chez soi et de faire le vide autour d'eux. De quel droit venait-on les troubler dans l'exercice de leur ministère, insulter par des clameurs indécentes la croyance de ceux qui voulaient les entendre et profaner les églises par des scènes scandaleuses? Ce n'était point là de la liberté, c'était de la tyrannie. D'après le principe qu'on inaugurait, il aurait fallu, par respect pour la liberté de la presse, aller casser à coups de pierres les vitres des journaux qui développaient des opinions qu'on ne partageait pas ; il aurait fallu ensuite que le gouvernement les supprimât pour empêcher les émeutiers de recommencer. Tel est l'esprit de la révolution : violent, impérieux, despotique, plein d'intolérance, exigeant tout et ne voulant rien accorder.

Des voix éloquentes s'élevèrent pour défendre les

missions et les missionnaires. M. de Lamennais, alors dans tout l'éclat de son talent et dans toute l'ardeur de sa foi, s'écriait : « On a demandé si la France était peuplée d'idolâtres pour qu'il fût nécessaire d'envoyer de villes en villes, des missionnaires annoncer la foi. Celui qui a fait cette question aurait pu y répondre mieux que personne. Il sait que la France renferme en son sein une race d'hommes qui, rejetant avec mépris la religion des ancêtres ou la tenant dans l'indifférence, se croient plus sages parce qu'ils doutent, ou éclairés parce qu'ils nient. Il sait que parmi ces hommes il en est qui languissent dans une indigence intellectuelle si profonde, qu'on chercherait en vain dans leur esprit la vérité première d'où dérivent toutes les autres; esprits ruinés qui ont perdu Dieu. Certes, si l'on ne s'étonne pas que le zèle conduise les missionnaires au delà des mers pour convertir quelques idolâtres, on doit encore moins être surpris qu'ils s'occupent parmi nous de soulager une misère plus extrême et plus déplorable. Chose étrange ! on répète sans cesse que le christianisme est mort, qu'on ne le ranimera jamais; et, dès qu'un prêtre ouvre la bouche pour l'annoncer au peuple, on s'écrie : A quoi bon ? il n'y a que des chrétiens ! Les missionnaires, ajoute-t-on, troublent les consciences. D'abord ils ne peuvent troubler la conscience que de ceux qui viennent les écouter, et personne, assurément, n'est forcé d'y venir. Et comment troublent-ils les consciences? En prêchant la justice, le pardon des injures, le respect des devoirs, l'obéissance à l'autorité. Voudrait-on par hasard que les hommes se tranquillisassent dans des sentiments et dans des habitudes contraires?..... Si l'on le veut, l'ordre ne le veut pas, et l'ordre, c'est Dieu même. Et les tribunaux troublent aussi la conscience; ils ôtent au méchant sa sécurité; et toute la différence est que la justice humaine le trouble pour le punir, et la religion pour pardonner. Au reste, que les ennemis des missions disent et pensent ce qui leur plaira; la loi existe, elle garantit le libre exercice de la religion catholique, et la prédication en forme une des parties les plus essentielles. Les missionnaires n'ont besoin de l'autorisation de personne que de l'évêque dont ils vont évangéliser le diocèse. Il serait trop étrange, quand les doctrines antisociales ont partout des organes, que le christianisme seul fût contraint d'être muet. Il ne le sera pas, je le dis sans crainte, et, le repoussât-on dans les catacombes, là encore il trouverait des voûtes pour y faire retentir sa voix et des fidèles pour l'écouter. »

Ainsi parlait M. de Lamennais, et, en citant ces éloquentes paroles sur la nécessité de faire des missions pour « ces esprits ruinés qui ont perdu Dieu, » on ne peut s'empêcher de faire un pénible retour sur les dernières années de cet illustre écrivain et sur sa déplorable mort. Quel étrange mystère est-ce donc que l'homme ? Quelle énigme ! Voilà une tombe d'où sortent des paroles contradictoires : témoignages éclatants rendus à la vérité, indignes suffrages prostitués à l'erreur ! Le noble témoin de la vérité et le faux témoin de l'erreur, c'est le même homme ! Qu'importe? Le second ne saurait infirmer l'autorité du premier. L'œil qui se ferme à la clarté du soleil ne détruit pas la lumière en cessant de la voir. Heureux le clairvoyant qui l'affirme! malheureux l'aveugle qui la nie! La lumière éternelle ne cesse point de briller parce qu'un œil se ferme et qu'un esprit s'enténèbre.

Ainsi parlait M. de Lamennais; et M. Frayssinous, ce caractère si honnête et cette intelligence si modérée, M. de Chateaubriand, M. de Bonald, M. Clausel de Montals, prenaient comme lui la défense des missions, et tous les évêques des diocèses dans lesquels les missionnaires avaient prêché leur rendaient témoignage. Le père Rauzan lui-même, dans une lettre qu'il adressait, en 1820, à deux jeunes ecclésiastiques alors à Rome, exposait avec autant de simplicité que de vérité le but et le caractère de l'œuvre des missions : « Les missions, leur disait-il, on ne saurait en disconvenir, ont produit en France un effet extraordinaire, et je n'en suis pas moins surpris que tout autre. On y a fait réellement des miracles, c'est-à-dire Dieu seul les a faits, et nous étions, nous en particulier, bien incapables, bien indignes d'y coopérer. Les autorités se trouvent quelquefois, pendant nos missions, dans une situation pénible. Nous le sentons et nous voudrions de tout cœur leur épargner ces perplexités; nous voudrions les adoucir et, pour l'ordinaire, quelque prévention qu'on leur ait inspirée contre nous, elles nous ont rendu justice, du moins à la fin de nos travaux. Les missionnaires, en arrivant dans une ville, apprennent qu'on a répandu d'avance des bruits, des imputations, qui doivent indigner le peuple contre eux. Les esprits y sont remplis de fâcheux préjugés. Huit jours de missions les dissipent. Un jeune missionnaire a-t-il des manières choquantes, nous le reprenons sévèrement. Lorsqu'on nous attaque, lorsqu'on nous calomnie dans les feuilles publiques, nous ne répondons jamais rien, nous ne conservons aucun sentiment d'aigreur contre nos ennemis. Ce serait pour nous une bien douce consolation de pouvoir obliger ceux qui nous persécutent davantage, et nous l'avons quelquefois goûtée. Voilà tous nos secrets. »

Ces paroles, d'une mansuétude tout évangélique, achèvent d'expliquer l'œuvre des missions. Elles firent beaucoup de bien au point de vue religieux parmi les populations qui les suivirent; mais l'esprit de parti s'en servit pour faire beaucoup de mal au point de vue politique comme au point de vue religieux.

parmi les populations beaucoup plus nombreuses qui ne les suivirent pas. Dans tous les temps, le mal est plus facile à faire que le bien ; mais, dans ces temps surtout où la passion politique amplifiait la moindre faute et supposait l'abus là où il n'existait pas, il suffit de ces manières choquantes de quelque jeune missionnaire, aussitôt réprimées par le supérieur, comme parle le père Rauzan, de quelque démonstration de zèle outré échappée à un auditeur passionné, pour autoriser contre les missions toutes les calomnies et tous les outrages.

Eh quoi ! dira-t-on, ces troubles dans les églises, ces manifestations tumultueuses de Notre-Dame-des-Victoires, de Saint-Étienne-du-Mont, de Saint-Jacques-du-Haut-Pas, n'auraient pas eu d'autres motifs ? Ces motifs-là même leur manquaient. La passion politique, qui obscurcissait alors les intelligences et pervertissait les notions de la justice et du droit dans les consciences, suffisait pour pousser une jeunesse lettrée, des hommes appartenant aux classes libérales, le dirons-nous ? des pères de famille, des vieillards en cheveux blancs, à ces indignes manifestations contre la liberté des cultes et la vérité catholique. Ce que nous avons vu suffit ici pour nous expliquer ce que nous ne savons que par ouï-dire. N'avons-nous pas vu, sous le gouvernement de Louis-Philippe, un journal de l'opposition de gauche modérée publier un roman diffamatoire, dans lequel les jésuites étaient dénoncés par M. Sue comme des voleurs, des meurtriers et des empoisonneurs?

Cela ne nous a pas empêchés de voir, à quelques mois de là, le chef de la gauche modérée, l'honorable M. Thiers, demander la liberté pour tous, même pour les jésuites, dans la discussion de la loi d'enseignement. Nous nous en souvenons comme si c'était hier. La Montagne était stupéfaite, éperdue, indignée; elle n'en croyait ni ses oreilles ni ses yeux. M. Thiers demander la liberté d'enseignement, même pour les jésuites! était-ce bien possible? Ne serait-ce pas un songe, une chimère? Était-on sûr d'être bien éveillé? Cette stupeur dura quelques minutes; puis une voix tonnante, venant à retentir sur la Montagne, jeta à M. Thiers ces terribles mots : « Vous êtes un jésuite! » Nous entendons encore l'accent de M. Thiers, nous voyons son geste, son attitude inimitable, quand se tournant vers l'interrupteur: « Vous avez bien raison, mon cher collègue; je m'y attendais, et vous ne me surprenez en rien; voilà qui est dit et ce que tout le monde sait : je suis un jésuite. » Ainsi, à quelques mois de distance, on signalait les jésuites comme les derniers des hommes, et on leur ouvrait les portes de la France comme à des maîtres dignes et capables de former la jeunesse française! Qu'y avait-il donc de changé? étaient-ce les jésuites? Non, ce qu'ils étaient la veille, ils l'étaient le lendemain, savants, pleins de zèle, dévoués à l'Église, amis de la jeunesse. Ce qu'il y avait de changé, c'était la situation, et tout changeait avec elle. L'épouvantail des jésuites, du clergé ultramontain, de l'intolérance catholique, comme on avait dit si longtemps, était tombé devant un péril plus certain. Le socialisme, le hideux socialisme, pour emprunter le langage de Mirabeau parlant de la banqueroute, était à nos portes! La société française, dans les transes de la peur, appelait tout le monde à son aide contre ce redoutable ennemi, les évêques, le clergé séculier et le clergé régulier, tout, même les jésuites. Les fausses peurs, les craintes chimériques, les terreurs de tactique, étaient dévorées par cette terreur réelle, et nous nous souvenons d'avoir entendu des esprits forts s'écrier à cette époque que, « si le clergé ne voulait pas se charger de l'éducation primaire, on la donnerait aux sacristains. »

On comprend maintenant de quelle nature était ce soulèvement d'opinion qu'on avait excité contre les missionnaires. Il tenait à la situation morale et politique des esprits. Quand on les vit s'établir au Mont-Valérien, les colères redoublèrent. Il semblait que, du haut de cette montagne où s'élève aujourd'hui une forteresse, la croix du Christ menaçât cette grande ville, où tant de gens à cette époque voulaient faire régner Voltaire. N'y a-t-il pas, qu'on nous permette de le dire en passant, un beau symbole et une haute leçon dans cette substitution d'une redoutable citadelle à un monastère surmonté de la croix dans ces lieux élevés? Il n'y a que deux puissances qui puissent gouverner le monde, la force du droit ou le droit de la force. Quand l'une tombe, l'autre s'élève. Il n'y avait rien d'étonnant à ce que la Restauration assignât ces lieux aux missionnaires. Elle ne les donnait pas à la religion, elle les lui rendait. De temps immémorial, le Mont-Valérien avait été un lieu consacré. Dès l'an 1400, la tradition nous y montre des ermites. Sous Louis XIII un saint prêtre, nommé Hubert Charpentier, y avait érigé un calvaire et bâti une chapelle, où il établit une société de prêtres destinés au ministère des missions. C'est dans cette chapelle qu'à la fin d'une belle journée Jean-Jacques Rousseau et Bernardin de Saint-Pierre, comme le dernier l'a raconté, entrèrent au retour d'une longue promenade, et entendirent avec attendrissement les litanies de la Providence, récitées par les ermites. « Après que nous eûmes prié dans une petite chapelle, continue Bernardin de Saint-Pierre, Jean-Jacques me dit avec attendrissement : « — Maintenant j'éprouve ce qui est dit dans l'Évangile, *Quand plusieurs de vous seront rassemblés en mon nom, je me trouverai au milieu d'eux.* Il y a ici un sentiment de bonheur qui pénètre l'âme. » La Révolution de 93, qui profana tout, avait placé une idole de Vénus dans le sanctuaire où Jean-Jacques avait prié Jésus-Christ. Le premier consul, au moment où l'ordre se rétablit, fit renverser l'idole et appela sur le Mont-Valérien les trappistes; puis l'empereur les chassa nuitamment, nous l'avons dit, quand le clergé refusa de le suivre dans la guerre qu'il avait déclarée au Saint-Siége.

Cette courte monographie du Mont-Valérien suffit pour démontrer la convenance de la mesure prise par la Restauration en appelant les missionnaires dans ces lieux consacrés à la religion. Elle n'innovait pas, elle continuait une tradition interrompue par les mauvais jours de la Révolution, reprise par le Consulat, brisée un instant par l'Empire dans un jour de colère, mais qui était celle de la France. Nous ajouterons que la Restauration avait pris cette mesure à une époque où l'on ne saurait soupçonner ceux qui conduisaient ses affaires d'un zèle outré pour le catholicisme. C'est sous le ministère de Richelieu et Decazes, en 1816, que Louis XVIII donna aux missionnaires la jouissance du Mont-Valérien.

Mais qu'importent la raison, la vérité, la justice, quand la passion politique domine? Elle ne raisonne pas, elle s'irrite; elle ne discute pas, elle fait la guerre. Ce spectacle des pompes de la religion aux portes de Paris, ces stations pieuses auxquelles la foule accourait, irritaient profondément le parti voltairien. Et puis, il faut tout dire : Les princes très-chrétiens de la maison de Bourbon contre lesquels s'élevait alors une opposition constitutionnelle chez les uns et ne voulant pas arriver aux extrémités, mais systématique et révolutionnaire chez les autres, assistaient quelquefois à ces pieuses cérémonies. Madame la Dauphine y venait régulièrement, le roi Charles X aimait à entendre le père Rauzan prêcher du pied de la croix qui s'élevait sur le calvaire du Mont-Valérien. Le révérend père Delaporte raconte qu'il y vint le lundi de la Pentecôte de l'année 1830, pour mettre sous la protection du dieu des batailles sa flotte et son armée qui partaient pour la conquête d'Alger. Il se passa même ce jour-là une scène dont le souvenir est resté ineffaçable dans l'esprit de ceux qui y assistaient. Le père Rauzan avait commencé à prêcher, du pied de la croix, comme à son ordinaire, lorsque tout à coup le ciel s'obscurcit, des nuages sombres et profonds montaient le long des flancs de la montagne ; le tonnerre commençait à gronder. Alors le cœur du missionnaire s'émut, son esprit se troubla. A la vue de cet orage physique qui troublait l'atmosphère, il songea à cet autre orage qui menaçait la France et la royauté, et il pria Dieu de leur épargner une nouvelle révolution.

Il n'en fallait pas tant pour irriter profondément le

parti révolutionnaire contre les missions et les missionnaires, et ce souvenir, ajouté aux colères qu'ils avaient excitées en combattant les doctrines irréligieuses fut si vif, qu'au moment de la révolution de 1830 une troupe d'émeutiers monta au Mont-Valérien pour dévaster le calvaire, au moment où l'on dévastait les Tuileries. Nous sommes demeuré à la fois attristé et surpris, en gravissant depuis ces pentes escarpées, de cette puissance de la passion politique et de la rage humaine qui avaient pu se conserver intactes pendant ce long et pénible trajet, sans que la réflexion vînt les calmer, sans que le temps les affaiblît, sans que le spectacle du cimetière qu'il faut traverser et l'atmosphère glacée de cette région sépulcrale parvinssent à les refroidir, de telle sorte qu'en arrivant sur le sommet de la montagne ces vandales avaient assez de colère pour briser les chapelles et abattre la croix; ces meurtriers, sinon de fait, au moins d'intention, assez de fureur pour faire feu sur le révérend père Rauzan, qui leur disait : « Mes enfants, que nous voulez-vous ? »

X

PORTRAIT DE M. LE DUC D'ORLÉANS PAR LOUIS XVIII.

— Avril 1821. —

Sous le règne de Louis XVIII, les gentilshommes de la Chambre, quand ils étaient de service, avaient l'honneur de déjeuner à la table du roi.

Un jour, c'était au mois d'avril 1821, que le baron d'Haussez était de service, la conversation roula pendant le déjeuner sur le duc d'Orléans. Quel était le fond de sa pensée? que voulait-il? Pourquoi voyait-on au Palais-Royal tous les gens qui ne venaient pas aux Tuileries? Comment se faisait-il que, parmi les gens qui allaient au Palais-Royal, un si petit nombre vinssent au château? Le baron d'Haussez, qui appartenait par ses idées politiques au centre droit, par ses sentiments à la droite la plus prononcée et la plus vive, et qui avait pris une part active aux conspirations royalistes qui agitèrent les derniers temps du Directoire, éprouvait pour le premier prince du sang peu de sympathie. Le roi Louis XVIII le savait. Jamais M. d'Haussez n'allait faire sa cour au Palais-Royal, et M. le duc d'Orléans, qui l'avait remarqué, s'en plaignit lui-même obligeamment à ce royaliste réfractaire, un jour qu'il le rencontra au château, en ajoutant : « Si maintenant vous ne venez pas me voir, je croirai que c'est chez vous un parti pris de me bouder. »

Louis XVIII, qui, surtout depuis les Cent-Jours pendant lesquels la conduite de M. le duc d'Orléans lui avait paru très-équivoque, le surveillait du regard, savait combien l'opinion de M. d'Haussez était sur ce point conforme à la sienne ; il lui dit donc avec une confiance et un laisser aller qui ne lui étaient pas ordinaires : « Par une assez singulière coïncidence, je me suis amusé hier à tracer le portrait du duc d'Orléans. Après le déjeuner, je vous le montrerai. »

Cet usage de faire des portraits était une des traditions de l'ancienne société française. On le retrouve, au dix-septième siècle, dans la société de madame de Longueville, de madame de Sablé, de madame de Lafayette et du duc de la Rochefoucauld ; à l'hôtel de Rambouillet et jusque dans le *Cyrus* de mademoiselle de Scudéry. Louis XVIII, prince lettré et dont l'esprit cultivé était habile à saisir les nuances, avait conservé sur ce point la tradition des salons du dix-septième siècle, et il réussissait à merveille dans ce genre.

M. d'Haussez, pour remercier le roi de la gracieuse communication que celui-ci avait bien voulu lui faire, et pour louer convenablement ce petit morceau où l'on ne saurait blâmer qu'un éloge excessif accordé à madame de Genlis, n'eut donc pas besoin de se souvenir des devoirs du courtisan : la reconnaissance de l'homme de goût et l'enthousiasme sincère de l'homme d'esprit lui suffirent.

Comme il exprima vivement une impression vivement ressentie, ses louanges, énoncées en bons termes, furent agréables. Il se trouva alors encouragé par les dispositions manifestement bienveillantes du roi à exprimer un souhait qui ne déplut pas non plus à Sa Majesté. Daignerait-elle lui accorder l'autorisation de prendre copie de ce petit chef-d'œuvre, aussi précieux par la finesse des vues que par les grâces spirituelles du style? Le roi, qui était en belle humeur, permit que la copie demandée fût prise. Cette copie, la voici :

« Le duc d'Orléans a reçu une éducation excellente. On l'a élevé en homme, et il le doit à une femme : c'est le chef-d'œuvre de madame de Genlis.

« Il débuta prince, puis il se fit jacobin; ensuite soldat, citoyen des États-Unis d'Amérique, maître de mathématiques, voyageur pédestre, plus tard hôte de l'Angleterre, naturalisé Sicilien, sollicitant en

Espagne un rôle quelconque, et, en définitive, redevenu prince du sang, il porta successivement les noms de duc de Valois, de duc de Chartres, d'Égalité et de duc d'Orléans.

« C'est un prince sage, si économe qu'il semble être avare : il n'en est rien. Son seul désir, c'est que sa nombreuse famille soit riche. Je ne l'ai jamais aperçu où je l'aurais voulu. Est-ce sa faute ou la mienne ?

« Depuis sa rentrée, il est chef de parti, et il n'en fait mine. Son nom est un drapeau de menaces, son palais un point de ralliement. Il ne se remue pas, et cependant je m'aperçois qu'il chemine. Cette activité sans mouvement m'inquiète. Comment s'y prendre pour empêcher de marcher un homme qui ne fait aucun pas ? C'est un problème qu'il me reste à résoudre. Je voudrais bien n'avoir pas à en laisser la solution à mon successeur. »

Louis XVIII ne changeait pas facilement d'opinion. Plusieurs années après, en 1824, il était dans la dernière phase de la maladie qui devait le conduire au tombeau. Cependant, fidèle à sa maxime « qu'un roi peut mourir, mais qu'il ne lui est pas permis d'être malade, » il avait prescrit à M. de Villèle de continuer à venir au château aux heures fixées pour le travail accoutumé. On était au mois de septembre 1824, et chaque jour M. de Villèle trouvait le roi plus affaissé par les progrès toujours croissants du mal. Évidemment sa fin était proche. Cependant Louis XVIII luttait encore; sa respiration était gênée, son accablement si profond et sa faiblesse si grande, qu'il ne pouvait plus maintenir sa tête appesantie, et que, la laissant tomber malgré lui, il se meurtrissait le front sur le tranchant de son bureau; mais, dès qu'il voyait paraître M. de Villèle, il la redressait à demi, avec effort; ses yeux se ranimaient et témoignaient que, malgré la décadence de ses forces physiques, son intelligence demeurait entière.

Un jour, M. de Villèle, en entrant dans le cabinet du roi, le trouva ainsi, appuyant sur son bureau sa tête alourdie et meurtrie qu'il n'avait plus la force de porter. Le président du conseil s'approcha respectueusement du monarque et lui dit qu'il avait une affaire de quelque intérêt à lui soumettre. Le roi lui fit signe de parler. Alors M. de Villèle lui exposa l'affaire dont il s'agissait. Le duc d'Orléans, dont le fils aîné entrait le lendemain dans sa quinzième année, prétendait qu'à cet âge le cordon bleu était acquis au jeune prince et réclamait pour lui cette faveur du roi. Tous les jeunes princes dans sa situation, ajoutait Son Altesse Sérénissime, en avaient été décorés à cet âge; elle citait notamment le duc d'Enghien.

Le roi souleva péniblement sa tête, mais il était si faible, qu'il ne put achever de la redresser, et M. de

Villèle fut obligé d'incliner la sienne et de placer son oreille au niveau du bureau pour ne rien perdre de la réponse du roi, presque moribond. Le roi répondit sur-le-champ d'un ton assuré et sans plus hésiter que s'il avait été en parfaite santé : « Vous direz à M. le duc d'Orléans qu'il se trompe, que ce qu'il demande n'est dû qu'à quinze ans accomplis, et que je ne ferai jamais pour lui rien qui ne lui soit dû. L'exemple qu'il cite condamne sa prétention. Le duc d'Enghien était né tel jour, tel mois de telle année, il n'a eu le cordon bleu que tel jour, tel mois, dans telle année, juste quinze ans écoulés après sa naissance. M. le duc de Chartres ne l'aura de moi que de demain en un an ! »

M. de Villèle demeura confondu de cette présence et de cette force d'esprit qui dominait la force du mal, de cette fermeté de caractère qui persistait malgré la défaillance physique, et de cette lucidité de pensée, de mémoire et de raison qui rendait les faits, les règlements et les dates présents à l'esprit du roi, comme s'il avait été en parfaite santé. Jamais on ne vit d'une manière plus frappante combien l'âme, soutenue par la volonté de remplir jusqu'au bout un devoir, devient maîtresse du corps. Le soir même, le président du conseil rendit compte de cette conversation à M. le duc d'Orléans, qui convint qu'il avait tort et que le roi avait raison.

Quant à M. d'Haussez, le portrait dont le roi lui

avait permis de prendre copie n'était pas de nature à changer, et ne changea pas ses dispositions envers le Palais-Royal, mais il ne rencontra pas toujours les mêmes dispositions aux Tuileries.

Un soir, c'était à la fin de l'année 1827, il se trouvait au château dans le salon de Madame la Dauphine. Le roi Charles X lui dit tout haut et de manière à être entendu par les assistants : « D'Haussez, le duc d'Orléans m'a parlé de vous aujourd'hui. Il se plaint de ce que vous n'allez pas au Palais-Royal. » M. d'Haussez exprima sa surprise et la gratitude que devait lui faire éprouver l'attention que le premier prince du sang avait bien voulu faire à son absence.

La conversation s'arrêta là pour le moment; mais, après son whist, le roi prit le baron d'Haussez par le bras, le conduisit dans l'embrasure d'une croisée, et insista pour connaître le motif de sa répugnance à aller chez un prince de sa famille.

« Sire, ce motif est bien simple, dit M. d'Haussez, c'est la certitude de ne rencontrer chez ce prince de votre famille que des gens d'une opinion contraire à la mienne et des ennemis de votre maison.

— Allons, dit le roi en souriant, vous êtes de ces *ultras* incorrigibles qui croient que l'on conspire contre moi au Palais-Royal.

— Je ne suis pas ultra, sire; mais je suis certain

que, parmi les gens qui vont au Palais-Royal, beaucoup conspirent contre Votre Majesté.

— Bast ! ce sont là des contes à dormir debout ! Mon cousin est en dehors de tous ces manéges. D'abord, il m'est sincèrement dévoué ; et puis, pour conspirer, il lui faudrait dépenser de l'argent, et il est trop bon administrateur de sa fortune pour sacrifier le sien à un pareil jeu, qui lui coûterait cher de toute façon. Voulez-vous aller chez lui ?

— J'irai, sire, si le roi l'ordonne.

— Je n'ordonne rien de pareil, vous ferez ce que vous voudrez. Je vous parle seulement de ce dont il m'a entretenu. Par exemple, s'il devient votre roi, prenez garde à vous !

— Alors, comme aujourd'hui, sire, je n'irai pas au Palais-Royal. »

Le roi se mit à rire et quitta M. d'Haussez sans insister davantage. Il gardait sur M. le duc d'Orléans son opinion favorable, mais il laissait au baron d'Haussez la liberté de l'opinion contraire. Celui-ci relut en rentrant chez lui le portrait du premier prince du sang tracé par Louis XVIII, et s'arrêta longtemps sur les dernières lignes :

« Comment s'y prendre pour empêcher de marcher un homme qui ne fait aucun pas ? C'est un problème qui me reste à résoudre. Je voudrais bien ne pas avoir à en laisser la solution à mon successeur ! »

XI

DEUX PORTRAITS DE M. DECAZES.

M. de Vitrolles raconte dans ses Mémoires qu'il rencontra pour la première fois M. Decazes chez M. de Talleyrand avant la seconde rentrée du roi à Paris, dans le commencement du mois de juillet 1815. Fouché venait de prêter serment à Saint-Denis entre les mains de Louis XVIII, comme ministre de la police. M. de Talleyrand et le duc de Wellington avaient eu la principale part au scandale de cette nomination. Le premier se moquait de toute chose, et d'ailleurs il avait la singulière pensée que le duc d'Otrante, venant faire une tache plus foncée sur le cabinet dont il était lui-même membre, empêcherait de remarquer celle qu'un évêque marié, assis dans les conseils du roi très-chrétien, y avait laissée. C'était comme un commentaire de cette réponse si connue de Maury à quelqu'un qui lui demandait s'il s'estimait beaucoup :

« Très-peu quand je me juge, beaucoup quand je me compare. » Le prince de Talleyrand éprouvait sans doute le besoin de se comparer au duc d'Otrante pour s'estimer. Quant au duc de Wellington, il n'était pas chargé, comme on l'a très-bien dit, de sauvegarder l'honneur de la couronne de France. Fouché avait joué le principal rôle dans les derniers événements ; le généralissime anglais trouvait commode de préparer la rentrée du roi par les mains du chef du gouvernement provisoire devenu ministre royal. Tout fut sacrifié à cette considération de la commodité et de la facilité du dénoûment.

Le lendemain de la nomination de Fouché, le prince de Talleyrand voulut donner un grand dîner à l'hôtel qu'il allait occuper, place Vendôme. Cet hôtel était sous le séquestre, et, d'après la loi, les scellés auraient dû être levés judiciairement. Mais il y a des instants où la loi fait silence. Quand on est vainqueur, on fait ce que l'on veut, disait Fouché à un de ses secrétaires. On brisa donc sans façon le scel impérial naguère encore si respecté; la fortune avait brisé mieux. Après dîner, et quand on fut au salon, on vit entrer un homme jeune encore, beau, mais dont M. de Vitrolles trouva la tournure gauche et guindée. L'abbé Louis, qui était son patron, fit quelques pas au-devant de lui et alla le présenter à M. de Talleyrand; c'était M. Decazes, d'abord attaché au cabinet de Madame-Mère, puis conseiller à la cour impériale. Il avait entretenu avec l'abbé Louis, alors que celui-ci était à Gand, une correspondance qui avait passé sous les yeux du roi. Ce fut le point de départ de sa fortune.

Pendant que la conversation s'engageait, quelqu'un vint annoncer que le génie prussien voulait faire sauter le pont d'Iéna. M. de Talleyrand écouta cette nouvelle sans mot dire, impassible, silencieux et distrait ; ce n'était point là pour lui les affaires : si le pont venait à manquer, on établirait un bac, et tout serait dit. M. de Vitrolles, plus prompt, et dont la fibre était plus facile à émouvoir, éclata. « Si l'on fait sauter le pont, s'écria-t-il, ses débris retomberont en opprobre sur le ministère et le roi lui-même. Il faut faire à l'instant les représentations les plus énergiques au comte de Goltz, ministre de Prusse, accrédité auprès du roi. » Cette proposition fut adoptée par acclamation, et M. de Vitrolles, chargé de porter la parole, s'adjoignit M. Alexis de Noaille, pour aller présenter au comte de Goltz et au duc de Wellington les observations du gouvernement français.

Les affaires n'entravaient en rien les plaisirs au milieu de ces circonstances terribles ; après une longue poursuite, MM. de Vitrolles et de Noaille ne purent rejoindre le comte de Goltz et le duc de Wellington qu'à l'Opéra. Le baron de Vitrolles aborda la question avec son impétuosité accoutumée dans le petit salon situé derrière la loge. — Il dit que l'armée avait été vaincue sans doute, mais que la France n'avait pas combattu. Elle était restée l'alliée de l'Europe dans la personne du roi ; si on lui faisait une pareille injure, des torrents de sang couleraient dans Paris, et ce ne seraient pas les ministres du roi qui voudraient ou pourraient les arrêter.

La réponse du comte de Goltz se ressentit de l'aigreur de son caractère et des ressentiments des Prussiens. Le duc de Wellington se montra plus conciliant et plus modéré. Cependant les deux ambassadeurs n'obtinrent pas de paroles décisives. Il était réservé au roi Louis XVIII d'emporter la question par la noble résolution qu'il exprima dans une lettre digne d'un roi de France, et qu'il adressa aux souverains coalisés.

Le lendemain de cette alerte, M. de Vitrolles, que M. de Talleyrand avait prié de venir chez lui, le trouva avec le baron Louis, MM. Mounier et d'Anglès, qui arrivaient de Gand, et enfin M. Decazes. Il s'agissait de donner la préfecture de police, car l'on se hâtait de constituer l'administration. Le baron Louis, qui était l'homme d'action de la bande, alla successivement de M. Mounier à M. Anglès. — « Eh bien ! en voulez-vous ? leur disait-il ; c'est à prendre ou à laisser. Oui ou non. » MM. Mounier et Anglès hésitèrent.

Alors le baron Louis alla à M. Decazes, et lui dit : « C'est vous qui l'êtes. » Le prince de Talleyrand le laissait dire et faire en regardant d'en haut et sans s'en mêler, comme si la création d'un préfet de police eût été au-dessous de sa grandeur. Le baron de Vitrolles, quittant en ce moment le salon, entra dans la chambre du prince de Talleyrand et y trouva Fouché. « On vous fait un préfet de police sans vous, » lui dit-il. « Sans doute, répondit celui-ci avec son cynisme spirituel, cela va de droit, puisqu'il est destiné à me surveiller. » Dans ce moment MM. de Talleyrand et Jaucourt entrèrent dans la chambre, et bientôt après eux M. Decazes, qui avait oublié son chapeau dans la pièce précédente. « Messieurs, dit-il aux membres du ministère, je vous remercie de la confiance que vous m'avez témoignée, et je vous prie de croire que je m'en rendrai digne. » Pendant que M. Decazes faisait cette petite harangue de remerciment, le prince de Talleyrand le considérait avec cet air impassible et cet imperceptible sourire qui précédait ordinairement ses épigrammes. Il se pencha vers M. de Vitrolles, qui regardait l'orateur dont les bras ballants et l'air embarrassé ne dénonçaient pas précisément l'intelligence, et il lui dit sans presque desserrer les lèvres : « Savez-vous que ce monsieur a tout à fait les allures d'un assez beau garçon perruquier. » Le mot fit fortune, et les ennemis de M. De-

cazes ne l'oublièrent pas. Le nouveau préfet de police ne l'oublia pas non plus. Un peu plus tard, le prince de Talleyrand eut à se plaindre de lui, il parla assez aigrement de ses menées au baron de Vitrolles. « Vous auriez dû le prévoir, lui dit celui-ci. Comment n'avez vous pas placé à la préfecture de police un homme à vous, Bourienne, par exemple, qui y était le 20 mars, au lieu d'y laisser mettre un inconnu? »
— « Que voulez-vous, reprit le prince de Talleyrand, Bourienne n'était pas là. Il revenait de Hambourg dans une mauvaise calèche dont la roue s'est cassée, et il a passé vingt-quatre heures à la faire réparer, tandis qu'il eût été si simple d'en acheter une neuve, s'il avait eu comme tout le monde trois ou quatre cents louis dans sa bourse. Pourquoi ne les avait-il pas? la première condition pour arriver à quelque chose, c'est d'arriver. Voilà ce que c'est, mon cher Vitrolles, que d'être un pauvre diable. Souvenez-vous de cela : pour réussir dans cette vie il ne faut jamais être un pauvre diable. »

Ceux qui aiment à faire sortir les grands événements des petites causes trouveront dans ce récit des arguments pour leur système. Si la roue de la calèche de Bourienne ne s'était pas brisée, ou si Bourienne, au lieu d'être un pauvre diable, comme le disait M. de Talleyrand, eût pu acheter une calèche neuve, ce n'est pas M. Decazes qui aurait obtenu la préfecture de police. Partant, il n'aurait point eu de rapports avec le roi, et n'aurait point obtenu sa faveur, il n'aurait point été ministre, il n'aurait point fait prévaloir une politique contraire à la droite. Le début de la Restauration se trouvait donc changé, et souvent le dénoûment change avec le début.

A côté de ce portrait de M. Decazes au levant de sa fortune, crayonné par la plume du baron de Vitrolles, et qui n'exagère pas les proportions de l'original, plaçons un portrait tracé par le baron d'Haussez, qui a peint le même personnage au faîte de sa faveur et au zénith de sa fortune :

« Ma position dans la Chambre de 1815, dit-il[1], ne tarda pas à me lier avec M. Decazes et avec M. le duc de Richelieu. Les manières engageantes du premier m'avaient séduit. A une belle figure, à une tournure aisée et qui démentait le parvenu, à une confiance très-marquée dans son pouvoir, à un air de favoritisme qui perçait partout et en toute occasion, sans s'accompagner d'insolence, et qui lui allait à merveille, il joignait une extrême affabilité, une habitude de prévenance qui semblait de l'affection, un désir apparent d'obliger qui souvent était suivi d'effet. Il avait l'air de n'accorder qu'à peu de personnes des témoignages d'amitié qu'il prodiguait à beaucoup,

---

[1] Notes manuscrites du baron d'Haussez.

Une maison somptueusement tenue lui donnait la faculté d'étendre ses moyens de captation à tous ces nouveaux débarqués de la province, dont l'ambition modérée se bornait à obtenir le droit d'entrer dans les salons et de s'asseoir à la table du ministre, et qui fondaient sur cette faveur, dont la perspective agrandit l'importance, leur crédit parmi leurs commettants. M. Decazes avait un mot pour chacun d'eux, une promesse pour ceux qui lui présentaient une requête, une offre encourageante pour les timides qui n'osaient point formuler une demande. Tout cela était accompagné d'un certain air de préoccupation intérieure qui permettait de supposer que, pour adresser à ses hôtes ses gracieuses prévenances, le ministre descendait d'une sphère où s'agitaient des pensées d'un ordre plus important. Il faisait bon le voir parcourant ses salons encombrés, prenant sans bien savoir à qui elles appartenaient les mains qui venaient se placer dans les siennes, distribuant à droite, à gauche, et sans beaucoup s'embarrasser à qui ils s'adressaient, des petits signes d'intelligence qui disent tout ce qu'on veut, précisément parce qu'ils ne disent rien, des mots sans suite, toujours favorablement interprétés, et cette monnaie courante de demi-sourires, de clignements d'yeux, de gestes familiers, qui enrichissent les rêves des solliciteurs, au moins pour une nuit, sans ruiner le ministre. Puis, quand neuf heures sonnaient, il disparaissait pour aller chez le roi. Chez le roi ! à cette époque, ces trois monosyllabes avaient bien de la valeur. Ils eussent suffi pour donner la plus haute idée du crédit du ministre, lors même que des faits incontestables n'auraient pas fourni la preuve de ce crédit. Il semblait que le ministre qui revenait de chez le roi rapportait au front quelque chose qui ressemblait à une auréole, et ceux qui assistaient aux fêtes de Son Excellence n'étaient pas très-convaincus qu'ils n'en recevaient pas un reflet affaibli. « Je sors de chez « M. Decazes, qui sort de chez le roi, » c'était un mot qu'on aimait à dire en rentrant chez soi.

« Dans sa manière de conduire les affaires, M. Decazes cherchait plutôt le brillant et l'extraordinaire que le prudent et le solide. Il connaissait son pouvoir, il aimait à en faire parade. Il était naturellement disposé à trancher les difficultés par des coups d'autorité, plutôt qu'à aplanir les obstacles par des combinaisons savamment calculées et par d'habiles transactions. Il se portait en avant, sans prévoir d'obstacles, et, une fois engagé, il poursuivait sa route en emportant les obstacles de haute lutte.

« A la tribune, il parlait sans beaucoup de méthode et sans viser à la grande éloquence, mais de manière à se faire écouter avec intérêt. Il exprimait avec netteté sa pensée, et il lui arrivait même de produire de l'effet. Sa parole, d'ailleurs, était attendue avec curiosité par ceux qui connaissaient son pouvoir : derrière les discours qu'il prononçait, on cherchait les mesures qu'il allait prendre. La préparation de ces discours lui coûtait peu de peine. Il en écrivait les principales divisions sur des feuilles de papier, dont les intervalles en blanc devaient être remplis par l'improvisation. C'était comme une carte routière où l'on ne marque que les principaux points de repère. Çà et là il jetait une phrase saillante destinée à frapper l'attention et à donner de l'élévation au discours. Il parlait les yeux attachés sur son cahier, qui lui servait à maintenir de l'ordre dans ses arguments. Cela lui donnait un peu l'air d'un général qui, peu sûr de son ordre de bataille, aurait toujours les yeux sur son plan, en commandant les divers mouvements.

« On ne peut refuser à M. Decazes de l'étendue dans ses vues administratives et politiques, et une grande force de volonté pour exécuter ce qu'il avait résolu. Mais on pouvait lui contester avec justice la réflexion nécessaire pour calculer la portée de ses résolutions, et le sang-froid pour les amener à bien. Il s'engoue facilement d'une idée et se laisse emporter par cet engouement au delà du but. Il s'empare, avec une facilité qui tient de l'étourderie, des idées des autres, et sans calculer les circonstances, la différence des milieux; un exemple qu'on lui cite, une observation qu'il a faite lui-même en courant, suffisent pour l'entraîner à des actes dont il a mal calculé la portée. La faculté qui domine chez lui, c'est l'imagination; le besoin le plus impérieux de son caractère, c'est le besoin d'agir. Par-dessus tout, c'est un homme d'action. Parmi les hommes politiques que je connais, M. Decazes est un de ceux qui m'auraient semblé le plus approcher de l'homme d'Etat, si ses brillantes facultés avaient été gouvernées par un esprit plus calme et moins prompt à se livrer aux conseils ardents, et soumises à une raison plus froide et tenant mieux les rênes. La faculté maîtresse lui manquait, le jugement. Il a commis des fautes graves, il s'est laissé entraîner à des erreurs d'une longue et funeste portée; mais ses fautes ne doivent pas lui être exclusivement reprochées. L'antagonisme qui s'éleva entre lui et la droite fut la fatalité de sa politique. Par inclination, par conformité d'idées, par ambition, M. Decazes semblait, au début, porté vers les royalistes. Quand il se vit condamné, lui que Louis XVIII appelait son fils, à rester aux yeux de la France le fils d'un obscur plébéien, l'allié d'une famille bonapartiste, un favori du roi désavoué par la cour, il accepta la position qui lui était faite, et se jeta dans les rangs jusqu'alors ennemis, par les brèches que l'énergie des mesures qu'il avait prises y avait ouvertes. Ces rangs se refermèrent sur lui, et, en supposant, ce qui n'est pas probable, qu'il en ait eu la volonté, il n'eut plus la possibilité d'en sortir. Louis XVIII se montrait généreux, prodigue même envers ses favoris, mais seulement pendant la durée de leur faveur. M. Decazes obtint beaucoup de lui, si l'on en juge par les acquisitions qu'il fit et les constructions qu'il ordonna dans le département de la Gironde. Une des terres qu'il acheta n'avait pas de château, le roi en fit bâtir un à ses frais et sur ses propres plans. En revanche, lorsqu'à son retour de l'ambassade de Londres M. Decazes tenta d'obtenir du roi une audience et quelque argent dont il avait grand besoin, l'un et l'autre lui furent refusés.

« Je l'ai beaucoup connu dès le début de son ministère, et j'ai eu avec lui des liens assez étroits d'amitié. Mais je compris de bonne heure qu'il fallait défendre contre lui la dignité de son caractère et l'indépendance de ses convictions.

« Je saisis la première occasion de lui prouver que, si je pouvais être un auxiliaire convaincu dans les limites de mes idées, je ne voulais pas être un instrument obséquieux. Pendant la discussion de la loi électorale, sur les principes de laquelle personne n'était d'accord, même ceux qui marchaient sous le même drapeau politique, M. de Vaublanc, qui l'avait présentée, eut la naïveté d'avouer qu'après en avoir développé les avantages comme ministre il voulait, comme député, en faire ressortir les inconvénients ; et il prouva, en effet, sans beaucoup de peine, que la loi qu'il avait présentée ne valait rien. M. Decazes eut alors l'idée de modifier une des bases de cette loi. Il avait besoin d'un intermédiaire, et ce fut sur moi qu'il jeta les yeux. J'étais peu connu dans la Chambre. Le changement que le ministre voulait introduire dans la loi ne me paraissait pas motivé. Je tenais d'ailleurs à ne point partager la réputation que leur complaisance pour les volontés ministérielles avait faite à plusieurs députés. Le rôle de porte-voix de M. Decazes ne me paraissait pas convenir à un homme désigné par le choix des électeurs pour défendre les intérêts du pays. Je déclinai donc la mission dont on voulait me charger, en alléguant l'insuffisance de mon talent, qui ne me permettrait pas de développer convenablement la proposition. Le ministre avait prévu l'objection ; il ouvrit son secrétaire, en tira un discours tout préparé, me força à le prendre, et m'assura qu'en échange de cet acte de bonne volonté il m'ouvrirait telle carrière que je voudrais parcourir. J'emportai le discours, je le lus, et, après en avoir pris copie, je le remis à Son Excellence, en la priant cette fois catégoriquement de demander à un autre un acte de complaisance que je ne voulais pas faire.

« Le lendemain, je fus abordé par M. de G. qui me pria de lui dire mon opinion sur un amendement qu'il devait proposer à la loi qui se discutait. Il me lut et l'amendement et le discours destiné à le faire admettre. Le manuscrit présentait de nombreuses ratures et toute l'incorrection d'un premier jet. Il ne me fut pas difficile cependant de reconnaître le travail qui m'avait été confié la veille par le ministre de la police, et de présumer que la mise au net le reproduirait dans toute sa pureté. J'en fis quelques copies, je les mis entre les mains de députés de mes amis. Le lendemain on se groupa autour d'eux pour suivre sur les manuscrits qu'ils tenaient le discours que M. de G... prononçait du haut de la tribune. Quand il se trompait sur une expression, on rectifiait à haute voix ce *lapsus linguæ;* quand il hésitait, on lui soufflait méchamment le mot. Il termina son discours au milieu de l'hilarité générale. L'orateur échoua complétement, et l'amendement combattu par moi fut rejeté. Pour dédommager son malencontreux compère de cette mésaventure, M. Decazes le nomma peu de temps après préfet du Lot, et, sans qu'il eût jamais paru dans son département, il le transféra quelques mois plus tard dans la préfecture de l'Oise. Ce ne fut pas tout, en 1819, il le fit pair de France. Cette succession de faveurs prouva à toute la France que M. Decazes tenait plus compte du dévouement même malheureux que du mérite, et qu'il appréciait plus dans ses amis le zèle que la dignité.

« Plusieurs années après, au mois de février 1820, sans avoir été consulté le moins du monde, je fus nommé préfet de l'Isère. M. Decazes, que je ne voyais plus que dans son salon depuis qu'il m'avait rappelé du Gard, sans cependant me destituer, me fit appeler dans son cabinet le jour où ma nomination fut insérée au *Moniteur*. Il voulait s'excuser d'avoir cédé à ce qu'il appelait une irrésistible obsession, en m'éloignant d'un département où j'avais fait du bien, il le reconnaissait, où j'aurais pu en faire davantage, ajoutait-il, si mon administration s'y était prolongée ; mais où des hommes qu'il était obligé de ménager ne pouvaient consentir à me voir plus longtemps. Le département de l'Isère était de même classe que le département du Gard, les difficultés qui m'y attendaient semblaient devoir être aussi grandes. A part mon amour-propre, qui me conseillait de me roidir contre l'opposition que j'avais rencontrée, je ne voyais rien qui pût me faire regretter le Gard. Je me résignai donc de bonne grâce, et je fis mes préparatifs de départ.

« M. le duc de Berry, qui, après une explication qui avait fait tomber les ombrages qu'on avait élevés dans son esprit contre moi, m'avait rendu ses bonnes grâces, me témoigna quelque mécontentement de ce retour de faveur de la part d'un ministre qu'il n'aimait pas. Les explications que je lui donnai le satisfaisant, il me demanda un service que je m'empressai de lui rendre, c'était de servir d'interprète à quelques griefs qu'il avait contre M. Decazes et dont il voulait que celui-ci fût informé. Ces griefs avaient pour objet une surveillance minutieuse exercée sur toutes ses démarches, et certaines contrariétés suscitées à l'occasion du placement des voitures des personnes de sa suite qui l'accompagnaient au spectacle. Le ministre me chargea de dire au prince que le fait de la surveillance était exact, mais que le but était la sûreté de sa personne, et non une curieuse et malveillante investigation de ses démarches. La surveillance des routes qui conduisent à Bagatelle, circonstance sur laquelle le prince m'avait ordonné d'insister, n'avait jamais existé, mais la rencontre répétée aux environs du parc d'un individu que le prince avait pris pour un espion (c'était Louvel!), et qui n'était certainement pas attaché à la police, paraissait nécessiter une surveillance qui serait établie dès le lendemain. Le préfet de police recevrait l'ordre de ne plus contrarier le placement des voitures des personnes de la cour, à la suite de celle du prince, malgré les inconvénients graves qui pourraient en résulter.

« Par une étrange coïncidence, ce fut le 13 février, veille du jour fixé pour mon départ, que j'allai rendre compte au prince du résultat de la mission qu'il m'avait confiée. Il me donna audience dans l'embrasure d'une des fenêtres de la salle de billard. Pendant la durée de notre conversation, qui eut lieu à voix basse et se prolongea pendant plus d'une demi-heure, madame la duchesse de Berry se tint en face d'une cheminée où elle causait avec quelques personnes. Au moment où j'allais me retirer, M. le duc d'Angoulême entra. Il me retint, se joignit à son frère et à moi, et me parla du département que j'allais administrer. Il me recommanda beaucoup de prudence dans mes démarches, et de grands ménagements à l'égard des opinions contraires au gouvernement et de ceux qui les professaient. M. le duc de Berry, qui goûtait peu ce genre de conversation, l'interrompit pour me dire qu'il viendrait l'été prochain pour chasser le chamois et les ours dans les Alpes, et il me recommanda en riant de suivre les conseils de son frère, afin d'éviter une destitution, au moins jusqu'à ce qu'il eût réalisé son projet. Je pris congé d'eux. »

M. le baron d'Haussez raconte ainsi les derniers rapports qu'il eut bien des années plus tard avec M. Decazes. On était en 1830. La Restauration penchait vers sa ruine. Le baron d'Haussez était depuis le mois de mai 1824 préfet de la Gironde, et il avait porté dans l'administration de ce grand département cette activité intelligente qui avait signalé sa présence dans tous les départements qui lui avaient été confiés. On était arrivé au mois d'août. « Je m'attendais si peu à l'honneur qui m'était réservé, dit M. d'Haussez, que j'étais absent de Bordeaux lorsqu'on y reçut la dépêche télégraphique destinée à m'informer de ma nomination au ministère de la marine. Je m'étais proposé de parcourir la ligne d'une route dont j'avais ordonné l'ouverture, et de visiter deux ponts suspendus dont l'un venait d'être achevé, et dont l'autre allait l'être. Je me trouvais à peu de distance du château du duc Decazes, qui, informé de ma présence dans son voisinage, vint à ma rencontre et insista pour m'attirer chez lui. Je venais de lui faire agréer une excuse fondée sur des engagements contractés depuis longtemps envers un de ses voisins, lorsque je reçus un courrier qui m'apportait la dépêche dont je viens de parler. Ma détermination dut changer, et j'informai M. Decazes que, forcé de partir immédiatement pour Bordeaux, je profiterais du dîner qu'il était venu m'offrir, et lui demanderais une voiture pour suppléer à mes chevaux qui avaient déjà fait une trop longue traite pour qu'il me fût possible de leur demander davantage. Pendant la route, M. Decazes me pressa avec peu de discrétion de lui faire connaître le contenu de la dépêche qui déterminait un changement aussi brusque dans mes projets. Je me refusai à ses instances. « Je ne vous demande, dit-il, que la confirmation de ce que je sais, vous êtes nommé à la direction générale des ponts et chaussées. On m'a mandé que cela était décidé. Plus communicatif que vous, j'ajouterai que, selon toutes les probabilités, je vais être appelé à la marine dont Rigny ne veut pas. Ainsi, mon cher, nous nous retrouverons, et je vous ferai voir que j'ai de la rancune contre les amis qui me refusent leur confiance. »

« Cette communication me donnait, malgré la gravité des circonstances, une envie de rire que j'avais de la peine à comprimer. Je n'ai jamais rencontré d'homme travaillé du besoin d'être ministre au même degré que M. Decazes. C'est une maladie, une sorte d'idée fixe, qui lui a fait commettre des actes et tenir des propos fort au-dessous des qualités d'esprit qu'il montre sur d'autres sujets. Pour combattre cette maladie et occuper une activité fébrile qui s'agite dans le vide, il a cherché des distractions dans des entreprises agricoles qui lui ont coûté beaucoup d'argent, dans un patronage empressé qui cherche partout des clients. Il réunit ses voisins chez lui, donne des fêtes pastorales aux fermiers de son canton et distribue des primes à ceux qui présentent les plus beaux bestiaux. Je l'ai surpris un jour présidant au repas d'une centaine de cochons et veillant très-gravement à ce que les pommes de terre dont il avait surveillé la cuisson fussent impartialement distribuées. Rien de tout cela ne pouvait chasser l'idée importune. Il voyait sans cesse devant lui un portefeuille après lequel il courait, et qui lui échappait au moment où il croyait le saisir. Par un singulier mirage, ce portefeuille qu'il laissait derrière lui se reflétait à l'horizon, de sorte qu'en s'en éloignant il croyait s'en approcher. Sa vie devait se consumer dans cette poursuite. »

XII

M. DE VILLÈLE AVANT SON ENTRÉE A LA CHAMBRE [1].

M. de Villèle, né en 1773, et sorti d'une ancienne famille de Languedoc, était, en 1789, officier de la marine royale. Pendant que les mauvaises journées de la Révolution, se succédant rapidement, couraient à un dénoûment fatal, il naviguait dans les mers des Indes en qualité d'aide-major du vice amiral de Saint-Félix, ami de sa famille, et commandant la division navale envoyée dans ces parages. Les événements de 1793 le surprirent à l'île de France; ils enlevèrent à son chef, à son protecteur, le commandement de l'escadre, mirent le trouble dans la colonie et obligèrent M. de Saint-Félix, menacé par les passions révolutionnaires, à se réfugier à l'île Bourbon. M. de Villèle, qui avait donné sa démission, l'y suivit, désormais

[1] Écrit à l'occasion de la *Vie de M. de Villèle*, par M. de Neuville.

exclusivement préoccupé du soin de préserver la vie de son chef et de son ami.

La révolution éclata bientôt à l'île Bourbon, comme à l'île de France, et l'amiral royaliste, de nouveau menacé, fut réduit, pour sauver sa tête, à chercher un asile dans les montagnes boisées et presque impraticables qui couronnent la partie centrale de l'île. M. de Villèle, aidé par un colon dévoué et courageux, M. Désorchères, lui porta, pendant plusieurs semaines, avec un dévouement filial, les vivres et les secours nécessaires à son existence. La tête de M. de Saint-Félix avait été mise à prix, une prime de vingt mille francs était promise à celui qui la livrerait; quiconque lui donnerait asile, ou, connaissant le lieu de sa retraite, ne le dénoncerait pas, était passible de la peine de mort. La cupidité ou la peur détermina un mulâtre à commettre cette lâcheté. L'amiral, averti à temps, se sauva à travers les bois; MM. de Villèle et Désorchères furent arrêtés et coururent les plus grands dangers.

Les commissaires du parti jacobin, fondant leur confiance sur l'extrême jeunesse de M. de Villèle, qui avait alors vingt ans, espéraient lui arracher, en l'intimidant, des renseignements sur le lieu de retraite de l'amiral. Leurs menaces furent vaines. M. de Villèle leur déclara qu'il avait tout fait, comme il ferait tout encore, pour sauver la vie de son chef, de son ami, et qu'ils n'obtiendraient pas de lui un mot de nature à le compromettre. « Depuis que j'ai quitté la France, dit-il, j'ai été confié à M. de Saint-Félix, qui m'a servi de père. Si je pouvais lui donner aujourd'hui ma force et ma jeunesse pour échapper à vos recherches, si je pouvais assumer sur moi tous les dangers qui le menacent, je devrais le faire, je le ferais. C'est vous dire l'inutilité de vos efforts pour obtenir de moi un seul renseignement de nature à le faire tomber dans vos mains. » Tant de courage uni à tant de jeunesse intéressa au sort de M. de Villèle un certain nombre de gardes nationaux ; ils l'arrachèrent aux mains des hommes furieux qui le menaçaient et le reconduisirent en prison. Il en sortit trois mois plus tard, après avoir été jugé et acquitté.

Ainsi, dès les premiers temps de sa vie, M. de Villèle s'était trouvé en face de la révolution. Il avait éprouvé ses violences, résisté à ses menaces, il avait appris à la connaître par des excès qui lui laissèrent un long souvenir. Au sortir de prison, il acheta une propriété, devint colon, se fixa provisoirement dans l'île Bourbon, et, en s'alliant par un mariage avec la famille Panon Desbassyns, il y forma des liens étroits qui lui créèrent de nouveaux droits et de nouveaux devoirs dans cette colonie, et lui firent faire l'apprentissage des qualités qu'il devait porter plus tard sur un plus grand théâtre.

« L'île de Bourbon, dit M. de Neuville, se trouvait à cette époque, comme toutes les colonies françaises, exposée à un double danger : menacée du sort de Saint-Domingue par les lois de la métropole, elle courait encore le risque d'être livrée aux Anglais, dont les escadres l'environnaient et entravaient son commerce. La chute du parti jacobin, à laquelle M. de Villèle contribua par l'énergie qu'il montra en poursuivant l'annulation d'une élection entachée de violence, et en marchant avec un corps de gardes nationaux pour réprimer une insurrection, laissa un pouvoir politique presque illimité à l'assemblée coloniale. La fermeté de caractère, la droiture, la loyauté de M. de Villèle le firent choisir par les honnêtes gens de la colonie pour les représenter dans cette assemblée, dont il ne tarda pas à devenir un des membres les plus influents. Il eut bientôt à lutter contre des dangers d'un nouveau genre. Une faction s'était formée dont le but était de livrer l'île aux Anglais, et qui, pour y parvenir, avait proposé de la déclarer indépendante de la métropole. M. de Villèle, nommé rapporteur de la commission chargée d'examiner la proposition d'indépendance, la fit rejeter après une grave et lumineuse discussion. Ses adversaires ayant eu recours à l'insurrection, il marcha contre eux à la tête de la garde nationale et rétablit la tranquillité dans la colonie. Ce fut ainsi qu'avec l'assistance de plusieurs de ses amis, principalement de son beau-frère, M. Desbassyns, il parvint, au milieu des circonstances les plus difficiles, à conserver la colonie à la France jusqu'à la paix d'Amiens, et à y établir, pendant cette époque où elle était livrée à elle-même, une des meilleures administrations dont elle ait joui. »

M. de Villèle se trouvait donc initié, dès sa plus tendre jeunesse, aux luttes des assemblées, au maniement des esprits et des caractères, à la discussion des intérêts. Il s'était trouvé dans ces circonstances difficiles où l'on gouverne par la supériorité du conseil et par l'énergie de l'action. Il avait appris comment on conduit un pouvoir délibérant. Contre-révolutionnaire et bon Français, il avait disputé une colonie à la révolution et aux Anglais et l'avait conservée à la France. Il avait tour à tour discuté, combattu, administré; l'apprentissage était bon, quoique le théâtre fût petit. Qu'importe l'étendue de la scène pour un esprit supérieur? Qu'il s'agisse de la république romaine ou de celle de San-Marino, il apprend partout à connaître les hommes, qui sont partout les mêmes. A Lilliput comme dans le pays des géants, c'est toujours le même choc d'intérêts, la même lutte des vanités, le même clavier de passions. M. de Villèle revint en France en 1807, avec une expérience acquise que peu d'hommes de son temps, surtout de son parti, pouvaient avoir. Jusqu'en 1814, il habita, dans le département de la Haute-Garonne, sa terre de Morvilles, se contentant d'être propriétaire et agriculteur, noble métier pour qui sait le comprendre et le faire. Il donna, pendant les derniers temps de l'Empire, deux preuves de la fermeté de son caractère : On faisait, à cette époque, dans le département de la Haute-Garonne, comme partout ailleurs, des visites domiciliaires pour surprendre les conscrits réfractaires, qui étaient nombreux. A la pointe du jour, les gendarmes se dirigèrent vers Morvilles, afin de surprendre un réfractaire qu'ils croyaient caché dans le château. Le garde-chasse de M. de Villèle aperçut de sa fenêtre, à la lueur des premiers rayons du jour, des fusils reluire dans le crépuscule. Il crut que c'étaient des brigands qui venaient attaquer le château ; et, s'avançant à pas furtifs, il leur cria, quand il fut à dix pas : Qui vive ? Les gendarmes, dont il n'apercevait pas les uniformes, ne dirent mot et abaissèrent leurs fusils. Le garde-chasse, de plus en plus persuadé qu'il avait devant lui des brigands, fit feu et tua un gendarme. Il fut à l'instant arrêté, et comparut devant la cour d'assises comme prévenu de rébellion à main armée. Le gouvernement mettait un prix extrême à le faire condamner, pour imprimer la terreur aux esprits qui commençaient à s'agiter. M. de Villèle n'abandonna pas son fidèle serviteur. Il alla voir les juges, il cau-

tionna hautement l'honnêteté, la moralité du prévenu.
Il n'épargna ni démarches ni dépenses; il prit, pour le
défendre, le premier avocat de la ville, et devant le
jury lui rendit un témoignage public d'estime et de
sympathie. Le prévenu, au grand étonnement du
parquet, fut acquitté. Quelques années plus tard, au
commencement de 1813, M. de Villèle fut mandé à
la préfecture avec les principaux propriétaires du département, pour s'entendre signifier le chiffre de l'emprunt forcé qu'on exigeait de lui. Le préfet fit attendre
quelque temps à sa porte les contribuables convoqués. La conversation s'étant engagée entre eux,
M. de Villèle leur dit fermement : « Je ne sais ce que
vous voulez faire; quant à moi, je suis très-résolu à
ne pas acquitter un denier d'une contribution complétement illégale, et je vais signifier ma résolution à
M. le préfet. » La résolution de M. de Villèle fut adoptée
à l'unanimité, et le préfet, étonné d'une résistance si
nouvelle sous l'Empire, n'osa employer la force pour
la vaincre. Peu de temps après cet incident, l'excès
des malheurs de la France ramenait le gouvernement
traditionnel, dernière panacée ménagée en 1814 aux
blessures de la France, après la chute de l'Empire.
C'est ici que l'initiation de M. de Villèle à la vie politique va commencer.

Son premier acte ne fut point, comme on l'a souvent
répété, une protestation contre la Charte, mais une

protestation contre le projet de constitution que le gouvernement provisoire et le Sénat voulaient imposer à Louis XVIII. La date seule de ces observations, publiées à Toulouse le 24 mai 1814, suffit pour établir l'exactitude de notre assertion à cet égard. La Charte, en effet, ne fut communiquée aux Chambres que le 5 juin de la même année. Qui avait donné au gouvernement provisoire et au Sénat conservateur, ce débris d'un édifice tombé, si faible devant la fortune de l'Empereur, si dur pour ses adversités, le droit de constituer la France? Quel était leur titre? Quelle connaissance, quel souci avaient-ils des besoins réels de la nation? Comment, d'ailleurs, improviser, au milieu de la crise où l'on se trouvait, quelque chose de définitif? N'était-il pas à craindre que l'on ne consultât plus les intérêts transitoires des constituants que les intérêts permanents de la France? N'y avait-il pas d'ailleurs un danger grave à faire de l'irrévocable avant de savoir ce qu'était le pays, ce qu'il voulait, et surtout ce qu'il pouvait être?

Telles furent les principales considérations qui semblent avoir agi sur l'esprit de M. de Villèle, et dicté le premier acte de sa vie politique.

Autant qu'on peut en juger par la teneur de cet écrit, homme de pays d'État, il aurait voulu qu'on cherchât dans les anciennes institutions de la France le point de départ d'une organisation pratique plutôt que théorique, qui aurait donné des garanties aux justiciables et aux contribuables pour le vote de la loi et de l'impôt. Il était surtout opposé à l'institution d'une Chambre des pairs, dont il déclarait ne pas apercevoir les éléments en France. « Où trouver, s'écriait-il, ces hommes qu'il faut que nous consentions à voir élever, eux et leurs enfants, à perpétuité, si fort au-dessus de nous et de nos enfants; ces hommes que le peuple doit apercevoir à peine sur les marches du trône par la distance qui sera entre eux et lui ? S'ils n'existent point dans ce corps indiqué seul pour les fournir, s'ils ne peuvent remplir, soit envers le souverain, soit envers l'État, les conditions essentielles de leur institution; si la prudence oblige le roi à les surveiller au lieu de se confier à eux; si le sentiment et la mémoire ne commandent point au peuple la considération dont il est indispensable qu'ils soient investis, la lassitude générale permettra peut-être de faire marcher quelque temps cette œuvre d'égoïsme et d'imprévoyance; mais, au premier choc, tout croulera, et nous rentrerons en révolution. » M. de Villèle ajoutait : « La Chambre des députés sera sans doute plus facile à composer dans l'esprit de son institution. »

Il y avait là, il faut en convenir, une intuition assez claire de l'avenir, des dangers et des obstacles que M. de Villèle lui-même devait être appelé à combattre, de la difficulté de créer en France une chambre héréditaire qui eût une vie qui lui fût propre, qui fût un moyen au lieu d'être seulement un obstacle, de la facilité relative de trouver une chambre élective et temporaire qui représentât des intérêts réels et vivants.

Du reste, M. de Villèle n'était point au nombre de ces esprits qui aiment mieux récriminer que servir. Avant que Louis XVIII eût donné la Charte, il déduisit les considérations qui devaient, selon lui, engager le roi à ne pas asseoir la monarchie sur les bases indiquées par le gouvernement provisoire et le Sénat conservateur. La Charte une fois promulguée, il l'accepta sans enthousiasme, mais sans arrière-pensée, et chercha quel était le meilleur parti qu'on pouvait en tirer dans l'intérêt de la France et de la royauté.

Ce fut sur ces entrefaites qu'arriva la Chambre de 1815. Cette Chambre est nommée au milieu des émotions qui succèdent aux Cent-Jours, sous le ministère où siége Fouché et malgré ce ministère. Ce ne sont pas les influences de gouvernement qui l'ont fait élire; elle a été élue contre les influences gouvernementales; c'est une ardente protestation contre les Cent-Jours. Les Cent-Jours ont déchaîné, dans plusieurs départements du Midi, les passions révolutionnaires qui ont fait des victimes; il faut malheureusement s'attendre, d'après la loi de l'action et de la réaction, à voir les passions contraires exercer de sanglantes et funestes représailles. Le spectacle des excès auquel on a assisté dans le Gard va se retrouver dans la Haute-Garonne.

« Les fédérés, dit M. de Neuville, arrêtèrent un grand nombre de volontaires et en massacrèrent quelques-uns. Les vexations qui se succédèrent pendant la durée des Cent-Jours avaient porté au plus haut degré la passion qui se manifesta, lorsque, le 18 juillet (1815), se répandit la nouvelle des événements qui venaient de se passer dans le Nord. Le drapeau blanc fut aussitôt arboré, en dépit des troupes et de l'autorité. L'enthousiasme et l'exaltation sont inhérents aux masses, et surtout aux populations méridionales. Un jeune homme, portant la cocarde blanche, ayant été tué le 18 juillet par les soldats irrités des démonstrations royalistes, il devint de plus en plus difficile de contenir la population et d'éviter de sanglantes représailles. Il fallut faire évacuer la ville par les troupes; le maréchal Pérignon, qui était venu reprendre à Toulouse le commandement, se trouva ainsi sans aucune force pour maintenir l'ordre. M. de Villèle, nommé maire de la ville par M. le duc d'Angoulême (24 juillet 1815), n'eut d'autre moyen de soustraire les fédérés et les auteurs des violences commises pendant les Cent-Jours aux dangers qui les menaçaient, que de les faire conduire en prison; la nuit, on les faisait sortir. Plusieurs se refusèrent à recouvrer leur liberté, se croyant plus en sûreté en prison que dans la ville. La désignation faite par le ministère Fouché de M. de Malaret, député et maire de la ville pendant les Cent-Jours. pour présider le collège électoral de la Haute-Garonne, produisit le plus fâcheux effet sur l'esprit irrité de la population ; elle ne fut point calmée par la nomination de M. de Rémusat à la préfecture de la Haute-Garonne, en remplacement de M. de Limairac, désigné pour les fonctions de préfet par M. le duc d'Angoulême. »

Au nombre des personnes arrêtées était M. Fonfrède, le chef principal des fédérés. Fouché ne cessait d'écrire de Paris pour prescrire la mise en liberté de ceux qui avaient été incarcérés; son délégué, M. Miegeville, commissaire général de la police, qui écrivait dépêches sur dépêches, insistait pour leur élargissement. Mais ses instances échouèrent devant celles des prisonniers eux-mêmes, et en particulier de M. Fonfrède, qui regardait la prison où il était enfermé comme un asile qu'il ne retrouverait pas ailleurs. La ville était profondément agitée. Les journées s'écoulaient sur les places publiques, où l'on dansait d'immenses farandoles. Pendant la nuit même, une foule considérable stationnait dans les rues. Divers incidents contribuèrent à augmenter l'exaltation. Le 10 août, le bruit de l'arrivée du général Clausel dans la ville produisit une vive irritation. On le chercha dans les maisons, mais sans le trouver. Le lendemain, M. de Malaret arriva ; quand on sut qu'il venait de descendre à l'hôtel de la préfecture, une profonde indignation éclata dans la ville. On se demandait comment le règne des hommes des Cent-Jours se prolongeait sous le gouvernement du roi. Bonaparte était-il donc encore aux Tuileries? M. de Malaret, effrayé par des vociférations mêlées de menaces, comprit lui-même qu'il avait accepté une mission qu'il lui serait impossible de remplir ; il donna donc sa démission des fonctions de président du collége électoral. Le 14 août, deux régiments de l'armée de la Loire passèrent pour se rendre à un cantonnement plus éloigné ; un d'eux cria *Vive l'Empereur!* dans un des faubourgs, ce qui ajouta à l'exaspération de la population[1].

Ces diverses circonstances précédèrent et préparèrent un événement déplorable qui contrista profondément tous les honnêtes gens, et fit succéder dans Toulouse la stupeur à l'exaltation. Le général Ramel avait été nommé commandant du département. Il était, on le sait, commandant de la garde du Corps législatif à l'époque du coup d'État du 18 fructidor, et avait été déporté avec Lafond-Ladebat, Tronçon-Ducoudray, Barbé-Marbois, Barthélemy et Murinais à

[1] Notes manuscrites de M. de Villèle.

la Guyane. Il était sorti de la première révolution avec l'estime publique, car, loin d'avoir été au nombre des bourreaux, il avait été au nombre des victimes. Mais il circulait sur plusieurs membres de sa famille une rumeur fâcheuse : on les accusait d'avoir enfumé le propriétaire d'un château dans une cheminée où il s'était réfugié, et de l'avoir égorgé lorsqu'il avait été obligé d'en sortir. Qu'y avait-il de vrai dans cette légende révolutionnaire ? Il est difficile de le dire. Mais on croit facilement au mal dans les journées de crises, et cette rumeur, accueillie par les populations, rendait le nom de Ramel peu populaire à Toulouse. Le général Ramel logeait sur l'une des places où l'on dansait la farandole. En rentrant chez lui, le soir, il fut insulté par quelques groupes qui lui barrèrent le chemin. Il mit l'épée à la main pour se faire jour ; un coup de pistolet fut tiré sur lui au moment où il allait atteindre le seuil de la porte de son hôtel; quelques bras le soulevèrent, et il put, quoique grièvement atteint, se traîner jusqu'à la porte, qui se referma sur lui et fut barricadée à l'intérieur. Aussitôt le bruit se répandit, dans la foule qui couvrait la place des Carmes, que le général Ramel venait de tirer sur le peuple. Rien ne put détruire cette funeste erreur, et le siége de sa maison fut immédiatement entrepris par la population. Hommes, femmes, enfants, se ruèrent à l'assaut avec une fureur indicible. M. de Villèle assistait à une réunion préparatoire des électeurs. Prévenu par les agents de police des troubles qui venaient d'éclater, et qui, disaient-ils, menaçaient surtout les prisonniers, il se rendit à l'hôtel de ville pour pourvoir à la sûreté de ceux qui y étaient renfermés. Il y fit braquer deux canons sur le passage conduisant aux prisons, et bientôt, mieux renseigné, il se dirigea en toute hâte vers la place des Carmes avec un détachement de gardes nationaux, seule force dont il pouvait disposer, mais qui se dispersa bientôt pour se joindre aux assaillants, quand il entendit la foule qui faisait retentir son formidable cri : « Il a tiré sur le peuple ! » La foule était si compacte, qu'il fut impossible au maréchal de Pérignon, au préfet M. de Rémusat, à M. de Villèle, de pénétrer jusqu'à l'hôtel du général Ramel, dont les portes finirent par être enfoncées. Il y a des moments où l'absurde devient une puissance. Mille rumeurs confuses et plus incroyables les unes que les autres couraient dans cette multitude ardente, comme l'électricité court dans les nuages dont le choc va produire la foudre. Les personnes qui étaient entrées à l'hôtel pour protéger le général étaient, disait-on, des soldats de la Loire déguisés ; c'étaient ceux qui, le matin même, avaient insulté la ville aux cris de *Vive l'Empereur*[1] *!* Ramel, qui entendait les clameurs furieuses qui menaçaient sa vie, dut se rappeler les

---

[1] Notes manuscrites de M. de Villèle.

clameurs furieuses qui, bien des années auparavant, retentissaient autour de la charrette où l'on avait entassé les déportés du 18 fructidor, lorsqu'en arrivant à Blois avec ses compagnons d'infortune il avait été salué par ces cris : « Les voilà, ces scélérats qui ont tué le roi ! Ils nous ont accablés d'impôts ! Ils sont cause de la guerre[1] ! » La colère de la multitude devenait de la rage. Point de force publique pour l'arrêter. Quant à la garde nationale, comment se servir d'elle pour comprimer des passions qu'elle partageait? La foule a pénétré dans la chambre du général Ramel; elle le trouve étendu sur son lit. La gravité de sa blessure n'avait pas permis à des jeunes gens de la ville, qui s'étaient dévoués à son salut, de le transporter pardessus les murs dans une autre maison. La blessure du général Ramel prouvait évidemment qu'il avait été victime, et non pas agresseur; mais cette foule, aveugle et ignorante des faits, ne se donna pas le temps de les reconnaître ; il reçut plusieurs coups de sabre et succomba le lendemain à ses blessures. M. de Villèle lui fit rendre les honneurs dus à son rang; une grande partie de la population accompagna son cercueil, pour témoigner hautement de son horreur du crime et protester ainsi contre le meurtre.

Ce crime était horrible en effet. Vous reconnaissez

[1] *Journal de l'adjudant général Ramel*, p. 25. Londres, 1799.

ici l'injustice sommaire de la multitude, à quelque drapeau qu'elle appartienne, et ces terribles passions des populations méridionales qui ont ensanglanté toutes les causes ; il fait gémir les hommes de bien de tous les partis, accusés de leur impuissance et prêts, dans leur désespoir, à s'en accuser eux-mêmes. Le meurtre du général Ramel, un des survivants du coup d'État du 18 fructidor, échappé aux marais pestilentiels de Sinnamary pour venir mourir de cette mort à Toulouse, est, avec le meurtre du maréchal Brune, un des plus lamentables épisodes de ces temps de transition entre un gouvernement qui tombe et un gouvernement qui s'élève, temps presque fatalement dévolus à l'anarchie. Du moins l'autorité, armée par l'esprit public, put-elle commencer des informations judiciaires contre ceux qui avaient frappé le général étendu sur son lit. Quant à celui qui avait tiré un coup de feu sur le général, il fut impossible de le découvrir.

Ce sont là des faits qui, mieux que toutes les paroles, peignent les difficultés, les embarras, les misères qui suivirent les Cent-Jours, dans cette époque critique où le gouvernement désemparé, ne pouvant s'appuyer sur l'armée à l'état de guerre civile avec les populations méridionales, cherchait, sans le trouver, un appui précaire dans ces populations pour résister à leurs entraînements. Les choix faits par le ministère

Fouché, et le nom même de ce ministre, maudit dans cette région de la France, achevaient de désarmer les autorités. Quand on ne dispose point de la force matérielle, il faut avoir au moins la force morale; c'était donc une provocation insensée, coupable, que d'envoyer à ces populations passionnées et terribles dans leurs colères des hommes des Cent-Jours. Le tauréador ne montre point le morceau de drap rouge au taureau quand il n'a pas dans la main l'épée tranchante avec laquelle il peut l'abattre. Peut-être qu'avec d'autres coopérateurs M. de Villèle eût réussi à contenir cette population furieuse et à prévenir le crime.

Peu de temps après, les élections eurent lieu. La loi des élections n'étant pas faite, le ministère, composé de MM. Fouché, Talleyrand, Pasquier, Gouvion Saint-Cyr, Jaucourt et Louis, y avait suppléé en conservant les colléges électoraux de l'Empire, et en remplaçant les électeurs manquants par des adjonctions au choix de ses agents; le ministère avait, en outre, fait porter le nombre des députés de 262 à 393, et il avait abaissé l'âge de l'électorat de 30 à 21 ans, et celui de la députation de 40 à 25 ans. Ce fut pourtant des élections faites dans ces conditions que sortit la Chambre de 1815, « la Chambre introuvable, » selon l'expression de Louis XVIII. M. de Villèle, nommé le 25 août 1815, par le collége de Toulouse, en faisait partie. Le premier résultat de l'avénement de cette

Chambre fut la retraite du ministère de MM. de Talleyrand et Fouché, et l'avénement du ministère où siégeaient MM. de Richelieu, de Feltre, Dubouchage, de Vaublanc, Decazes, Barbé-Marbois et Corvetto. C'est dans cette Chambre, c'est en face de ce ministère, que M. de Villèle allait commencer sa vie parlementaire et politique.

XIII

M. DE CHATEAUBRIAND JUGÉ PAR M. VILLEMAIN DANS LES GRANDES PHASES DE SA VIE [1].

I

CHATEAUBRIAND AVANT 1814.

Reste-t-il encore quelque chose à dire de M. de Chateaubriand, dont on a tant parlé, qui a tant parlé de lui-même ; hélas ! nous allions dire, malgré notre admiration pour ce grand écrivain que nous avons connu et aimé, qui a trop parlé de lui dans ses *Mémoires?* Oui, répond avec raison M. Villemain, il y a encore quelque chose à dire sur M. de Chateaubriand, c'est ce que dira la postérité. Il y avait encore quelque chose à dire sur J. J. Rousseau, après les confessions de J. J. Rousseau ; quelque chose à dire, ce

---

[1] Écrit à l'occasion de l'ouvrage publié par M. Villemain sous ce titre : *M. de Chateaubriand, sa vie, ses écrits, son influence littéraire et politique sur son temps.*

rapprochement n'est pas une comparaison, sur saint Augustin, après les confessions de saint Augustin. Un homme ne se voit pas toujours tel qu'il est ; l'humilité du saint, l'orgueil du philosophe, les illusions du poëte peuvent troubler la clairvoyance du regard. Un homme, à moins qu'il ne soit un saint, ne se peint pas même toujours tel qu'il se voit. Il pose quelquefois devant la postérité ; il éclaire les ombres de son caractère, il en exagère les lumières. Il est donc utile qu'une main plus impartiale et plus sûre contrôle ces confessions, ces mémoires, qui deviennent un des éléments du jugement de la postérité, sans être ce jugement même. Voilà l'œuvre qu'a entrepris M. Villemain. Il a voulu parler de M. de Chateaubriand comme en parlera l'histoire, et c'est à ce point de vue de haute impartialité qu'il a cherché quelle a été l'influence politique et littéraire de cette grande intelligence sur le temps où elle a paru. Nous trouverons, en acceptant ce cadre, l'occasion naturelle de rectifier par des documents authentiques bien des idées erronées généralement admises sur les hommes et les choses de la Restauration. M. de Chateaubriand touche à tout dans cette période de quinze ans : au ministère de M. Decazes par son opposition ; au ministère de M. de Villèle, d'abord par son concours actif comme ambassadeur, puis par sa coopération comme ministre des affaires étrangères ; enfin, par son ardente et inexorable opposition ; au ministère de M. de Martignac, par son adhésion sympathique; au ministère de M. de Polignac, par la guerre qu'il lui déclara. L'histoire générale de ce temps tient à l'aise dans cette large biographie. La lutte des hommes de la droite et du ministère de M. Decazes, le congrès de Vérone, la part qu'eurent MM. de Villèle, de Montmorency, de Chateaubriand, à la guerre d'Espagne, l'amitié puis l'antagonisme de M. de Villèle et de M. de Chateaubriand, les causes de la chute de M. de Villèle, de l'avénement de M. de Martignac, de la courte durée de son ministère, de l'avénement du ministère de M. de Polignac, de la Révolution de 1830; il est impossible de parler de M. de Chateaubriand sans remuer tous ces sujets.

Comme écrivain, nul homme n'était mieux préparé, plus autorisé à juger M. de Chateaubriand, que l'écrivain éminent qui, selon une expression d'Augustin Thierry, a élevé la critique à la dignité de l'histoire. A cette habitude de ne jamais séparer l'étude d'une intelligence de l'histoire intellectuelle du temps, et l'étude de celle-ci de celle de l'histoire générale, il joint le rare avantage d'avoir été le contemporain sagace de la plupart des œuvres qu'il juge, le témoin attentif et compétent de l'impression qu'elles ont produite. Il faut ajouter qu'il a vu par les yeux de M. de Fontanes, cet exellent juge et cet ami intime de l'auteur du *Génie du Chistianisme*, la partie de la vie littéraire de M. de Chateaubriand à laquelle il n'a pas assisté lui-même. Au point de vue politique, M. Villemain est loin d'être dans d'aussi bonnes conditions d'impartialité. Non que nous prétendions dire que l'impartialité lui soit impossible, à Dieu ne plaise! Si nous interdisions à tout homme qui n'a pas marché dans les voies de M. de Chateaubriand le droit de le juger, nous nous interdirions par contrecoup à nous-même celui d'apprécier sainement le jugement de M. Villemain.

Il arrive un moment, nous le croyons, où, les passions qui ont agité et divisé les esprits venant à tomber, le jugement peut planer dans des régions plus sereines, et, renonçant à la polémique, élever ses appréciations à la dignité d'un arrêt. Nous avons donc voulu seulement faire remarquer qu'il y a des époques de la vie de M. de Chateaubriand dans l'appréciation desquelles l'impartialité, sans être impossible à M. Villemain, lui devient plus difficile. Quand la Restauration commence, en effet, M. Villemain se trouve engagé dans le camp contraire à celui où se trouve M. de Chateaubriand. Tandis que ce dernier marche avec la majorité de la Chambre de 1815 et la minorité de la Chambre de 1816, en un mot, avec la majorité, puis avec l'opposition de droite, jusqu'à l'année 1821, M. Villemain marche avec le ministère de M. de Decazes. Il faudra donc que l'historien, non-seulement juge M. de Chateaubriand, mais, chose toujours délicate, qu'il juge ses propres amis, qu'il se juge lui-même. Il devra s'élever au-dessus de ces anciennes impressions, des antipathies comme des sympathies de sa jeunesse, pour les contrôler; au-dessus de ses anciennes préventions, pour les rectifier. Il aura à oublier qu'il a été avocat de la partie adverse, pour ne plus se souvenir que d'une chose, c'est qu'il siége sur le tribunal de l'histoire. Il renoncera à présenter l'apologie de son parti pour prononcer un arrêt. A l'époque de la chute du ministère de M. Decazes, M. Villemain se trouve un moment dans l'opposition contre M. de Chateaubriand uni alors à M. de Villèle, d'abord comme ambassadeur à Londres, puis comme ministre des affaires étrangères. Mais cette union dura peu, et bientôt, et pour toute la dernière partie de l'histoire de la Restauration, M. de Chateaubriand et M. Villemain se rencontrent dans une opposition commune et presque continue, d'abord contre toute la fin du ministère de M. de Villèle, ensuite contre le ministère du prince de Polignac. Après la Révolution de 1830, l'accord cesse. M. de Villemain sert le gouvernement que M. de Chateaubriand attaque. Le brillant talent de l'ancien élève de M. de Fontanes l'appelle aux premières fonctions de l'État; M. de Chateaubriand, pour maintenir l'unité des grandes lignes de sa vie, demeure dans l'hostilité, la retraite, ou va fouler les routes lointaines et peu fréquentées de l'exil.

Nous avons dû rappeler ces souvenirs, non pour révoquer en doute l'impartialité de l'historien, mais pour l'honorer davantage là où elle se montre, et pour expliquer et excuser son absence, si elle vient quelquefois à faire défaut. De même que M. Villemain, dont les exemples sont aussi bons à suivre que les préceptes, n'a pas oublié de rechercher dans quelles conditions Chateaubriand a écrit ses ouvrages, nous avons dû rechercher dans quelles conditions s'est trouvé l'éminent écrivain qui a publié cette belle étude sur M. de Chateaubriand.

Toute la première partie de l'histoire de la vie et des œuvres de M. de Chateaubriand qui commence à sa naissance pour finir à la chute de l'Empire, est écrite avec un sentiment d'impartialité bienveillante et d'équitable et clairvoyante sympathie, joint à ce sens de fine et exquise critique qui permet au docte écrivain de porter le flambeau sur toutes les parties de son sujet. Si M. Villemain admire avec raison les poétiques pages dans lesquelles Chateaubriand a tracé la description d'un printemps en Bretagne, description toute vivante et comme embaumée de brises parfumées, on ne doit pas moins admirer la description qu'il a tracée lui-même du printemps de cette grande intelligence s'ouvrant à la vie, à la lumière, au sentiment, à la pensée, à la poésie, sous le regard froid et sévère de son père, entre sa mère si pieuse, sa sœur Lucile si tendre, en face des landes fleuries de la Bretagne, sous les allées séculaires du vieux et triste château de Combourg, ou sur la grève de Saint-Malo mordue par la vague de l'Océan. On voit poindre dans cette belle étude psychologique cette âme plus fière que tendre, plus haute peut-être encore que grande, et où il y avait moins de sensibilité naïve que de mélancolie rêveuse, cette imagination puissante et si prompte à se teindre aux couleurs de tous les objets qui l'entourent, ce besoin d'aliments que les jeunes gens prennent quelquefois pour la satiété, et cette ardeur de vivre qu'ils confondent avec le désir de mourir, quand la vie n'ouvre pas assez vite ses routes et ses perspectives devant leur dévorante activité. Chateaubriand, on le sait, éprouva ces impatiences trop facilement confondues avec la lassitude; il commença un suicide qu'heureusement pour lui, heureusement pour nous, il n'acheva pas : René avait deviné Werther. Son ingénieux historien a démêlé avec une rare sagacité le mélange d'audace et de timidité un peu farouche, d'ardeur et de mélancolie qui tourmentaient l'intelligence de Chateaubriand quand il vint à Paris assister aux dernières pompes de la monarchie et aux premières scènes de la révolution qui commençait, les tendances de son esprit qui le portaient vers les idées nouvelles, les traditions de race et le sentiment d'honneur, si puissant sur son âme, qui le rattachaient aux institutions de l'ancienne société. Il n'y avait pas de place pour lui dans cette situation tiraillée en sens contraires. Il aurait voulu marcher, et il aurait voulu s'arrêter ; il ressentait dès lors dans les profondeurs de son intelligence les convulsions qui allaient déchirer le sein de la France. Ce fut à cette époque qu'après de longues conversations avec le vertueux Malesherbes, dont son frère aîné avait épousé la petite-fille, il résolut de mettre à exécution l'idée déjà ancienne d'un voyage de découverte dans le nouveau monde pour chercher un passage au nord-ouest des États-Unis d'Amérique. Il s'agissait autant dans sa pensée de fuir l'ancien monde, où il n'y avait pas de place pour lui, que de chercher le nouveau.

Tous ceux qui ont encore le goût des jouissances littéraires liront avec charme et avec fruit le chapitre dans lequel M. Villemain explique comment les nouveaux spectacles qui allaient se dérouler sous les yeux de M. de Chateaubriand devaient, en impressionnant sa vive intelligence, rajeunir la littérature française. Les considérations sur le renouvellement des lettres qu'on lit en tête de ce chapitre sont au nombre des plus beaux morceaux qu'ait écrits l'éminent auteur. Rien de mieux décrit que ce retour de l'imagination à la nature dont Rousseau avait donné le signal ; rien de plus vrai que cette espèce de parenté littéraire qui s'établit ainsi entre Rousseau et Chateaubriand par Bernardin de Saint-Pierre, disciple du premier, précurseur du second : seulement les perspectives qui s'ouvraient devant le voyageur au nouveau monde étaient plus vastes et plus variées. Dans toute la verdeur de sa première jeunesse, ce voyageur de vingt-trois ans parlait ainsi au retour : « Si je ne rencontrai pas en Amérique ce que j'y cherchais, le monde polaire ; j'y rencontrai une nouvelle muse ; » et plus loin : « C'est dans ces nuits que m'apparut une muse inconnue ; je recueillis quelques-uns de ses accents, je les marquai sur mon livre à la clarté des étoiles. » M. Villemain, appréciant avec sa sagacité ordinaire l'influence de ce voyage en Amérique sur le talent de Chateaubriand, ajoute, après avoir cité ses paroles : « A vrai dire, ce que le génie de M. de Chateaubriand paraît avoir retiré de ce parcours d'une portion de l'Amérique, c'est moins la vérité des détails qu'une impression générale de pittoresque et de grandeur, une variété d'images, une étrangeté de couleurs qui, rajeunissant la pensée et le langage, ajoutait un reflet moral, un mélange de tristesse et de rêverie plus puissant encore sur l'âme que sur les yeux, et qui semble unir le sérieux mélancolique de l'ancien monde à l'éblouissante nature du nouveau. »

M. Villemain n'a pas peint avec moins d'exactitude les années tourmentées et agitées qui s'écoulèrent pour M. de Chateaubriand entre son retour en France (janvier 1792) et le *Génie du Christianisme*, cette date si grande dans la vie de l'auteur et dans le dix-neuvième siècle, qu'elle ouvre comme un de ces glorieux portiques construits à l'entrée d'une longue avenue. Son émigration, sa présence à l'armée de Condé, sa maladie, son séjour à Jersey, puis en Angleterre, ses misères et ses humiliations, ses souffrances, alors qu'il montait l'escalier si roide de l'étranger, et qu'il mangeait le pain amer de l'exil, revivent dans les pages rapides de l'historiographe qui, comme les abeilles de l'Hymette, butine avec une sobriété pleine de goût les fleurs les plus exquises des Mémoires. On assiste à cette espèce de *maladie* intellectuelle et morale d'où sortit l'*Essai sur les Révolutions*, ouvrage incohérent, violent, bizarre, excessif, semé de grandes erreurs, de doutes poignants, mais traversé par d'assez beaux éclairs. C'est dans ces huit années de sa vie que Chateaubriand, encore admirateur passionné de Jean-Jacques Rousseau, fait quelques connaissances, Malouet, Montlosier, le chevalier de Panat, Delille; après le 18 fructidor il se lie avec M. de Fontanes de cette amitié destinée à ne finir qu'avec la vie de ce dernier, qui, dans ce commerce intime de deux caractères si différents, apporta peut-être plus qu'il ne reçut.

Ce fut peu de temps après, en 1798, que l'âme de l'auteur, encore indécise dans ses voies, reçut ce coup terrible qui décida sa destinée. Il apprend la mort de sa mère, ce doux génie assis au foyer de Combourg pour tempérer l'austérité de l'autorité paternelle, et sa sœur, madame de Pontfarcy, en annonçant à son jeune frère ce deuil de famille, ne lui cachait pas combien les égarements de sa plume éloignée de la foi de ses jeunes années, dans l'*Essai sur les Révolutions*, avaient ajouté de douleurs aux amertumes dont la Révolution avait abreuvé les dernières années de cette mère vénérée : « Si tu savais, disait-elle, combien de pleurs tes erreurs ont fait répandre à notre respectable mère, combien elles paraissent déplorables à tout ce qui fait profession, non pas de piété, mais de raison, si tu le savais, peut-être cela contribuerait-il à t'ouvrir les yeux et à te faire renoncer à écrire. »

La douleur, cette messagère d'en haut, car c'est par la crèche et la croix que la vérité éternelle a conquis la terre, ouvrit à M. de Chateaubriand le monde de la croyance. Il a dit lui-même, avec une brièveté pleine de sens : « Je pleurai et je crus. » M. Villemain ajoute, avec non moins de sens et avec une noble intelligence de ces grandes révolutions de l'âme qui éclairent l'esprit en le terrassant, comme cette lumière qui précipita Saul de son char et changea le persécuteur de l'Église naissante en apôtre : « Chateaubriand ne renonça pas à écrire, mais il écrivit pour d'autres lecteurs, pour une passion plus noble, et cela, par une de ces impressions de l'âme qui sont aussi des coups de la grâce dans l'ordre moral ; sa douleur fut extrême, et de la perte de sa mère, et du remords de lui avoir coûté des larmes. Rien de plus vraisemblable que ce qu'il ajoute au sujet des exemplaires jetés au feu par lui-même dans cette révolution soudaine qui bouleverse son âme et change tous ses sentiments un peu confus encore, et, comme il arrive dans la jeunesse, à la fois indécis et violents. C'est ainsi que s'explique naturellement et noblement le *Génie du Christianisme*, écrit deux ou trois ans après l'*Essai sur les Révolutions*. Ce n'est pas une rétractation par circonstance, un changement par calcul ; c'est la même âme frappée d'un coup inattendu et inclinée plus fortement où elle penchait déjà. L'*Essai* n'était pas un livre de sceptique opiniâtre, mais de chercheur agité ; un livre de doute et de douleur où perçaient les instincts d'une âme généreuse et les vues d'un grand esprit. Le *Génie du Christianisme* allait être le développement de cette âme et de cet esprit sous la vive impression que le contre-coup des doctrines irréligieuses et des actes révolutionnaires devait donner aux intelligences les plus élevées et les plus droites. »

Nous avons voulu reproduire dans son intégrité ce

beau jugement rendu par M. Villemain sur une question qui, sans être à nos yeux controversable, a été souvent controversée. Il est impossible d'expliquer d'une manière plus lucide et plus satisfaisante un changement si grand et si rapide. L'éminent critique, devenu moraliste, lit ici dans la conscience humaine, à des profondeurs où ne pénètre pas le regard du simple littérateur. Presque toujours, c'est du cœur que vient l'obstacle qui s'élève entre l'intelligence et la vérité. C'est pour cela que l'intelligence change dès que le cœur est changé. Le cœur de M. de Chateaubriand était changé par cette voix d'une mère chérie qui semblait sortir de son tombeau pour le rappeler à la foi de ses jeunes années. Le sujet de son grand ouvrage, le *Génie du Christianisme*, lui apparut. C'était une réparation individuelle qui allait devenir une réparation publique; car, par une de ces coïncidences qui, centuplant la puissance du talent littéraire, donnent à un ouvrage la valeur d'un événement, la France revenait au catholicisme par ce besoin de croire et de prier que Dieu a imprimé dans le cœur de l'homme, et que le philosophisme n'avait pu satisfaire; Napoléon y revenait par génie politique et par intelligence de besoins sociaux, au moment où Chateaubriand allait donner aux esprits égarés de leurs voies et aux cœurs altérés de croyance la plus éclatante des satisfactions.

On peut dire que M. Villemain a jeté à pleines mains la lumière sur cette époque si importante et si intéressante de la vie de M. de Chateaubriand. A l'aide de la correspondance inédite de M. de Fontanes, il a pu donner des détails nouveaux sur la rentrée de M. de Chateaubriand en France et sur la part qu'eut à ce retour l'ami tendre et dévoué qui, revenu lui-même la veille de l'émigration, avait prononcé par les ordres du premier consul, Bonaparte, tout prêt à saisir l'Empire, l'éloge de Washington, ce fondateur de la liberté américaine. L'attente du monde littéraire renaissant, pendant que M. de Chateaubriand soumet son ouvrage à une entière retouche, d'après les conseils de Fontanes, de Joubert et de quelques autres amis, l'intérêt qu'excite aux Tuileries même la nouvelle de la publication prochaine de cet ouvrage que le premier consul considère comme un auxiliaire de ses grands desseins, la censure officieuse et amicale de Lucien Bonaparte offerte à l'auteur, la dédicace de l'ouvrage en vain souhaitée par son glorieux frère, l'espoir des hommes religieux, les angoisses, les craintes, les colères du parti sensualiste et sceptique, l'anxiété de M. de Chateaubriand qui comprend la grandeur des intérêts déposés en ses mains, tout ce tableau est tracé avec une vigueur de lignes, une vérité d'expression et une fraîcheur de coloris dont il est impossible de ne pas être frappé.

Une ardente polémique s'éleva autour du succès du *Génie du Christianisme*. Les sophistes du dix-huitième siècle ont senti le coup qui vient de leur être porté, et ils veulent le rendre. Mais Fontanes, Laharpe et tous les polémistes de l'école religieuse sont à leur poste. D'ailleurs, on n'arrête pas plus le flux des idées que le flux de l'Océan. Le *Génie du Christianisme*, qui répond à une situation intellectuelle et sociale, va aux nues. Les vaines critiques qu'on lui oppose se perdent dans les applaudissements de la France ravie et augmentent encore le bruit que fait l'ouvrage. « Comme la *Jérusalem délivrée* du Tasse, dit excellemment M. Villemain, l'ouvrage, achevé par l'auteur dans sa trentième année, était plein de défauts, mais charmant, attaquable sur mille points, mais séduisant sur presque tous. Probablement l'écrivain français n'aurait pas plus gagné que le Tasse à vouloir de sang-froid refaire son livre, à prétendre *assagir* sa manière pour la rendre plus grave, plus forte, plus convaincante. Je ne sais quelle influence cette tentative aurait eue sur quelques âmes. Mais l'effet général, le respect et l'attrait substitués à la dérision, les nobles sentiments, les passions délicates armées contre le scepticisme, la poésie redevenant religieuse après Voltaire et Parny, une révolution tout à la fois de croyance et de goût, appelant un renouvellement de la philosophie, tout cela se rencontrait surtout dans le premier cadre qu'avait choisi l'auteur, et dans les peintures saisissantes dont il l'avait rempli. »

Noble succès dans lequel la reconnaissance se mêlait à l'admiration ! M. de Chateaubriand but alors la coupe de cette grande et sainte popularité qui s'obtient par des services rendus à la cause du vrai, du beau et du bon. Pour que rien ne manquât à cette popularité, le premier consul Bonaparte, dont le moindre regard était alors fort envié, chercha l'auteur dans la foule accourue à une fête donnée par son frère Lucien, alors ministre de l'intérieur, et l'abordant de niveau : « Quand j'étais en Égypte, lui dit-il, j'étais frappé de voir dans le désert les cheiks s'agenouillant pour adorer quelque chose dans l'Orient ; c'est partout la tendance de l'homme, parce que c'est la vérité ; voilà ce que n'ont pas compris les idéologues Dupuis et les autres qui ont cru qu'on pouvait se passer de Dieu. »

Ainsi Chateaubriand était populaire aux Tuileries comme sous le toit de l'humble presbytère à demi ruiné dans lequel le prêtre revenu de l'émigration, ou sorti des bois où il s'était caché, recommençait à prier. C'était le printemps du Consulat. Il y avait tant de choses d'une utilité générale à faire qu'on ne pensait pas encore aux choses d'un intérêt personnel. Le grand politique et le grand écrivain se rencontraient dans le sauvetage de la société, cette naufragée de la Révolution. C'est la plus belle époque de la vie de

Napoléon; c'est aussi la plus belle de la vie de Chateaubriand.

CHATEAUBRIAND AVANT 1814.
— SUITE. —

Le mot que Massillon prononçait devant la mort de Louis XIV : « Dieu seul est grand, mes frères, » peut être répété devant la vie de tous les hommes célèbres. La grandeur humaine est toujours courte par quelque endroit, comme parle Bossuet. M. Villemain, dont l'esprit caustique et malin n'admire guère ses héros que sous bénéfice d'inventaire, n'a garde de l'oublier, et il se repose un peu de l'admiration qu'il a témoignée au génie littéraire de M. de Chateaubriand dans la première partie de son livre, en le peignant, à un point de vue moins flatteur, comme secrétaire d'ambassade à Rome sous le cardinal Fesch.

Que de choses à dire, en effet, sur l'attitude de M. de Chateaubriand, sur ses plaintes, ses susceptibilités, ses agitations, et surtout sur sa correspondance, peu respectueuse pour le saint-siége, pendant qu'il occupait ce poste que l'amitié de Fontanes, aidée du succès du *Génie du Christianisme*, lui avait fait obtenir du premier consul, séduit aussi par l'idée d'envoyer comme représentant dans la capitale de la chrétienté l'apologiste de la religion chrétienne qu'il venait de rétablir en France! Dans ce caractère de poëte, il y avait des parties qui n'étaient pas à la hauteur du génie de l'écrivain. L'amour-propre, qui diminue les hommes de valeur, lui faisait dire et quelquefois faire des choses qui étonnent chez un si puissant esprit. Quand il se trouvait dans des situations ordinaires surtout, on eût dit que le ressort de son caractère se détendait; son esprit descendait et devenait accessible aux puérilités de la vanité, cet enfantillage de l'orgueil. Mais, que la situation redevînt forte et grande, il se retrouvait, par un élan naturel, au niveau des actes de courage et de dévouement qu'elle demandait. Ce fut là la véritable grandeur de Chateaubriand.

Après avoir inquiété un peu l'amitié de M. de Fontanes par ses continuels démêlés avec le cardinal Fesch, dont il jalousait l'influence prépondérante à Rome et la faveur à Paris, et qui se vengeait à son tour de la supériorité littéraire et des dénonciations diplomatiques de son secrétaire d'ambassade, qui l'accusait d'être la dupe de la cour de Rome, en l'accusant d'être un royaliste et un intrigant, Chateaubriand revient en France, précédé par son admirable lettre sur l'aspect désolé de la campagne romaine. Il a la promesse d'un poste où il sera chef d'emploi, c'est la légation du Valais. M. de Fontanes a si bien agi et tant insisté auprès du premier consul, qu'il a neutralisé les plaintes du cardinal-oncle, et le mécontentement excité par ce qu'il appelait, dans une lettre familière, « les étourderies de son ami Chateaubriand. » Celui-ci trouve à Paris les idées comme les intérêts se précipitant vers l'Empire qui se fait proche. Peut-être va-t-il être entraîné dans ce mouvement; mais, le 20 mars 1804, il entend crier près des Tuileries le jugement de la commission militaire spéciale siégeant à Vincennes, et la condamnation à mort « du nommé Louis-Henri de Bourbon. » C'était ainsi, en effet, qu'il se nommait, ce noble et infortuné jeune homme, du chef de son glorieux aïeul, dont il avait la généreuse passion pour les armes et pour la gloire, le vainqueur de Rocroy, de Nordlingen, de Fribourg, de Senef et de Lens. « Ce cri tomba sur moi comme la foudre, dit Chateaubriand dans ses *Mémoires*; il changea ma vie, de même qu'il changea celle de Napoléon. Rentré chez moi, je dis à madame de Chateaubriand : « Le duc d'Enghien vient d'être fusillé; » et je me mis à écrire ma démission sans qu'elle fit aucun effort pour m'en empêcher. »

Certes, M. de Chateaubriand a écrit dans sa vie de bien belles pages, mais nous les donnerions toutes pour cette simple lettre de démission. Qu'est-ce, en effet, que le génie, à côté de l'honneur et de la vertu? C'était un acte d'honneur et de vertu que d'oser dire à ce conquérant, dans tout l'éclat non-seulement de sa toute-puissance, mais de son génie et de sa gloire : « La fosse que vous venez de creuser à Vincennes sera désormais un obstacle infranchissable entre vous et moi. Vous qui pouvez tout, il y a une chose que vous ne pouvez pas : c'est de me compter au nombre des serviteurs de votre fortune. Vous êtes tout, je ne suis rien, et c'est moi qui vous quitte. Vous vous appelez le génie, le bonheur, la victoire ; je suis plus fort que vous, car je m'appelle la conscience humaine, et le cri de protestation que je viens de faire retentir a un écho dans tous les cœurs, dans le vôtre même, et, quand nous ne serons plus, il trouvera un écho immortel dans le cœur de la postérité et dans la conscience du genre humain. »

C'était là la beauté de l'action de M. de Chateaubriand. Je ne conteste en rien les justes éloges que M. Villemain donne à la conduite de M. de Fontanes, son maître aimable et vénéré, et à celle de M. Suard, qui ne voulurent point accepter, dans cette occasion, le rôle d'apologistes d'un acte injustifiable. Mais, tout en repoussant la solidarité morale de l'acte, ils demeurèrent soumis à celui qui en était l'auteur, attachés à sa fortune. M. de Chateaubriand, et c'est là sa supériorité, brisa avec le gouvernement consulaire ; ce fut une rupture publique après un acte public. Le sacrifice, cette dernière sanction qui consomme la beauté des actions humaines, venait s'ajouter au courage dans cette démission hautement signifiée au maître actuel de la France, au maître futur de l'Europe, par un homme qui, en satisfaisant sa conscience, donnait à la conscience générale l'unique satisfaction qu'elle pût alors obtenir.

Dieu paye quelquefois, dès ce monde même, les belles actions à ceux qui les font. M. de Chateaubriand venait de renoncer à la carrière diplomatique, à toutes les carrières, pour obéir à la loi de l'honneur. Au lieu d'aller dans le Valais suivre d'obscures intrigues pour préparer l'assujettissement de la Suisse au gouvernement impérial au moment de s'établir, il se trouva ramené à ses nobles études littéraires et revint à la pensée de son épopée des *Martyrs*, dont le sujet lui était apparu au milieu des ruines du Colisée, ce champ de bataille si souvent arrosé du sang des premiers soldats de Jésus-Christ. Ainsi la France dut le livre des *Martyrs* à la démission de M. de Chateaubriand, si honorablement donnée après l'exécution du duc d'Enghien. Ce beau livre sortit d'une belle action.

De même que le voyage de M. de Chateaubriand au Nouveau-Monde avait précédé et préparé le *Génie du Christianisme*, son voyage en Grèce et en Orient précéda et prépara son livre des *Martyrs*. Le peintre, avant de se mettre à l'œuvre, enrichissait sa palette de toutes les couleurs qui devaient briller d'un vif éclat dans son tableau. Il écrivait en même temps le journal de son voyage, et ce journal est devenu l'*Itinéraire de Paris à Jérusalem*, admirable ouvrage qui restera, avec *René*, « un des titres immortels de M. de Chateaubriand à la gloire d'écrivain original. » L'empereur, car le premier consul était devenu l'empereur Napoléon, vit avec une joie assez mal déguisée ce départ. Le démissionnaire du 20 mars 1804 le gênait sur le sol de France. « Voyez-vous toujours ce cerveau brûlé de Chateaubriand? demanda un jour le maître à M. de Fontanes. — Oui, il m'a fait l'honneur de dîner hier avec moi, avant son départ pour l'Orient. — Ah ! il part. » Exclamation de soulagement plutôt que d'étonnement.

M. de Chateaubriand partait en effet, en laissant déjà bien des tombeaux derrière lui, entre autres celui de sa sœur Lucile, qui l'avait tant aimé. On comprend l'influence qu'exerça sur ce génie, alors dans toute sa vigueur et dans tout son éclat, ce voyage plein de souvenirs et d'émotions qui allait réveiller, sous les pas de l'illustre écrivain, tous les grands échos de l'histoire, ceux de l'antiquité classique et païenne, comme ceux de l'antiquité biblique et chrétienne.

Cette vie d'indépendance, de voyage, de libre appréciation, n'était pas propre à préparer M. de Chateaubriand à prendre le niveau de soumission et de respect silencieux qu'il trouva établi en France lorsqu'il y reparut après trois ans d'absence, au mois de juin 1807, précisément à l'époque où M. de Villèle revenait de l'île Bourbon. Il crut, comme un nouveau venu qui sait encore mal la langue du pays, que la liberté littéraire pouvait encore exister en présence de cette omnipotence glorieuse qui, appuyée sur la victoire au dehors, gouvernait au dedans sans contrôle. Il acheta donc, avec le produit des nombreuses éditions du *Génie du Christianisme*, qui se succédèrent sans lasser l'intérêt public, le journal le *Mercure*, auquel le nom d'un pareil rédacteur devait donner une vogue extraordinaire. Mais, dès le premier numéro, l'antagonisme naturel qui existait entre l'indépendance de la pensée et la souveraineté de l'épée vint s'exprimer sous sa plume, et puis les courtisans de la fortune, et nous ajouterons les calomniateurs de la gloire de Napoléon, lui dénoncèrent un morceau dans lequel Chateaubriand disait, en parlant de la lutte du génie contre la force : « C'est en vain que Néron prospère; Tacite est déjà né dans l'empire; il croit inconnu auprès des cendres de Germanicus, et déjà l'intègre Providence livre à un enfant obscur la gloire du maître du monde. » Nous comprenons mieux que les lignes suivantes, sur Sertorius, aient choqué les échos des nouvelles Tuileries. « Il y a des autels comme celui de l'honneur, qui, bien qu'abandonnés, réclament encore des sacrifices. Le Dieu n'est pas anéanti, quoique le temple soit désert. Après tout, qu'importent les revers si notre nom, prononcé dans la postérité, va faire battre un cœur généreux deux mille ans après notre mort? Nous ne doutons pas que, du temps de Sertorius, les âmes pusillanimes, qui prennent leur bassesse pour de la raison, ne trouvassent ridicule qu'un citoyen obscur osât lutter seul contre toute la puissance de Sylla. »

Les âmes pusillanimes s'émurent et s'irritèrent, les courtisans, qui font faire plus de fautes aux princes que ceux-ci n'en feraient d'eux-mêmes, remplirent les Tuileries de leurs plaintes, et, les passions subalternes échauffant l'atmosphère enivrante dans laquelle vivait l'empereur, il dit un jour à M. de Fontanes, devant le grand maréchal Duroc : « Chateaubriand croit-il que je suis un imbécile, que je ne le comprends pas? Je le ferai sabrer sur les marches de mon palais. » Heureusement Fontanes, cet ami de Chateaubriand, qui était aussi l'ami de la gloire de Napoléon, ne craignit pas de répondre toutes les fois que Napoléon parla de prendre contre le grand écrivain des mesures de violence ou de rigueur : « Après tout, son nom illustre votre règne ; il sera cité dans l'avenir au-dessous du vôtre. Quant à lui, il ne conspire pas, il ne peut rien contre vous, il n'a que son talent ; mais, à ce titre, il est immortel dans le siècle de Napoléon. Voulez-vous qu'on dise un jour que Napoléon l'a tué ou emprisonné pendant dix ans ? »

Napoléon eut le bon sens de ne pas le vouloir, et il se contenta de supprimer le *Mercure*, que Chateaubriand venait de racheter des quelques deniers économisés sur ses premiers succès ; il lui ôta la parole dans la presse, le frappa dans sa propriété, et le laissa dans l'isolement de la pauvreté, de la disgrâce et d'une opposition solitaire menacée plus d'une fois par des bruits de persécutions que les échos lui apportaient. Chateaubriand tomba, à cette époque, dans un état de tristesse et de maladie morale et physique facile à comprendre. Quelles que soient la fermeté du cœur et la vigueur de l'esprit, il y a des moments où la pensée de l'écrivain consciencieux, dans son duel contre le pouvoir matériel, se replie avec découragement sur elle-même, en mesurant la faiblesse de ses moyens d'attaque avec les forces immenses de son formidable ennemi, et se prend à douter, nonseulement de l'issue du combat, mais de l'utilité de la lutte. Quand le succès répond à toutes les entreprises d'un pouvoir ; quand le courant des intérêts est pour lui ; quand la Fortune, fixant sa mobilité en sa faveur, lui sourit, et que les innombrables courtisans de la fortune applaudissent à tous ses actes, l'écrivain autour duquel le vide et le silence se font peu à peu vient à se demander si cette indépendance, si précieusement gardée, si chèrement payée, au milieu de l'acquiescement universel, ne serait pas une misanthropie orgueilleuse, un besoin de se singulariser qui fait préférer les épreuves d'un apostolat équivoque aux doux loisirs de la vie commode offerte par le pouvoir à ses adhérents. S'il ne se le demande pas, ses proches, ses amis le lui demandent. Pourquoi se poser en réformateur de son temps et de son pays? Pourquoi vouloir être plus pur et plus scrupuleux que tout le monde? Pourquoi ne pas céder au courant, au lieu de le remonter? Ce n'est qu'en descendant au plus profond de sa conscience, érigée en tribunal, en examinant loyalement, devant ce juge intérieur, les mobiles les plus secrets de sa conduite, en pesant devant lui les actes du pouvoir qu'on attaque, les motifs intéressés de l'acquiescement général, les motifs désintéressés de sa propre résistance, qu'on retrouve la paix et la force, et qu'on remonte, armé pour la lutte et contre la persécution, vers le champ de bataille où l'on n'est pas sûr de vaincre, mais où l'on est sûr de combattre pour la cause de la vérité et de la justice.

Chateaubriand connut ces anxiétés, ces troubles et ces angoisses. Fatigué de cette lutte dans laquelle l'air et la lumière lui manquaient, il songea même à quitter la France. La bienveillante amitié de Fontanes le soutint dans ces heures difficiles, et les heureuses indiscrétions de M. Villemain ont levé les voiles qui cachaient le service rendu dans cette occasion par cet homme excellent à M. de Chateaubriand et aux lettres françaises. — « Quoi! disait-il à son ami qui venait de lui confier son projet de se retirer aux États-Unis, voulez-vous aller rejoindre le général Moreau? Ne voyez-vous de place au monde pour vous que dans cette colonie anglaise plus mercantile, plus rude, plus insouciante des arts que sa métropole? Songez à votre livre. Vous ne pouvez le finir et le publier qu'ici. Votre livre et le bruit qu'il fera, c'est là votre patrie, votre avenir, votre refuge. Tâchons qu'il puisse paraître seulement, et relisons ces admirables fragments dont j'ai vu le brouillon, la peinture de Rome et des catacombes, Naples, la bataille des Francs, le grand débat dans le sénat romain sur la conservation de l'autel de la Victoire. Il y a bien là quelque anachronisme, mais il n'importe; cela est plein de génie. Je ne suis inquiet que de quelques passages à revoir sur Dioclétien, Galérius peut-être. Point de petites allusions quand on écrit pour l'immortalité. Ce serait encore l'affaire du *Mercure*. Il ne faut point agacer les dents du lion. »

Ces belles et sages paroles ranimaient et soutenaient M. de Chateaubriand dans son grand travail.

Enfin les *Martyrs*, revus par la censure, qui, en 1809, ne laissait point paraître d'ouvrage sans son visa, et qui demanda des retranchements de mots et de phrases, firent leur apparition. La force matérielle est moins puissante qu'elle ne le croit contre les œuvres de l'esprit. La censure s'en prend à quelques détails, à quelques nuances, mais elle ne peut rien contre l'ensemble et contre la couleur générale. Pour effacer l'esprit d'un livre, c'est le livre même qu'il faudrait supprimer, car l'âme de l'auteur devient l'âme de son ouvrage ; sa respiration intellectuelle se fait sentir dans chaque sentiment, dans chaque idée. Le pouvoir absolu aurait pu, sans doute, supprimer le livre, comme il aurait pu supprimer l'auteur, mais le pouvoir absolu ne fait jamais tout ce qu'il peut faire. Il sent instinctivement qu'il épuise son omnipotence en l'exerçant sans une nécessité évidente pour tous. C'est ainsi que le gouvernement impérial supporta la publication des *Martyrs* ; un de ces livres désagréables aux tout-puissants par le sujet même qu'il traitait, la lutte de l'idée contre le fait ; par le nom de son auteur engagé dans les voies de l'opposition et par les tendances générales d'un talent sympathique aux pensées d'indépendance, contraire aux gouvernements sans contrôle.

M. Villemain explique, avec sa clairvoyance ordinaire, les raisons qui empêchèrent les *Martyrs* d'obtenir le même succès que le *Génie du Christianisme*. Les temps et les circonstances n'étaient plus les mêmes. Le premier ouvrage allait dans le même sens que la politique du consul Bonaparte, bienveillant pour l'auteur, favorable au livre; la presse, jouissant encore d'une assez grande liberté, pouvait favoriser son succès. Le second ouvrage allait dans un sens opposé à la politique de l'empereur, malveillant pour M. de Chateaubriand, défavorable à son livre ; la presse, confisquée administrativement, recevait le mot d'ordre des bureaux de la police, et ce mot d'ordre était une consigne d'attaque, d'épigrammes et de blâme. Les admirateurs de M. de Chateaubriand, Fontanes lui-même, étaient condamnés au silence. Un jeune homme alors ignoré, M. Guizot, prit à peu près seul parti dans le *Publiciste* pour M. de Chateaubriand contre ses détracteurs. M. Suard, « quoiqu'il trouvât dans le talent de M. de Chateaubriand plus à critiquer qu'à louer, » se prêta à cette généreuse fantaisie d'un jeune écrivain qu'il aimait. M. de Chateaubriand remercia M. Guizot dans une lettre qui témoigne à la fois de la vivacité de sa reconnaissance pour son jeune critique, et de la violence de son indignation contre les insulteurs littéraires auxquels on l'avait livré ! « Vous connaissez, monsieur, lui disait-il à la fin de sa lettre, les tempêtes soulevées contre mon ouvrage, et d'où elles partent. Il y a une autre plaie cachée qu'on ne montre pas et qui au fond est la source de la colère ; c'est cet Hiéroclès qui égorge les chrétiens au nom de la philosophie et de la liberté ; montrez-moi mes fautes, monsieur, je les corrigerai. Je ne méprise que les critiques, aussi bas dans leur langage que dans les raisons qui les font parler. Je ne puis trouver la raison et l'honneur dans la bouche de ces saltimbanques littéraires aux gages de la police et qui dansent dans le ruisseau pour amuser les laquais[1]. » Il est à croire que ces rudes paroles s'adressaient à Hoffman, écrivain d'un talent réel, à la fois érudit et caustique, mais sans intelligence des beautés poétiques dont cet ouvrage était rempli, et sans sympathie pour le grand écrivain : Hoffmann avait seul, dans le *Journal des Débats*, enlevé aux frères Bertin la parole contre le livre. Les *Martyrs* étaient donc encore une fois livrés à l'exécuteur du cirque impérial. M. de Chateaubriand ajoute à ces causes qui militaient contre le succès de ses *Martyrs*, cette disposition malveillante de l'esprit humain qui l'empêche de consentir à admirer deux fois de suite le même écrivain et lui fait volontiers payer l'éclat d'un premier succès par un revers. M. Villemain fait observer à ce sujet que le *Télémaque* de Fénelon, « œuvre suspecte d'un autre dis-

---

[1] *Mémoires pour servir à l'histoire de mon temps*, par M. Guizot.

gracié, » fut mieux accueilli en France. Cette différence s'explique par la différence des circonstances. Les *Martyrs* parurent en France en 1809, avant la bataille de Wagram, c'est-à-dire quand Napoléon était encore à l'apogée de la grandeur, et que son opinion faisait, pour ainsi dire, l'opinion publique. Le *Télémaque* fut imprimé à l'étranger, pour la première fois, en 1699, sans l'aveu de Fénelon, à la veille de la guerre de succession, et ne fut connu en France qu'à l'époque où la fortune de Louis XIV et sa puissance étaient sur leur déclin. En outre, le siècle de Louis XIV avait été un siècle bien plus littéraire que l'époque de Napoléon, et le goût des jouissances de l'esprit était bien plus vif et bien plus répandu en France dans les dernières années du dix-septième siècle qu'au début du dix-neuvième.

Le chagrin que cet échec relatif causa à M. de Chateaubriand disparut dans un chagrin plus amer. Son cousin, Armand de Chateaubriand, avait été arrêté sur nos côtes, où il était descendu chargé d'une de ces correspondances royalistes qui compromettaient de braves gens, sans beaucoup servir la cause royale, et surtout sans nuire à la formidable autocratie qui dominait la France. M. de Chateaubriand écrivit à Napoléon, pour lui demander la vie de son cousin, une lettre que madame de Rémusat, cette femme d'un grand et noble cœur, se chargea de remettre à l'impératrice Joséphine, qui la plaça elle-même sous les yeux de l'empereur. M. de Chateaubriand s'est reproché dans ses *Mémoires* le ton trop fier de cette lettre. Ce qu'il y a de sûr, c'est que Napoléon la parcourut avec impatience, et, la jetant au feu, laissa la condamnation à mort, prononcée, comme d'ordinaire, par la commission militaire, suivre son cours. M. de Chateaubriand, averti trop tard de l'exécution, n'arriva à la plaine de Grenelle que pour reconnaître le corps de son malheureux cousin, mutilé par les balles qui venaient de le frapper, ainsi que ses deux compagnons. Cette inexorable et inutile exécution d'un parent qu'il aimait laissa dans la mémoire et dans le cœur du grand écrivain un long souvenir et une blessure profonde, qui expliquent en partie le sentiment amer de sa brochure de 1814. Armand de Chateaubriand, fusillé dans la plaine de Grenelle, le vendredi saint de l'année 1809, un mois après l'apparition des *Martyrs*, dans ce jour de miséricorde et de pardon où le Moyen-Age, si souvent accusé de barbarie, amnistiait les véritables criminels, se dressa, comme un obstacle de plus, entre le trône impérial et le grand écrivain, qui avait donné sa démission le jour de l'exécution du duc d'Enghien. Le souvenir de la plaine de Grenelle répondit dans son âme comme un funèbre écho au souvenir des fossés de Vincennes.

Cependant, et nous éprouvons une souffrance morale en étant obligé d'en convenir, il y eut, un an plus tard, une espérance et une tentative de rapprochement du côté du gouvernement impérial. L'empereur Napoléon, dont l'esprit était si grand, ne méconnaissait l'influence de la grandeur de l'esprit sous aucune de ses formes. Il aurait donc voulu trouver un terrain sur lequel il pût se rapprocher de Chateaubriand, et l'idée de faire décerner au *Génie du Christianisme* par la classe des lettres de l'Institut le grand prix décennal semble avoir répondu, dans la pensée de Napoléon, à ce désir d'un rapprochement. Mais ce désir vint se heurter contre deux obstacles : la passion philosophique et révolutionnaire dont une partie des examinateurs littéraires étaient animés contre l'auteur du *Génie du Christianisme*, et la servilité inintelligente de quelques courtisans, plus empressés à servir la pensée du maître qu'habiles à la deviner. La tentative échoua donc. Il est probable que Fontanes, qui avait eu le noble courage de se déclarer, dans ses belles stances sur le *Tasse errant de ville en ville*, l'ami et l'admirateur du grand écrivain persécuté par le pouvoir, et presque abandonné par le public, contribua à pousser Napoléon dans cette voie, et nous ne craindrons pas d'ajouter qu'en agissant ainsi M. de Fontanes se montrait l'ami plutôt de la fortune que de la gloire de Chateaubriand. Toujours est il que l'on ne saurait expliquer le vote qui, le 20 février 1811, quarante jours après la mort de Joseph Chénier, ouvrit à Chateaubriand les portes de l'Académie, si l'on n'admet pas l'action toute puissante de l'empereur, qui, en faisant ainsi le premier pas sur le terrain de la conciliation, conviait l'auteur du *Génie du Christianisme* et des *Martyrs* à faire le second.

Que ceux qui n'ont jamais éprouvé au fond de leur cœur le sentiment de la faiblesse humaine, et ces éblouissements que l'on éprouve malgré soi devant l'éclat prolongé de ces fortunes auxquelles rien ne résiste et surtout devant le rayonnement du génie, jugent avec une implacable sévérité cette défaillance d'un moment que suppose le demi-consentement obtenu de Chateaubriand pour son entrée à l'Académie. Pour nous, nous nous contenterons de plaindre ce grand esprit qui pliait quelquefois sous le poids accablant des persécutions d'un pouvoir si craint et si obéi et de l'abandon de la faveur publique, et nous chercherons la cause des éclipses momentanées de sa volonté dans les profondeurs de son caractère. Le mobile ordinaire de la conduite de Chateaubriand, c'était, si nous ne nous trompons, plutôt encore le sentiment si français de l'honneur que le sentiment chrétien du devoir. Il voulait pouvoir lever les yeux devant tout le monde, il tenait à sa propre estime, à celle des contemporains et de la postérité, c'était avant tout un homme d'honneur. Certes, l'honneur est le plus noble et le plus beau des orgueils, mais c'est encore un orgueil, et, à ce titre, il est moins fort et moins inébranlable que le sentiment du devoir. Le sentiment du devoir enfonce ses racines dans les profondeurs de la conscience, et rien ne peut le détourner de l'effort généreux qu'il fait pour mettre l'action humaine en conformité avec la volonté divine. Tandis que l'honneur peut céder à des illusions humaines, aux enchantements de la gloire, à l'enivrement de la popularité, se laisser influencer par le courant de l'opinion, arrêter par le respect humain, séduire aux séductions de l'admiration et de la louange, l'austère devoir qui n'aspire qu'à obéir à Dieu échappe à toutes les séductions et à tous les piéges. Il brave les humiliations, les injures, il résiste aux entraînements de l'amour-propre offensé, à l'abandon, à la calomnie, au mépris, à la honte, si elle pouvait atteindre la vertu ; les yeux fixés sur son immortel idéal attaché au divin gibet du Calvaire, il va où sa conscience le pousse, où Dieu l'appelle, Dieu son témoin dans ce monde, son juge dans l'autre, Dieu, ce spectateur sublime sans le regard duquel le monde moral serait vide et la conscience humaine obscure comme une terre sans soleil.

Chateaubriand ne s'éleva point à cette grandeur chrétienne dont Lescure et Cathelineau, le saint du

Poitou et le saint de l'Anjou, furent le type dans les luttes héroïques de la Vendée. Il fut grand cependant parmi les hommes de son temps, grand malgré les parties faibles et étroites de son caractère, par ce sentiment élevé de l'honneur qui fut le mobile de sa conduite dans les circonstances les plus importantes de sa vie, au milieu d'une génération dominée par les mobiles moins nobles de l'ambition, de l'intérêt et du bien-être. Vous allez encore trouver ici un nouvel exemple de la promptitude et de la vigueur avec lesquelles ce sentiment de l'honneur réagissait dans son âme contre les défaillances passagères de son caractère. Il vient d'être nommé membre de l'Académie française, à la presque unanimité des vingt-cinq membres présents. L'empereur, informé, selon l'usage d'alors, a approuvé le choix par un décret. Le soir même, à son cercle, en félicitant M. de Fontanes du choix de son nouveau collègue, il a dit avec son grave et malin sourire : « Eh bien, vous éludez la question, messieurs de l'Académie, vous avez joué de finesse avec moi, vous prenez l'homme au lieu du livre ; je verrai s'il n'y a pas moyen de donner au nouvel élu quelque grande place littéraire, une direction générale des bibliothèques de l'empire. » Le rapprochement paraît donc consommé. Mais il y a encore une épreuve à traverser, celle du discours public que le récipiendaire à l'Académie française doit prononcer.

Il a à parler de Chénier, le philosophe du dix-huitième siècle et le démocrate de la Révolution, de son théâtre, de ses écrits, de ses opinions, de ses actes politiques sous la Convention. Sacrifiera-t-il la liberté de ses propres opinions, la consciencieuse indépendance de son jugement, son droit et son devoir, et, comme le dit éloquemment M. Villemain, l'honneur de sa vie, pour respecter cette espèce de trêve silencieuse que l'Empire a ordonnée entre ses serviteurs venus des régimes précédents, et pour ménager les régicides casernés dans les grandes charges de l'Empire et contre lesquels ricochera le blâme jeté contre les crimes de la Convention? Chateaubriand n'hésite pas. Il ne fait pas son discours pour l'Académie, pour l'empereur, pour son entourage révolutionnaire, il le fait pour sa conscience, pour la conscience publique. Il n'énerve point le blâme encouru par les grands crimes de la Convention, il établit que les lettres ne sont pas un art industriel, qu'on ne peut séparer le style de la pensée, et le talent du caractère de l'homme et de l'emploi de sa vie, il juge Chénier, ses actes, sa vie, son temps. « Si le discours avait été prononcé devant l'auditoire en instance depuis deux mois, écrivait Suard, jamais pareil tonnerre d'applaudissements n'eût fait trembler une salle. »

Le discours ne fut pas prononcé. La commission chargée d'en entendre la lecture n'osa prendre sur elle ni de l'approuver ni de le rejeter ; elle en référa à l'Académie, qui ne crut pas pouvoir autoriser le nouvel académicien à prononcer une pareille harangue. L'empereur voulut lire lui-même le manuscrit; il en barra la plus grande partie et ne laissa guère subsister que l'éloge final du conquérant, et l'appel à la clémence qui s'y mêlait. Quand M. Daru vint aux Tuileries chercher l'arrêt définitif du discours, il trouva l'empereur qui tenait en main le manuscrit, et qui se livra à un de ces monologues dans lesquels sa colère réelle ou simulée s'épanchait de manière à produire les effets d'opinion qui entraient dans ses vues. « Je ne puis souffrir rien de tout cela, disait-il, ni ces souvenirs imprudents, ni ces reproches du passé, ni ce blâme secret du présent, malgré quelques louanges. Je dirais à l'auteur, s'il était là devant moi : Vous n'êtes pas de ce pays, monsieur. Votre admiration, vos vœux, sont ailleurs. Vous ne comprenez ni mes intentions ni mes actes. Eh bien! si vous êtes mal à l'aise en France, sortez de France; sortez, monsieur, car nous ne nous entendons pas, et c'est moi qui suis le maître ici. Vous n'appréciez pas mon œuvre, et vous la gâteriez si je vous laissais faire; sortez, monsieur, passez la frontière, et laissez la France en paix et en union sous un pouvoir dont elle a besoin. »

Ainsi parlait l'empereur, et sa voix tonnante, faisant retentir sans cesse ces mots : « Sortez, monsieur! » au delà de son cabinet et jusque dans la grande galerie où se trouvaient des dignitaires de sa cour et plusieurs sénateurs, produisit une singulière méprise. On crut qu'il les adressait à M. Daru, et, quand celui-ci sortit du cabinet impérial, le flot des courtisans s'écarta de lui, comme s'il eût été atteint de la lèpre de la disgrâce. Il eut de la peine à s'expliquer ce mouvement auquel il n'était pas accoutumé, et, quand il en connut la cause, il ne put réprimer un accès de gaieté qui rassura ses amis. Toutes les cours se ressemblent sur ce point, et celles des dynasties nouvelles sont loin d'être plus désintéressées et plus stoïques que celles des anciennes dynasties. On sut bientôt que ce n'était pas de M. Daru, mais de M. de Chateaubriand qu'il fallait s'éloigner.

La rupture entre lui et Napoléon était cette fois irrévocable. Au fond, en lui offrant sa faveur, Napoléon lui demandait quelque chose de plus précieux encore; il aurait fallu que Chateaubriand abdiquât ses sentiments, ses idées, ses souvenirs, ses affections, tout ce qui constituait sa vie morale, l'honneur de sa vie. Chateaubriand n'y consentit pas. Il avertit l'Académie par un simple billet, daté du 29 avril 1811, que, « ses affaires et le mauvais état de sa santé ne lui permettant pas de se livrer au travail, il lui était impossible de fixer l'époque à laquelle il désirerait être reçu à l'Académie. » Mais il ne quitta pas la France, il attendit. L'horizon s'assombrissait. La lutte engagée en Espagne contre la nationalité d'un peuple, en Italie contre l'autorité spirituelle du Pape, et les préparatifs de l'expédition de Russie, commençaient à décourager les amis et à encourager les adversaires de la fortune de Napoléon. Les obstacles s'accumulaient sans qu'il semblât s'en apercevoir. La lassitude commençait à gagner la France épuisée de sang. M. Villemain a merveilleusement décrit cette période d'attente et de détachement qui précéda et prépara la crise finale, et il a montré Chateaubriand désigné par la disgrâce impériale à tous les éléments de l'opposition qui se formait, surveillant de l'œil ces nouveaux symptômes et prévoyant de loin la catastrophe contenue dans ce nuage noir qui se levait à l'horizon. Ce fut, en effet, à l'époque du départ de l'empereur pour la Russie qu'il prononça cette parole dont l'événement devait faire une prophétie : « C'est Crassus chez les Parthes ! »

Quand cette situation approcha de son terme, que l'Europe en armes eut envahi notre territoire, que la chute de l'Empire, vraisemblable depuis quelque temps pour les esprits perspicaces, devint à leurs yeux inévitable, Chateaubriand se recueillit dans sa clairvoyance, dans son génie et dans sa haine, et se mit à composer son redoutable pamphlet, qui donnait le coup de grâce au présent et préparait l'avenir : *Buonaparte et les Bourbons*. M. Villemain apprécie avec une rare et véritable sagacité cet écrit, où certes il ne faut pas chercher la froide et scrupuleuse impartialité d'un jugement historique, mais qui, selon la remarque judicieuse de l'éminent critique, ne produisit une sensation si vive et si extraordinaire que parce qu'il ne dépassait point la passion publique du temps. Du reste, l'écrit de Benjamin Constant sur l'*Esprit de Conquête et d'Usurpation* n'était pas moins violent. La vivacité de l'explosion de l'opposition était proportionnée à la durée et à la pesanteur de la compression.

Quant à Chateaubriand, il payait, en un seul jour, l'arriéré de ses longues et cuisantes injures. Les trésors de colère, d'indignation et de haine amassés dans son cœur depuis l'exécution du duc d'Enghien et celle d'Armand de Chateaubriand, et augmentés par dix ans d'une persécution latente ou publique, se précipitaient sous sa plume comme un torrent de laves, et, le souvenir de la monarchie se rencontrant avec l'espérance de la liberté politique, il écrivait cette terrible et éloquente philippique dont Louis XVIII a dit que, « pour sa cause, la brochure de Chateaubriand avait mieux valu qu'une armée. »

II

CHATEAUBRIAND SOUS LE MINISTÈRE DECAZES.

Lorsque, dans le livre de Fénelon, Télémaque descend au séjour des morts et pénètre dans les champs Élysées, son bisaïeul Arcésius lui dit, en lui montrant Ajax qui s'est tué de désespoir et d'indignation parce que les Grecs ont décerné à Ulysse les armes d'Achille : « N'approche point de lui, mon fils, car il croirait que tu voudrais l'insulter dans son malheur, et il est juste de le plaindre : ne remarques-tu pas qu'il nous regarde avec peine, et qu'il entre brusquement dans ce sombre bocage parce que nous lui sommes odieux? » Si ces ressentiments se perpétuent jusque dans l'Élysée, et si les ombres mêmes gardent, suivant Fénelon, devant lequel le cœur humain n'avait pas de secrets, ces lointaines rancunes, qu'y a-t-il d'étonnant à ce que les vivants ne soient pas plus oublieux que les morts?

Les sympathies de M. Villemain, on le sait, son concours le plus actif, ont appartenu à la politique de M. Decazes. C'est pour lui un souvenir de jeunesse, chose toujours si puissante; c'est, en outre, une question personnelle. Quand il parcourt de l'œil ce champ de bataille du passé, il peut dire : « Là était planté notre drapeau, ici était l'ennemi. » Aussi nous crierions volontiers, s'il était temps encore, à M. de Chateaubriand, cet ardent adversaire de M. Decazes, à la Chambre de 1815, à M. de Villèle, le chef habile, prudent et énergique de la majorité de cette Chambre, à l'opposition de droite de 1816 à 1820, qui finit par renverser l'ami politique de M. Villemain : « N'approchez pas; ne remarquez-vous pas qu'il vous regarde avec peine, et que vous lui êtes odieux? »

Je prévois la réponse. On peut dire : « Mais, si M. de Chateaubriand, dans son ardente opposition de 1815 à 1820, si la Chambre de 1815, l'opposition de 1816, en un mot si la droite de cette époque ne sauraient être agréables à l'ingénieux et éloquent auxiliaire, au spirituel ami de M. Decazes, M. Decazes lui-même et sa politique vous sont-ils plus agréables à vous-même? Ne verriez-vous pas le ministère de ce temps-là à travers vos rancunes, comme vous croyez que M. Villemain voit M. de Chateaubriand et la droite à travers les siennes? Entre ces préventions contradictoires, quel sera le juge? Il ne sera nulle part, tant que le temps, dont le souffle glacé refroidit toutes les laves, n'aura pas fait succéder à cette époque, dont les passions sont vivantes encore, une époque complétement désintéressée de leurs débats. Jusque-là le litige continuera sans qu'il y ait d'arrêt possible. »

Je pourrais bien répondre que je n'ai point été personnellement engagé dans ces luttes, que M. Decazes et M. de Chateaubriand sont à mon égard dans cette position qui, suivant l'historien romain, était une condition comme une garantie d'impartialité, *nec injuria, nec beneficio noti.* Mais je n'ignore pas ce qu'on peut objecter. Les passions politiques sont parfois aussi puissantes que les intérêts pour influencer les jugements de l'esprit et les mouvements du cœur. On appartient à un parti, on épouse ses prédilections et ses antipathies. Il y a des traditions de blâme comme de louange qu'on reçoit toutes faites. Par la filiation des idées, il est aussi naturel que je sois favorable à M. de Chateaubriand, à M. de Villèle, à M. de Montmorency et aux royalistes de 1815, qu'il peut l'être que M. Villemain soit partial en faveur de M. Decazes, de sa politique et de son ministère.

Je n'admets pas complétement cette assimilation, car c'est beaucoup, pour juger impartialement une époque, que de n'avoir pas été personnellement engagé dans ses luttes. Mais cette assimilation peut être admise, il suffit; nous voulons prévenir tout soupçon. Notre moyen sera simple. Nous accepterons M. Villemain lui-même pour juge; seulement nous lui demanderons la permission de dépayser la question en la transplantant pour un moment en Angleterre, et nous déduirons son jugement de ses opinions bien connues.

M. de Talleyrand, que l'éminent écrivain cite souvent, avait coutume de dire : « Je pardonne toujours à mon interlocuteur de ne pas être de mon avis, mais je ne saurais lui pardonner de ne pas être du sien. » L'avis de M. de Villemain, qui ne le connaît? Il est un des plus fervents amis de la liberté politique; l'idéal des gouvernements à ses yeux, c'est le gouvernement parlementaire, c'est-à-dire cette espèce de gouvernement dans lequel les chambres ont le dernier mot. Un ministre, pour arriver au pouvoir et pour y demeurer, doit, selon lui, avoir une majorité et gouverner avec elle. La chambre élective, formée d'hommes indépendants envoyés par l'élection, doit avoir la principale part dans les affaires du gouvernement. L'admirateur éclairé de la constitution britannique ne saurait accepter, il n'accepte pas, dans une monarchie représentative, l'idée d'un ministre arrivant par la faveur royale, et gouvernant par cette faveur au rebours de l'opinion de la chambre élue, encore moins accepte-t-il les ordonnances substituées aux lois et la volonté solitaire du monarque, qu'on appelle dans la langue constitutionnelle l'arbitraire, à cette volonté collective du roi et de la législature qu'on appelle la loi. L'ascendant de la tribune, l'omnipotence des majorités, la liberté de la presse, voilà l'avis de M. Villemain.

Ces principes admis, et nous les croyons incontestés et incontestables, nous demanderons à M. Villemain la permission de lui raconter un épisode de l'histoire d'Angleterre peu connu, et que des documents nouvellement découverts viennent de mettre en lumière.

Au moment où le roi Charles II remonta sur le trône d'Angleterre, il eut la faiblesse et le malheur d'admettre dans ses conseils un des juges, un des meurtriers du roi son père. Ce régicide, uni d'intérêt avec un autre membre du cabinet, dont l'habileté peu scrupuleuse avait été mêlée à tous les manéges et à toutes les intrigues de la révolution, espéra dominer les élections nouvelles qui se faisaient en Angleterre, et obtenir une chambre à son gré. Dans cet espoir, il fit annoncer dans une ordonnance que plusieurs articles de la grande Charte seraient revisés d'un commun accord par la chambre et par le roi. Son attente fut déçue. Le mouvement de l'opinion fut plus fort que toutes les influences ministérielles, et le pays envoya à Charles II une chambre ardemment royaliste. Cette chambre était animée de la passion politique très-vive qui régnait alors dans le pays contre les auteurs de ses malheurs, mais elle était dévouée au roi, prête à marcher avec le ministère nouveau qui, au seul bruit de sa venue, avait remplacé le ministère impossible qui contenait dans son sein, selon une admirable expression, « la flèche empoisonnée du régicide », pourvu que ce nouveau cabinet voulût agir dans l'intérêt monarchique. Cette chambre composée d'hommes indépendants par leur position et par leur fortune, trop passionnés sans doute, mais honnêtes; inexpérimentés, mais pleins de bonnes intentions, avait en outre un sentiment très-vif de sa dignité: elle prenait au sérieux les prérogatives qui lui appartenaient d'après la Constitution. Elle voulait sauvegarder les intérêts des contribuables comme ceux du roi. Elle était à la fois royaliste et parlementaire.

En présence d'une pareille chambre que le roi avait déclarée le phénix des chambres, cet oiseau introuvable de l'antiquité, quelle devait être la conduite d'un ministère franchement monarchique, constitutionnel et national? Il aurait dû, n'est-il pas vrai? calmer les passions politiques qu'apportait cette chambre, leur résister quand elles demandaient quelque chose d'injuste ou d'impolitique, mais en satisfaisant ses sollicitudes monarchiques, et en respectant ses prérogatives parlementaires. Il y avait là pour un ministre habile et loyal une occasion précieuse que certainement M. Villemain, cet intelligent admirateur du gouvernement parlementaire, n'aurait pas laissée échapper s'il avait vécu en Angleterre à cette époque, et si son âge lui avait permis de s'asseoir dans les conseils du roi Charles II : l'occasion de faire entrer complétement le parti des anciens *Cavaliers* dans les voies du gouvernement parlementaire, de les confondre avec la fraction bourgeoise du parti royaliste, de réunir les royalistes d'inclination aux royalistes de raison, et d'asseoir le gouvernement sur ses véritables bases, l'indépendance de la propriété foncière. Réunir ceux qui, à des titres divers, voulaient l'établissement monarchique, acquérir le droit et la faculté de résister aux passions en donnant satisfaction aux intérêts légitimes de la monarchie, rapprocher le parti persévérant des Stuart, des autres classes de leurs sujets, et fonder en même temps la liberté politique sur la base de la monarchie traditionnelle, telle était la tâche qui se présentait devant ce nouveau cabinet.

Au lieu de cela, voilà ce qu'il fit. Avant même que le nouveau parlement fût réuni, il le fit attaquer, calomnier dans les feuilles étrangères par des correspondances privées, à la solde du ministre, qui représentèrent la nouvelle chambre comme une réunion d'esprits rétrogrades et fanatiques, qui voulaient restaurer dans le pays les abus des âges précédents. Il désespéra de ce nouveau parlement avant de l'avoir vu. Il faut expliquer cette énigme historique. Il y avait à cette époque un jeune ministre, d'un esprit facile et prompt, mais sans profondeur, d'une physionomie agréable, d'un caractère insinuant, d'un commerce plein de séduction, mais sans sûreté, plus expert dans les arts de l'intrigue que dans la science politique, et qui, venu du cabinet de la mère du Protecteur, avait fait ses études d'homme d'État dans les bureaux de la police. Charles II, avec plusieurs des qualités qui font les grands princes, avait un défaut regrettable, le besoin d'avoir un favori. Il en convenait lui-même de bonne grâce; lui si ferme devant le danger, il ne savait rien refuser dans l'intimité à la créature que sa faveur avait élevée au-dessus de ses autres sujets. J'ose à peine articuler ce fait devant le puritanisme parlementaire de M. Villemain : il arriva de là une chose inouïe sous un gouvernement représentatif : l'Angleterre se trouva gouvernée, malgré la majorité de son parlement, par un favori. Ce n'était pas le roi, ce n'était pas la chambre, c'était le favori qui gouvernait. Ce favori était jeune et ambitieux; il comprit de bonne heure que ses plus dangereux compétiteurs dans la faveur royale étaient les amis les plus dévoués du roi. Il agit donc de manière à rejeter dans l'opposition les royalistes, et se servit de l'autorité que le roi lui avait confiée pour les accuser devant le pays. De sorte qu'on assista à ce singulier et étrange spectacle : les royalistes attaquant le gouvernement royal placé dans les mains d'un favori, et le favori dépositaire du pouvoir royal dénonçant les royalistes comme les ennemis de la prospérité et de la sécurité publiques.

La première question sur laquelle le pouvoir et la majorité du Parlement se heurtèrent fut la question d'amnistie. Les membres du Parlement étaient arrivés des comtés avec une indignation passionnée et des projets violents contre tous ceux qui avaient eu part aux malheurs de l'Angleterre. Il ne s'agissait de rien moins que de déférer les plus coupables aux tribunaux, d'en éloigner un bien plus grand nombre par une mesure générale de bannissement, et de soumettre les biens de ceux qui se trouveraient atteints par ces mesures judiciaires ou politiques à une double ou une triple imposition pendant plusieurs années, pour combler le déficit laissé par la révolution. La majorité aurait voulu atteindre surtout le régicide qui avait un moment siégé dans les conseils du roi, et le placer sur la liste des bannis. Le ministère, au contraire, présentait à la majorité deux listes arrêtées par cet étrange ministre, et qui envoyaient un certain nombre d'hommes moins compromis que lui devant les tribunaux, et en bannissaient un certain nombre d'autres, la plupart inconnus. La commission, nommée par la majorité, objectait à cela qu'on faisait trop et pas assez. La mesure était insuffisante et elle n'était pas motivée. C'était un exemple qu'il fallait donner; or cet exemple n'aurait ni justice ni moralité, si l'on exceptait les chefs de la dernière révolution, et si l'on ne frappait que des coupables de troisième plan. Elle avouait en outre qu'elle éprouvait, à recevoir de la main d'un régicide la liste des ennemis du roi, une défiance profonde. Sa conscience ne lui permettait pas de voter le bannissement d'hommes arbitrairement choisis, et contre lesquels on ne produisait aucune charge.

Le ministère alléguait qu'il ne pouvait en produire, puisque ce n'était pas lui qui avait rédigé les listes des bannis, et la commission, composée d'hommes honnêtes, répondait que cette impuissance du ministère ne tranquillisait pas sa conscience, et qu'elle n'avait aucune confiance dans le discernement ni dans l'équité du régicide qui avait rédigé la liste des bannis. Enfin, elle proposa, comme transaction, une mesure de bannissement contre les régicides qui avaient montré le plus d'obstination contre le retour du roi légitime, en réclamant cette mesure comme une satisfaction donnée à la conscience publique. Le ministre persista dans son refus.

J'ose à peine exposer devant M. Villemain la manière dont cet arrogant favori engagea la discussion devant le Parlement. « Les ministres, dit-il, parlent au nom de l'honneur, car ils parlent au nom du roi; ils parlent au nom de la nation, car ils parlent au nom du roi; ils parlent au nom de la raison et de la sagesse, car ils parlent au nom du roi. » Il ajouta que, « la loi étant présentée au nom du roi, les ministres n'y étaient pour rien et n'encouraient aucune responsabilité personnelle. » Je demande pardon à l'orthodoxie parlementaire de M. Villemain d'affliger ses oreilles délicates par le retentissement de cet épouvantable barbarisme constitutionnel. L'Angleterre, à cette époque, bégayait encore la langue du gouvernement représentatif, et notre favori, dont nous citons textuellement les paroles, n'en connaissait pas, on peut le voir, les premiers éléments. Cependant il termina son discours par ces mots : « Les ministres seront toujours prêts à offrir leurs têtes pour le service du roi, leurs têtes qui ne peuvent être menacées que par ses ennemis. »

Je vois d'ici la figure du spirituel et éloquent auteur de la belle étude sur M. de Chateaubriand crispée par un malin et dédaigneux sourire. Quelle langue, mon Dieu! quelles idées pour un ministre constitutionnel en face d'un parlement! Quoi donc? ce n'est plus le ministère qui couvre le roi, c'est le roi qui couvre le ministère. Si le ministre parle au nom du roi, de la raison, de l'honneur et de la nation, au nom de qui la majorité parle-t-elle quand elle vote contre le ministère? Et puis que vient faire ici cette offre d'une tête que personne ne demande et que l'orateur place comme un bouclier devant un portefeuille qu'il veut garder à tout prix? Eh! l'ami, vous vous trompez de temps et d'auditoire. Strafford offrant sa tête aux ennemis de son roi et aux siens, en présence d'un parlement révolutionnaire, était sublime; mais vous, qui ne risquez rien et dont tout le monde, dans ce parlement royaliste, trouve la tête souriante fort bien placée sur les épaules qui la portent, vous franchissez, en prenant mal à propos ce ton tragique, le pas fatal qui sépare le sublime d'un voisin moins auguste.

Voilà ce qu'aurait certainement dit M. Villemain s'il avait siégé dans ce parlement d'Angleterre. Je le félicite, du reste, de n'y avoir pas siégé, car ses nerfs constitutionnels y eussent été singulièrement agacés dans cette même discussion par tous les orateurs du ministère : « Si veut le roi, si veut la loi, s'écriait un des plus éloquents d'entre eux; quant à moi, je vote pour le roi; » nous continuons à citer textuellement *the parlementary register*. « Je vote pour le roi! » Ainsi, quand on repoussait la loi qui amnistiait les régicides, on votait contre le roi. Quel gâchis!

Le Parlement, qui s'était réduit à obtenir l'expulsion des régicides les plus compromis, introduisit cette mesure dans la loi malgré le ministère, et la loi fut votée aux cris de *Vive le roi!* Mais le différend recommença bientôt entre le favori et le Parlement à l'occasion de la loi d'élection. Le ministère avait proposé une loi d'élection dont on a fait un résumé exact en la formulant ainsi : « Les ministres nomment les électeurs, les électeurs nomment les députés. » Les députés des comtés, que leur dévouement envers le roi n'empêchait pas d'être les défenseurs vigilants des garanties des libertés publiques, objectaient qu'un pareil projet de loi constituait l'omnipotence ministérielle.

La révolution, disaient-ils, avait renversé les barrières qui bornaient autrefois l'autorité royale. Si celles que créait l'indépendance du Parlement se trouvaient détruites par une loi qui mettait la nomination des membres de ce parlement à la discrétion du ministère, l'Angleterre tomberait sous le plus intolérable des despotismes, parce qu'il aurait l'apparence des formes représentatives. Ils proposaient donc de substituer au projet ministériel qui mettait les électeurs dans les mains du ministère, en déclarant électeurs de droit un nombre de fonctionnaires publics considérable, un projet qui rendît la représentation des intérêts sincère. Tout contribuable payant 50 fr. devait, dans leur système, être électeur du premier degré, et les électeurs librement nommés par ceux-ci devaient élire les députés. Je n'ai pas besoin de demander à M. Villemain son avis sur ces deux projets, dont l'un mettait le droit électoral dans les mains des agents du gouvernement, tandis que l'autre le laissait aux contribuables indépendants. Je connais son avis. Il est pour le gouvernement parlementaire, par conséquent il est pour la loi électorale qui assure la représentation des intérêts nationaux, et non pour celle qui assure la représentation des intérêts des fonctionnaires.

Ce fut sur cette loi électorale que la rupture du favori avec le Parlement acheva de se déclarer et devint irrévocable. Il ne put faire voter sa loi, et il ne voulut pas accepter celle proposée par les communes. Alors leurs rapports s'envenimèrent de plus en plus. Il avait accusé, au début de la session, la nouvelle Chambre de vouloir renverser le gouvernement représentatif, et maintenant il trouvait qu'elle allait trop loin dans les sérieuses garanties qu'elle voulait lui donner. Les rôles se trouvaient intervertis. La chambre parlait des intérêts et des droits des contribuables ; le ministère invoquait à toute occasion les droits et l'autorité du roi, derrière laquelle se cachaient l'ambition et la vanité du jeune favori. Cependant il y avait une loi d'élection à faire, il fallait qu'elle fût faite. La chambre commençait à prévoir que le ministère essayerait de se passer de sa coopération. Elle eut la pensée de prévenir cette tentative extra-constitutionnelle, ce coup d'État, car c'en était un, en déclarant qu'elle ne voterait le budget que lorsque le pays serait en possession d'une loi qui réglerait cette question fondamentale des élections, sur les assises de laquelle repose l'édifice du gouvernement représentatif. Puis ses sentiments royalistes la retinrent. Elle craignit de devenir factieuse en faisant violence au roi Charles II par cette mise en demeure financière. Elle se demandait, en outre, si les droits de la Chambre allaient, dans le cas d'une résistance opiniâtre du ministère, jusqu'à laisser en souffrance les grands services publics. Elle ne le crut pas. Elle surmonta donc cette tentation et vota loyalement le budget.

Voilà ce que fit la Chambre, et maintenant voici ce que fit le favori. Le budget voté, il se hâta de proroger la Chambre; puis, un mois avant le jour où il aurait dû la réunir, il prononça sa dissolution. Il n'y avait pas de loi d'élection faite ; il décida de sa propre autorité d'après quels principes la nouvelle Chambre serait élue. Sous un régime où il y a trois volontés pour faire la loi, celle de la Chambre des lords, celle de la Chambre des communes, celle du roi, on faisait une loi avec une seule volonté, car c'était faire une loi que de prolonger le régime des ordonnances qu'on s'était excusé d'appliquer lors des élections de la nouvelle Chambre, en alléguant une

21

impossibilité qui n'existait plus, puisque la Chambre avait été réunie. C'était un coup d'État, et ce coup d'État avait pour objet d'écarter les amis les plus dévoués du roi, ceux qui venaient de lui donner une preuve de leur loyal respect en votant le budget, quoiqu'ils pressentissent qu'en assurant le payement de l'impôt ils se désarmaient et se livraient au ministre, décidé à les traiter en ennemis.

Encore une fois, je ne demande pas l'opinion de M. Villemain; je la connais : ce mot seul de coup d'État lui fait horreur. Faire des élections sans loi d'élection, réduire le nombre des députés par ordonnance, voilà, n'est-ce pas, un ministre bien osé! Eh bien, il ne s'en tint pas là. Cette loi d'élection, faite pour son usage, ne suffisait pas à sa sécurité. Tout le monde sait que, sous le régime parlementaire, il est de principe que l'on ne doit pas faire intervenir le nom du roi dans l'épreuve électorale. Que diriez-vous donc, monsieur, si les lords gouverneurs des comtés avaient écrit aux électeurs principaux des lettres dans lesquelles on aurait trouvé des expressions pareilles à celles-ci, textuellement citées, je vous en avertis : « Je suis autorisé à le dire, à le répéter et à l'écrire, le roi verra avec mécontentement siéger dans la nouvelle Chambre ceux des députés qui se sont signalés dans la dernière session par un attachement prononcé à la majorité opposée au gouvernement. » M. Villemain, car c'est à lui que je m'adresse, répondrait sans doute que la liberté de la presse aurait fait justice d'une pareille énormité, s'il était possible qu'elle eût été commise sous le régime parlementaire.

La liberté de la presse! Mais je ne vous ai donc pas dit que notre favori, craignant de ne pouvoir vivre avec la liberté de la presse, avait pris le parti de la tuer? Il avait fait les élections avec la censure, et le premier vote qu'il demanda à la nouvelle Chambre fut la continuation de cette loi de silence dont il usa sans scrupule et sans retenue. Non-seulement il obligeait les journaux opposés à ses idées à se taire, mais il les contraignait à attaquer, contre leur opinion, la majorité du Parlement qu'il venait de dissoudre. Il ne souffrait pas dans la presse périodique d'autre parole que la sienne, et il exigeait qu'elle fût partout. Pendant quatre ans à peu près qu'il gouverna, les journaux ne jouirent pas de quatre mois de liberté. Si je ne craignais pas de pousser à bout la patience et la longanimité de M. Villemain, cet intelligent ami de la liberté de la presse, je lui dirais jusqu'à quel point le scandale de cette oppression fut poussé. On vit des hommes d'honneur, diffamés par les correspondances secrètes envoyées aux journaux étrangers, afin de les représenter comme des rebelles et des factieux, réclamant en vain l'insertion d'une rectification ou d'un démenti dans les journaux de leur pays. Les directeurs de ces journaux, leurs lettres existent encore, répondaient, en baissant la tête, qu'il ne leur était pas permis d'insérer de pareilles réclamations. Chose plus étonnante encore! il existe un jugement qui condamne à trois mois d'emprisonnement des journalistes qui avaient faussement accusé d'anciens *Cavaliers* d'avoir commis des désordres dans une ville d'Angleterre ; or ces journalistes, qui étaient des gens d'honneur, et qui par conséquent ne voulaient pas rester sous le coup d'une accusation de calomnie, produisirent les notes que leur avait adressées le secrétaire général du ministère, et d'après lesquelles avait été rédigé leur récit calomnieux, sans qu'ils le sussent. Voilà comment notre favori entendait la liberté de la presse. C'était un écho qui accueillait les calomnies ministérielles contre des adversaires politiques et qui étouffait les rectifications et les démentis.

Ah! comme la plume incisive et mordante de M. Villemain eût fait justice de ce ministre antiparlementaire, si, continuant son intéressante histoire de Cromwell, il l'eût poussée jusqu'au règne de Charles II! Un ministère qui gouverne sans parlement et contre le parlement, qui conteste, au nom du roi, aux députés, le droit de rejeter la loi qu'il leur présente, qui fait intervenir le nom du roi dans les élections, qui déclare que le roi sera mécontent si telle nuance d'opinion entre au parlement, qui met un bâillon aux journaux par la censure, et qui, ôtant un moment ce bâillon, les oblige à parler sous sa dictée, qui transforme la presse en arme de calomnie; c'est là, d'après les opinions connues de M. Villemain, l'idéal d'un mauvais ministère, une espèce de monstre politique dont il faut reléguer l'existence dans ces temps antédiluviens que le régime parlementaire qu'il idolâtre laisse bien loin en arrière, dans les ténèbres primordiales du chaos. Eh bien, je n'ai pas encore tout dit. Haine de la liberté des électeurs, haine de la liberté du parlement, haine de la liberté des journaux, qu'y a-t-il donc au-delà ?

Il y a l'emploi savant des ruses occultes et des roueries clandestines de la police. Le ministre dont nous parlons ne démentit pas sur ce point son origine; sa principale habileté fut une habileté de police. Les tribunaux constatèrent plusieurs fois que les conspirations qu'il leur dénonçait, et dont il plaçait ordinairement le théâtre dans les provinces où le culte de la légitimité des Stuarts s'était conservé le plus fervent et le plus vif, ces complots, dans lesquels il cherchait à compromettre les hommes qui avaient donné des gages à la monarchie comme à la liberté politique, étaient des romans ministériels. Parmi ces procès, il y en eut un qui resta fameux dans les annales de l'Angleterre : ce fut celui qu'on intenta à des hommes qui avaient l'habitude de se promener sur les bords de la Tamise, au bord de l'eau, comme on disait, en devisant de la chose publique. Il n'y avait presque aucun des inculpés qui n'appartînt à une famille dont le sang avait coulé sur les échafauds de la révolution. Et de quoi le favori accusa-t-il les martyrs de la bonne cause ? De conspiration contre le roi auquel ils avaient tout sacrifié ! L'homme de la faveur accusait les hommes du sacrifice; l'enfant gâté des prospérités royales traînait à la barre des tribunaux les serviteurs des adversités monarchiques. M. Decazes, son nom nous échappe enfin, car cette fiction qui nous avait un instant égayé finit par nous devenir importune, accusait M. de Chateaubriand, MM. de Villèle, Corbière et toute la droite de conspirer la ruine de la monarchie, et, pour tout couronner, il désarmait la Vendée dont toutes les veines avaient saigné pour les Bourbons, sous prétexte que la fidèle Vendée pouvait se lever contre eux [1] ! Ah ! je comprends que Chateaubriand se soit écrié à cette époque : « Vous réclamez les fusils des compagnons des Cathelineau, des Stofflet, des Bonchamps, des Lescure ! Que ne demandez vous aussi l'épée des Charette et des Larochejacquelein ? Ah ! la main qui porta cette épée ne put être désarmée par

[1] L'arrêté pris dans le département des Deux-Sèvres porte la date du 25 mai 1819. Il est signé Pastureau.

quatre cent mille soldats; elle ne s'ouvrit pour céder le fer que lorsque la mort vint glacer le cœur qui guidait cette main fidèle ! On avait promis à cette épée la restauration de la monarchie ; on lui avait juré de laisser à sa garde le jeune roi Louis XVII et son auguste sœur. Le traité fut conclu à la vue des ruines de la Vendée, à la lueur des flammes qui dévoraient ce dernier asile de la monarchie. Quand on vous aura remis les armes vendéennes, qu'en ferez-vous ? Elles ne sont point à votre usage : ce sont les armes des vieux Francs, trop pesantes pour vos bras [1]. »

Il règne quelquefois dans les régions intellectuelles, comme dans le monde physique, des espèces de *malaria* qui exercent leur influence sur les santés les plus florissantes, je veux dire sur les esprits les plus distingués et les plus fins. Les médecins appellent cela la constitution de l'année, de la saison, et toutes les maladies en affectent la forme. La constitution intellectuelle de cette année, c'est une tendance à la réhabilitation politique du ministère de M. Decazes. Dans une certaine école, les écrivains les plus distingués, les penseurs les plus ingénieux, les critiques les moins enthousiastes, n'échappent point à cette épidémie qui menace de prendre des proportions dangereuses. L'éloge de la politique de M. Decazes revient dans les

---

[1] *Conservateur*, tome IV, 44ᵉ livraison, page 251.

livres et dans les revues avec la monotonie taquine d'un refrain.

J'espère que l'espèce d'agacement que donne à ceux qui ont étudié cette époque dans les documents originaux cet enthousiasme factice ne me rendra pas injuste envers M. Decazes. A l'époque où la lutte était très-vive, on a articulé contre lui les accusations les plus graves. Il conspirait, disait-on, contre Louis XVIII; passons, c'était la passion royaliste qui, accusée par lui, l'accusait à son tour de ce crime impossible, car M. Decazes, en conspirant contre Louis XVIII, non-seulement eût poussé l'ingratitude au delà des limites ordinaires, mais il eût commis un suicide politique; sous aucun gouvernement, en effet, il n'eût obtenu la faveur, le crédit, la puissance, la fortune, dont jouissait ce fortuné favori sous le roi son bienfaiteur. On l'a accusé d'avoir secrètement favorisé l'évasion de M. de la Valette, en 1815, crime beaucoup moins irrémissible, quoiqu'il eût été plus digne du gouvernement, disons-le en passant, de faire hautement grâce au condamné que de favoriser clandestinement sa fuite. En présence de la Chambre de 1815 et des passions politiques du temps violemment surexcitées, M. Decazes protestait très-haut contre cette calomnie. Maintenant il se défend moins énergiquement, ou du moins ses amis le défendent moins énergiquement d'une participation complaisante à l'évasion du directeur des postes des Cent-Jours. Ils n'avouent rien, ils ne nient rien, ils consentent entre deux sourires à accepter pour leur ami cette responsabilité que le changement des temps et des situations change en titre aux faveurs contemporaines. L'intérêt politique du ministre qui dictait les protestations ayant disparu, l'homme ne serait point fâché d'être accusé rétroactivement d'indulgence et d'humanité.

Eh bien, je crois que cette accusation rétroactive n'est pas plus motivée que celles dont je viens de parler, et j'appuierai mon opinion de celle d'un témoin oculaire bien à portée de juger la question. « C'est dans le mois de décembre 1815 qu'eut lieu l'évasion de M. de la Valette, dit le baron d'Haussez[1], la nuit même du jour fixé pour l'exécution de l'arrêt qui le condamnait à mort. Je dînais, ce jour-là, chez M. Decazes. Sa sœur, lui, deux secrétaires et moi, étions les seuls convives. Pendant toute la première partie du dîner, le ministre fut très-grave. Il jouait avec une de ses nièces qu'il faisait sauter sur ses genoux, et la faisait ensuite courir sur la table en lui laissant prendre tout ce qui tentait sa gourmandise, lorsqu'un huissier vint l'avertir qu'on le demandait immédiatement dans son cabinet pour une affaire importante. Le ministre était dans une de ces dispositions d'es-

---

[1] Dans ses Notes manuscrites.

prit où l'on dit volontiers : « A demain les affaires! »
il ne se pressait donc pas de sortir. L'huissier rentra
et lui dit que le message pour lequel Son Excellence
était appelée ne comportait pas de remise. M. Decazes
sortit. Deux minutes après, il fit appeler son premier
secrétaire, puis le second. A cette précipitation, à
l'air effaré des huissiers, nous présumâmes, madame
Princeteau et moi, qu'il se passait quelque chose d'extraordinaire. Je me hasardai à pénétrer chez le
ministre que je trouvai dans un désordre extrême, la
figure altérée, hors de lui, donnant des ordres, dictant à droite, à gauche, parlant bas aux uns, haut
aux autres, maugréant, pestant, donnant, en un mot,
toutes les marques de la surprise, du trouble et de la
colère. Sans avoir besoin de le questionner, j'appris
que cette alerte était causée par l'évasion de M. de la
Valette. Bien des personnes auxquelles j'ai raconté
cette anecdote ont voulu me persuader que j'avais
été le premier dupe d'une mystification; si dupe il y
a, je le suis encore, car je persiste à croire qu'il n'y
avait rien de joué dans cette gaieté et cet abandon à
table dont j'étais seul témoin, moi convive de hasard;
on ne se donne guère la peine, en effet, de faire de
la mise en scène pour un spectateur solitaire : rien de
joué dans cette inquiétude, ce trouble, cette colère,
manifestés par les signes les moins équivoques, et dans
tous les détails que j'ai vus se succéder pendant cette

soirée, et que j'ai soigneusement recueillis et écrits dans cette nuit même, dans la pensée qu'ils pourraient éclaircir un point historique. Plusieurs des amis de M. de la Valette m'ont depuis affirmé qu'il était convaincu que le gouvernement était demeuré étranger à son évasion. Cette assertion m'a été confirmée à plusieurs reprises par Robert Wilson, l'un des trois Anglais qui avaient favorisé sa fuite. »

On a accusé aussi M. Decazes d'avoir sciemment cherché à rendre le gouvernement royal odieux à la France; les mêmes motifs nous portent à mettre au compte de la passion royaliste violemment surexcitée cette accusation aussi invraisemblable que la première. Enfin, dans le paroxysme de la douleur et de l'indignation que causa l'assassinat de monseigneur le duc de Berry, la passion royaliste fit remonter jusqu'au ministre la responsabilité du crime. Cet entraînement de la colère et de la douleur s'explique, mais l'impartiale histoire ne doit pas se faire l'écho de ces injustices passionnées de la polémique. Outre l'horreur de cette action, qu'on ne saurait attribuer à un homme dont les mœurs étaient douces et le caractère facile, il est évident que la mort de M. le duc de Berry allait devenir l'écueil où se briserait la fortune de M. Decazes; la fin tragique de ce noble et bon prince, qui fut un malheur pour la France entière, était un malheur politique pour le ministre dirigeant.

Après avoir fait la part des reproches injustes adressés à M. Decazes, il ne faut pas non plus se dissimuler ses fautes et ses véritables torts. Je ne crois pas le calomnier en affirmant qu'il eut le caractère profondément égoïste des favoris qui sacrifient tout à leur fortune, et que sa politique essentiellement personnelle ne fut pas plus libérale que monarchique. A part l'évacuation du territoire, que M. Villemain lui attribue à tort, et qui fut l'œuvre de l'ami d'Alexandre, le loyal duc de Richelieu, auquel le docte historien n'aurait pas dû enlever ce titre de gloire qui est un patrimoine de famille, je n'aperçois dans la politique de M. Decazes qu'un mobile, son intérêt ministériel. Il sépare les royalistes du roi, il les dénonce au pays, en les représentant sous les couleurs les plus noires. Pour faciliter sa politique présente, il crée ainsi des embarras permanents pour l'avenir. Il empêche le rapprochement de l'école des royalistes rationnels avec ces royalistes de sentiment que les départements avaient envoyés à la Chambre de 1815, après les Cent-Jours. Il détruit ainsi dans son germe l'union de la bourgeoisie avec les propriétaires terriens, indépendants par position et par caractère, qui fût devenue le fondement le plus sûr du gouvernement représentatif en France. Il cherche à se faire une majorité avec un petit nombre de ces royalistes rationnels dont M. Royer-Collard était le chef, et les restes de l'école administrative de l'Empire, des fonctionnaires dociles, et un petit nombre de révolutionnaires plus souples que les autres. C'est là une base bien peu solide pour la monarchie renaissante, une garantie bien peu sûre pour la liberté politique nouvelle, mais c'est un appui commode pour un pouvoir ministériel qui veut avant tout assurer son existence. Éloigner ses compétiteurs, ne se donner que des auxiliaires dépendants de sa fortune, voilà le résumé de la politique de M. Decazes. Il craint moins les révolutionnaires que les royalistes, parce que les premiers ne sont que les ennemis de la royauté et que les autres sont les compétiteurs du ministre.

Pour les éloigner, il fait des choses qui doivent avoir des conséquences fatales. D'abord il obtient du roi l'ordonnance du 5 septembre, qui montre la royauté faisant dictatorialement ce qu'elle a proposé aux Chambres de faire législativement : une loi d'élection, sinon permanente, au moins transitoire et pour les élections d'où sortira la Chambre qui sera chargée de créer des institutions électorales définitives. C'est un précédent qui ne sera pas perdu, et qui se retrouvera dans l'histoire le 26 juillet 1830. Il gouverne ensuite par l'appât des emplois, l'intrigue, la censure et la police. Ce sont là des faits irréfragables. Il suffit de rappeler le procès Leguevel et Legall devant la cour d'assises du Morbihan, celui de Billard dans la Mayenne, le procès de la terrasse du bord de l'eau, dans lequel M. de Chateaubriand fut incriminé; les affaires de Grenoble et de Lyon, sur lesquelles plane encore un sombre nuage; le procès intenté à MM. Comte et Dunoyer, qui offrirent de fournir la preuve écrite que les notes insérées dans le tome II du *Censeur européen* contre les missionnaires de Bordeaux, et celles qui étaient dirigées contre les officiers vendéens accusés d'avoir commis des désordres à Lille, avaient été fournies à leur journal par le ministère lui-même, devenu ainsi pamphlétaire anonyme.

Quand, par cette marche qui le séparait de plus en plus des hommes de droite, et même du centre, et l'obligeait ainsi à descendre de plus en plus vers la révolution, M. Decazes a suscité des craintes jusque dans la Chambre des pairs, composée d'hommes jusque-là favorables à sa politique, mais alarmés pour l'ordre, qu'ils préfèrent à tout, quand M. le marquis de Barthélemy, cet esprit sage et modéré, a proposé au nom de la Chambre haute de changer cette loi d'élection qui amène dans la Chambre des députés jusqu'à des régicides, M. Decazes, décidé à tout sacrifier à sa fortune ministérielle, fait contre cette Chambre un coup d'État, analogue à celui qu'il avait fait contre la Chambre des députés en 1815; il crée d'un seul coup soixante pairs, en comprenant parmi eux la plupart des personnages qui ont joué un rôle dans les Cent-Jours. Pour en avoir seulement créé douze, le comte d'Oxford fut condamné la première année du règne de George Ier, « attendu, disaient les Communes dans l'acte d'accusation, qu'il avait enfreint les droits et l'honneur des seigneurs en faisant créer douze pairs pour s'en servir à ses fins. »

De bonne foi, est-ce là la conduite, nous ne disons pas d'un royaliste dévoué, mais d'un politique sage, d'un ministre libéral et vraiment parlementaire? Est-ce ainsi qu'on rasseoit une monarchie restaurée sur ses bases? Est-ce ainsi qu'on crée un gouvernement représentatif dans un pays sillonné par les révolutions? N'est-ce pas au contraire la conduite d'un politique égoïste et téméraire qui gouverne à l'heure, et qui sacrifice l'avenir au présent, l'année à la journée, la monarchie et la liberté politique au ministère? Est-ce là l'idéal que l'école libérale, éclairée par tant d'expériences, éprouvée par tant d'adversités, prétend nous donner? Serons-nous condamnés à subir l'apothéose de M. Decazes dont les torts envers la liberté politique furent aussi grands que ses torts envers la monarchie, et qui essaya de gouverner la France en dehors de tous les principes, avec des habiletés de main? Qu'on y prenne garde, ce n'est point seulement M. de Chateaubriand, MM. de Villèle, Corbière et toute la droite qui ont attaqué

M. Decazes. A mesure qu'il descendait la pente, il a laissé derrière lui tous ceux qui marchaient avec lui au début. Le loyal duc de Richelieu, M. Lainé, cette âme fière et candide, M. de Serre, ce serviteur dévoué de la monarchie et de la liberté politique, M. Roy, qu'on n'accusera certainement pas de passion, M. Molé, auquel on ne reprochera pas d'être animé des sentiments de la réaction de 1815, se sont successivement séparés du favori. M. Decazes eut-il raison contre le duc de Richelieu, contre MM. Lainé et de Serre, contre MM. Molé et Roy, comme il avait eu raison contre MM. de Chateaubriand, de Villèle et Corbière? Eut-il raison, en 1819, contre la majorité de la chambre des pairs, comme il avait eu raison en 1815 contre la majorité de la chambre des députés? Représenta-t-il, sous la Restauration, l'infaillibilité politique et la raison pure? Poser ces questions, c'est les résoudre. C'est le cas de répéter le mot de M. de Talleyrand : « Si M. Villemain n'était pas de cet avis, il cesserait d'être de son avis. »

Le ministère de M. Decazes nuisit au pays et à la royauté, parce que, au lieu d'opérer la fusion des diverses nuances de la société qui voulaient la monarchie légitime et la liberté politique, il les divisa. Il obligea les royalistes de la nuance la plus nombreuse à se constituer en opposition sous le gouvernement du roi, et leur fit prendre ainsi des habitudes de chicane et d'indiscipline qui devaient se retrouver plus tard. Il ne cessa de dénoncer au pays, au nom du gouvernement du roi, comme les adversaires de la liberté politique et de l'égalité devant la loi, ceux que le pays connaissait comme ayant été dévoués à la royauté dans toutes ses fortunes, et il excita contre eux la défiance générale, rendit ainsi très-difficile, même dans l'avenir, le rapprochement des hommes des centres avec la droite, union nécessaire pour fonder un gouvernement représentatif en France : lorsqu'une opinion est abandonnée à elle-même, en effet, elle est trop faible dans ce pays pour gouverner, et en outre elle cesse de se contrôler et descend la pente de ses passions, tandis que, lorsqu'elle est obligée de compter avec une autre nuance, elle se modère et se surveille. Enfin, pour remplir les vides que cette politique faisait dans le parti ministériel, il descendit jusqu'au parti vraiment révolutionnaire, dont il cautionna les hommes devant la France, au nom du gouvernement royal, sans voir que ces hommes ne voulaient ni du gouvernement royal ni de la liberté politique réglée par la loi, et qu'ils abusaient des institutions pour pousser à un nouveau renversement. Si l'on ajoute à ces fautes de M. Decazes celle d'avoir assis l'édifice de la monarchie et de la liberté politique sur la base étroite de l'oligarchie des électeurs à cent écus, aussi peu capable de gouverner que d'être gouvernée, et impuissante à soutenir l'édifice de la monarchie représentative, l'abus des moyens de police, l'arbitraire administratif, enfin cette promotion si nombreuse qui énerva l'institution de la pairie, si nouvelle en France, et en altéra profondément l'esprit au moment même où M. Decazes allait disparaître, en nécessitant ainsi de nouvelles promotions dans l'avenir, on aura l'idée d'un ministère plus occupé à disputer sa vie à la difficulté du moment qu'à fonder quelque chose de durable pour l'avenir, et d'une politique d'expédients substituée à la grande polique qui trouve les solutions des problèmes posés.

On ne saurait donc accepter les jugements sévères, et, nous ne craindrons pas de le dire, involontairement injustes, que M. Villemain porte sur cette partie de la carrière de M. de Chateaubriand. Cet homme illustre ne fut pas plus infidèle aux sentiments qu'il avait voués à la liberté politique qu'à ceux qu'il avait voués à la royauté en attaquant le système de M. Decazes, funeste à toutes deux. Qu'on allègue les difficultés de la situation, les embarras de tout genre, la confusion des choses, le pêle-mêle des hommes, à l'époque où ce ministre prit les rênes des affaires, à la bonne heure. Qu'on explique ses fautes, qu'on excuse ses torts, nous le voulons bien.

Qu'on se plaigne de la passion royaliste alors surexcitée par la situation déplorable dans laquelle se trouvait la France, de ce besoin de sévices et de rigueurs qui tourmentait les âmes enfiévrées de colère après l'échauffourée des Cent-Jours ; qu'on dise qu'il y eut des fautes de leur côté, rien de mieux. Mais qu'on ne propose point à notre admiration un ministre qui a besoin de notre indulgence, et qu'on ne substitue point à l'arrêt de l'histoire un plaidoyer rétrospectif. La chute de la monarchie des Bourbons et celle du gouvernement représentatif remontent au ministère de M. Decazes, qui en dispersa les éléments et en faussa les ressorts. Nous sommes donc convaincu que, sauf la violence de la forme et les exagérations de la polémique, l'histoire approuvera les sévérités de M. de Chateaubriand contre la politique de M. Decazes, et qu'elle n'acceptera pas le jugement de M. Villemain sur la conduite et les écrits de M. de Chateaubriand, à cette époque de sa carrière. C'est un chapitre de polémique rétrospective égaré dans un beau livre d'histoire.

III

CHATEAUBRIAND PENDANT LE MINISTÈRE VILLÈLE.

M. Decazes tomba devant une situation déjà difficile, rendue impossible pour lui par l'assassinat de

M. le duc de Berry. M. Villemain traite, à ce sujet, avec une grande sévérité, un homme honorable que nous avons connu dans les premières années de notre jeunesse, M. Clausel de Coussergues, qui déposa, le lendemain de la mort du prince, un acte d'accusation contre le ministre, comme complice de cet attentat. Nous avons déjà exprimé notre opinion sur ce point d'histoire. Certes, à la distance où nous sommes de l'événement, il ne peut y avoir de doute pour personne. Mais le lendemain de l'événement, dans cette situation ardente et troublée que le docte historien a si bien décrite, quand les âmes étaient ébranlées par une profonde affliction, et les imaginations assiégées par tous les fantômes, les idées les plus sinistres trouvaient accès dans les intelligences, et le meurtre du duc de Berry, venant après l'élection du régicide Grégoire, paraissait le dernier terme d'une progression fatale. C'était le moment où Nodier, qui n'était pas animé au même point que M. Clausel de Coussergues de la passion royaliste, écrivait dans le *Journal des Débats* cette phrase célèbre : « J'ai vu le manche du couteau, c'est une idée libérale. » Ce coup effroyable, frappé par la passion révolutionnaire surexcitée dans une nature scélérate jusqu'à enfanter le meurtre, avait, par une réaction naturelle, exalté la passion royaliste. Elle était disposée à accueillir avec la triple crédulité de la douleur, de la crainte et de la haine, les soupçons les plus sinistres. Cette situation des esprits ne justifie pas l'accusation de M. Clausel de Coussergues, mais elle l'explique. Pour apprécier l'action d'un homme, il ne faut pas la séparer du milieu dans laquelle elle s'est produite. Qu'elle ait contribué à la chute de M. Decazes, nous ne le nions pas; que la démarche faite auprès du roi par madame la duchesse d'Angoulême ait été l'occasion de cette chute, cela est vrai aussi; mais il faut la préoccupation amicale du spirituel écrivain pour ne pas voir que la cause était plus haut et ailleurs, et qu'il ne dépendait de personne, pas même du roi, de faire vivre le ministère de M. Decazes après le meurtre du duc de Berry. Il vint se heurter contre l'impossibilité, et Louis XVIII, qui avait le sentiment de l'impossible, ne disputa pas beaucoup son favori à la force des choses qui le renversait.

Le savant historien a peint avec son art ordinaire l'époque de transition qui s'écoula entre la chute du ministère de M. Decazes et l'avénement du ministère royaliste. Il montre l'ambition de M. de Chateaubriand affriandée par un premier succès et en convoitant un second. Mais, en politique, il faut savoir attendre. M. de Chateaubriand ira donc attendre dans l'ambassade de Berlin que la situation qui a fait un premier pas vers lui en fasse un second. Son isolement et l'absence de grandes affaires disposent, à cette époque de sa vie, son intelligence inoccupée à accueillir des idées moins sérieuses et des sentiments peu en harmonie avec la gravité de son âge, car il avait déjà dépassé sa cinquantième année. Ses *Mémoires* contiennent à ce sujet des confidences dont M. de Villemain fait justice avec une raillerie contenue, en critiquant des réticences qui sont une fatuité de plus, car elles laissent aller l'imagination du lecteur beaucoup au delà de la vérité. La fille de Charlemagne et Eginhard, comme l'historien le fait observer avec beaucoup de raison, n'avaient que faire dans cette histoire; et la postérité n'aurait pas dû être mise dans la confidence de l'admiration exaltée qu'une jeune tête allemande éprouva, sur les marches du trône du grand Frédéric, pour le génie de l'écrivain, et que la vanité de l'homme qui n'était indifférente à aucun genre de succès confondit avec un autre sentiment.

Quand le mouvement politique qui avait ramené le duc de Richelieu aux affaires, prenant son dernier développement, motiva, par le cours régulier des idées et des choses, l'avénement d'un ministère de droite, M. de Chateaubriand n'était pas encore en ligne pour prendre place dans le nouveau cabinet. La guerre violente et personnelle qu'il avait faite à M. Decazes l'avait rendu désagréable à Louis XVIII, qui avait besoin d'un peu de temps pour s'accoutumer à l'idée de voir siéger dans son conseil celui qui avait annoncé la chute de son favori par une phrase qui, dans son laconisme offensant, résumait tout l'acte d'accusation dressé par M. Clausel de Coussergues : « Le pied lui a glissé dans le sang. » En outre, il était naturel, dans un gouvernement représentatif, que les chefs de la majorité arrivassent au pouvoir. Nous le ferons observer en passant, il n'y eut sous la Restauration qu'un ministère dont l'avénement fut vraiment parlementaire, ce fut celui de M. de Villèle. De concert avec M. de Corbière, il avait conduit l'opposition de la droite pendant quatre ans dans la Chambre élective et s'était toujours tenu dans les limites d'une fermeté intelligente et modérée, sans vouloir suivre les passions de la droite dans leurs écarts, lorsque, à la fin du dernier ministère de M. le duc de Richelieu, elles avaient entrepris de forcer la main au roi. Il recueillait le fruit de sa sagesse, de sa modération et de sa bonne conduite, et il lui appartenait, d'après les principes du gouvernement parlementaire, de diriger son parti comme ministre, après l'avoir dirigé comme chef d'opposition. L'heure n'était pas encore venue pour M. de Chateaubriand d'entrer au ministère; il alla l'attendre à l'ambassade de Londres.

Nous allons nous trouver encore une fois en dissentiment avec M. Villemain. Il préfère évidemment beaucoup M. de Chateaubriand à M. de Villèle, et il s'accoutume difficilement à l'idée que, dans un ministère où siégeaient à la fois M. de Chateaubriand et M. de Montmorency, M. de Villèle ait pu occuper la première place. Chez un homme aussi préoccupé de la forme et aussi sensible à l'éclat du génie et au charme de l'esprit que doit l'être M. Villemain, cette préférence et cet étonnement sont faciles à comprendre. Certes, s'il s'était agi d'écrire un beau livre, M. de Villèle aurait dû passer après M. de Chateaubriand. S'il se fût agi de soutenir dans les salons de la grande aristocratie européenne la renommée de haute politesse et de causerie spirituelle et élevée de l'ancienne société française, M. de Villèle aurait dû céder la place au vicomte Matthieu de Montmorency. Il le comprenait lui-même avec ce bon sens qui le suivait partout et qui était sa force, et, quand le roi Louis XVIII voulut l'envoyer à Vérone, il lui déclara sur-le-champ que ces fonctions appartenaient à M. de Montmorency, et qu'il ne voulait à aucun prix les usurper. A chacun son rôle. Le sien était de demeurer en France et de préparer les forces et les finances du pays, afin de faire face aux éventualités dangereuses qui lui paraissaient devoir sortir de la question d'Espagne, dont le congrès de Vérone allait s'occuper.

C'est ici que paraît la supériorité réelle de M. de

Villèle. M. de Chateaubriand était le grand écrivain du cabinet, M. de Montmorency en était le grand seigneur, M. de Villèle en était le politique. C'était donc lui qui, dans un gouvernement parlementaire, devait avoir la haute direction. Elle lui appartenait d'abord en raison de son ascendant sur la Chambre, puis en raison de la prééminence du jugement sur toutes les autres facultés intellectuelles, quand il s'agit de la conduite des affaires de gouvernement. M. de Villèle comprenait lui-même très-bien ses avantages sur ce point. Il répondait à quelqu'un qui semblait le soupçonner d'un sentiment de jalousie contre M. de Chateaubriand : « Je ne suis point jaloux de Chateaubriand, il a bien plus d'esprit que moi, mais j'ai plus de jugement que lui, et ce n'est pas l'esprit qui emploie le jugement, c'est le jugement qui emploie l'esprit. » M. Villemain n'a donc pas rendu une entière justice à M. de Villèle. Cela ne nous surprend point; ce ministre avait ces qualités solides qui servent, et non ces avantages qui plaisent. On peut dire qu'il était le bon sens de la droite, et que M. de Chateaubriand en était l'imagination. Or, pour un esprit aussi lettré que M. Villemain, les séductions de l'imagination sont bien puissantes, et il faudrait un grand désintéressement personnel pour faire passer le talent après le jugement.

Ces trois noms, M. de Villèle, M. de Chateaubriand,

M. de Montmorency, se trouvent en présence devant une grave question, la question de l'intervention en Espagne. M. Villemain a envisagé l'ensemble de cette question avec une impartialité d'esprit que nous ne sommes pas habitué à rencontrer chez les historiens qui ont parlé de cette époque. Il n'a point accusé la Restauration d'être allée en Espagne pour faire de la contre-révolution en France. Il a compris et signalé l'intérêt de sécurité politique qui la portait à empêcher l'anarchie de s'établir de l'autre côté des Pyrénées, dans la crainte qu'elle ne les franchît, et cet autre intérêt plus important encore qui poussait le gouvernement royal à saisir l'à-propos de cette occasion pour montrer une armée française combattant sous le drapeau blanc, et reconquérir ainsi à la France sa place en Europe, qu'elle avait perdue par les désastres de l'Empire.

M. Villemain a-t-il été aussi bien inspiré quand il s'est agi de faire la part de chacun dans le succès? Nous ne le croyons pas, et, dans tous les cas, nous ne pensons pas qu'on puisse beaucoup lui reprocher une erreur autorisée en quelque sorte par l'état des documents, et qui a été souvent commise dans le sein de la droite elle-même. Pour que la vérité historique fût complétement connue, il faudrait que les trois versions qui existent sur le congrès de Vérone, celle de M. de Villèle, celle de M. le duc Matthieu de Montmorency et celle de M. de Chateaubriand, fussent sous les yeux du public. Or jusqu'ici le public ne connaît que la dernière. *Le Congrès de Vérone*, par M. de Chateaubriand, et l'écrit intéressant publié sous le titre de *Politique de la Restauration*, par M. le comte de Marcellus, son élève, son ami et son premier secrétaire d'ambassade à Londres, voilà jusqu'ici les principales pièces du dossier diplomatique dans lequel on est allé puiser quand il s'est agi de cette affaire. Comme on le pense bien, M. de Chateaubriand ne s'est pas donné le mauvais rôle, et l'historien du congrès de Vérone en est devenu le héros. M. de Marcellus, qui, dans la studieuse retraite où il acquiert de nouveaux titres à l'estime, après avoir servi son pays sur le grand théâtre des affaires, a conservé un culte filial pour la mémoire de M. de Chateaubriand, n'a pas écrit pour le démentir. Il dit les choses comme il les a vues; mais il les a vues au point d'optique le plus favorable à son illustre ami.

En attendant que l'histoire fasse la part de chacun, il y a une sorte de vraisemblance littéraire qui a pris la place de la vérité réelle, et il n'y a rien d'étonnant à ce que M. Villemain, naturellement bien disposé pour l'illustre écrivain dont il étudiait la vie, se soit laissé tromper par ce mirage historique. Dans son livre, M. de Chateaubriand a la grande part à la guerre d'Espagne. M. de Villèle n'est qu'un financier qui voit partout des questions de budget, et qui, au lieu de discerner l'importance des intérêts politiques, calcule tristement les écus qu'il faudra donner pour envoyer une armée de l'autre côté des Pyrénées. Ce portrait est tracé d'une manière piquante; il n'a guère qu'un défaut, assez grave, il est vrai, pour un portrait, celui de ne pas être ressemblant. Quand tous les documents seront connus, je crois que la postérité rendra à M. de Villèle ce titre de politique que M. Villemain, et bien d'autres avant lui, ont refusé à cet homme d'Etat.

Ce qui a contribué à tromper les écrivains qui sont tombés dans cette erreur, c'est que M. de Villèle, qui représentait la pensée du gouvernement comme chef du cabinet, était obligé à beaucoup de prudence et de discrétion dans ses paroles officielles ou publiques. Celui que nous avons appelé le bon sens de la droite avait autre chose à faire qu'à flatter sa passion et à satisfaire son imagination. Il fallait qu'il préparât des ressources nécessaires pour faire la guerre, mais qu'il n'avouât l'intention qu'il avait de la porter en Espagne, quand le moment serait venu, que lorsque les esprits impartiaux seraient convaincus en France que ce n'était pas un acte de passion royaliste, mais un acte de nécessité nationale, et lorsqu'on aurait pris toutes les précautions diplomatiques nécessaires pour assurer un concours européen à la France, dans le cas où la Grande-Bretagne, contraire dès l'origine à l'intervention française, unirait ses armes à celles des Cortès pour y mettre obstacle. On voit donc que la politique de M. de Villèle devait être ce qu'elle fut, une politique de prévoyance, de modération, de tempérament, qui n'excluait ni la résolution ni la fermeté, mais qui ne devait dire son dernier mot qu'au moment d'arriver à l'action.

Elle rencontra pour antagoniste, non pas M. de Chateaubriand, qui, comme l'a entrevu M. Villemain, resta pendant toute la phase des négociations sur le second plan du tableau, mais M. Matthieu de Montmorency. Sur le fond de la question, il n'y avait pas de divergence entre le président du conseil et le ministre des affaires étrangères.

M. de Villèle, comme M. de Montmorency, croyait que la question d'Espagne finirait par la guerre, et il s'y préparait. La divergence commençait, quand il s'agissait de savoir si l'on manifesterait dès le premier moment l'intention de faire la guerre, ou si l'on attendrait, pour manifester cette résolution, qu'elle fût plus motivée par les événements. Le noble et chevaleresque Matthieu de Montmorency laissait sur-le-champ lire dans sa pensée; M. de Villèle croyait plus politique de ne laisser voir dans la sienne qu'au moment d'agir. C'était une différence de caractère et de position, plutôt encore qu'une différence d'opinion.

Cette différence continuait à se manifester quand il s'agissait de déclarer de quelle manière on ferait la guerre à la révolution espagnole. Il y avait deux systèmes également honorables en présence. M. de Montmorency éprouvait le même penchant que l'empereur Alexandre pour l'application d'une politique européenne qui, remplaçant toutes les politiques particulières, ferait partout prévaloir les intérêts du droit, de la civilisation et de l'humanité. Le cœur généreux du digne héritier des premiers barons chrétiens était séduit par le noble désintéressement de cette politique qui deviendrait l'instrument de la Providence. Comme le fait observer avec un grand sens M. Villemain, il ne s'agissait point, pour cette âme vraiment élevée et patriotique, de subordonner la politique de la France à la volonté des puissances étrangères, mais de mettre la France au rang des grandes puissances qui, sous l'œil de la Providence, gouvernaient les destinées générales de l'Europe et pourvoyaient à ses périls. M. de Villèle croyait que, dans l'état où étaient les esprits en France, et pour l'intérêt bien entendu de la royauté si nouvellement établie, il fallait conserver à l'intervention le caractère d'une action exclusivement nationale, sans y mêler en aucune façon l'action militaire des trois autres grandes puissances continentales, qui devait être tenue en réserve comme une menace contre l'Angleterre, si celle-ci tentait de se mêler à la lutte engagée par le gouvernement royal contre la révolution espagnole.

On se mit d'accord sur cette question dans le conseil avant l'ouverture du congrès de Vérone, et ce fut l'avis de M. de Villèle qui prévalut. Mais, comme il arrive toujours en ces sortes d'affaires, chacun resta de son opinion, et le vicomte Matthieu de Montmorency, dont la loyauté est non-seulement au-dessus du reproche, mais du soupçon, exprima plutôt ses idées et ses sentiments personnels, dans ses rapports avec le congrès, que les idées convenues en conseil. C'était là une chose d'autant plus inévitable, qu'il n'y avait, on l'a vu, entre lui et M. de Villèle, que des nuances, et qu'il est bien difficile que celui qui parle n'abonde pas toujours un peu dans son sens. Ce fut là l'origine du dissentiment qui entraîna la retraite du loyal vicomte de Montmorency. M. Villemain insinue que la nomination de M. de Villèle à la présidence du conseil fut le point de départ de la rupture. D'abord il est inexact que le vicomte de Montmorency n'apprit cette nomination qu'à Vérone. Le roi lui avait annoncé dans son audience de congé au moins l'intention qu'il avait de donner un président à son conseil et d'appeler M. de Villèle à ces hautes fonctions. Certainement cette résolution n'avait pas été agréable pour l'amour-propre de M. de Montmorency ; mais il s'y était résigné et n'avait fait aucune objection au roi. Il avait une haute estime pour la capacité de M. de Villèle. Ce ministre avait contribué plus que tout autre à l'appeler aux affaires, et, sans être satisfait de la prééminence que le roi accordait à M. de Villèle, M. de Montmorency l'acceptait comme l'expression de l'ascendant de cet homme d'État dans le conseil et dans la chambre. Il semble que l'esprit de M. Villemain, si fortement empreint des idées parlementaires, devrait comprendre que, sous un gouvernement représentatif, celui qui a l'influence réelle doit avoir le titre : c'est la chose qui emporte le nom, et non le nom qui emporte la chose.

Nous avons dit que, pendant toute cette première période, M. de Chateaubriand s'était tenu sur le second plan. Nous pouvons bien ajouter, puisque M. de Chateaubriand l'a écrit lui-même dans une lettre adressée au président du conseil, qu'il fut l'*homme* de M. de Villèle. Ce ne fut que lorsque M. Matthieu de Montmorency fut rentré en France que M. de Chateaubriand commença à jouer un rôle plus important. Mais il faut se souvenir que les grandes affaires étaient faites depuis la fin de novembre 1822. Le vicomte Matthieu de Montmorency était revenu à Paris.

Il y avait rapporté la note concertée avec les principaux ministres des grandes puissances, et dont l'envoi par la France, coïncidant avec celui des notes russe, prussienne et autrichienne à Madrid, devait mettre les Cortès en demeure de céder aux réclamations unanimes de l'Europe. C'est ici que le différend se posa entre M. de Montmorency que le roi venait d'élever à la dignité de duc et M. de Villèle. M. de Villèle avait toujours voulu que la France restât maîtresse de choisir le jour où elle ferait la guerre à la révolution espagnole. Dans les instructions générales remises à M. de Montmorency lors de son départ pour Vérone, il lui avait été formellement recommandé de réserver cette liberté de la France, et toutes les dépêches qu'il avait reçues pendant la durée du Congrès étaient rédigées dans ce sens. Or M. de Villèle exprimait la conviction, que, dans l'état où se trouvaient les affaires, au moment où la régence d'Urgel était obligée, après un grave échec, de chercher un asile sur le territoire français, l'envoi collectif des quatre notes concertées équivaudrait à une déclaration de guerre. La France se trouverait donc obligée de faire la guerre à l'heure choisie par le congrès, au lieu de la faire à son heure. C'était le contre-pied de la politique qu'on avait adoptée dès le début. Cette considération était naturellement moins importante pour le vicomte Matthieu de Montmorency, qui, sous l'empire des mêmes idées que l'empereur Alexandre, inclinait dès l'origine à régler les affaires de l'Espagne par l'action collective de l'Europe. Cependant, avec cette loyauté qui était un des traits distinctifs de son caractère, il avait eu soin d'avertir le congrès que la note dont il lui donnait communication ne pourrait être considérée comme engageant la France que lorsque, de retour à Paris, il l'aurait soumise au contrôle et à l'approbation de son gouvernement. Ainsi ce loyal ambassadeur, en aliénant sa propre liberté, avait réservé celle de son pays.

Autant qu'il est possible d'expliquer sommairement une affaire aussi compliquée, voilà, nous le croyons, le véritable motif de la retraite du duc Matthieu de Montmorency. M. Villemain semble croire qu'il y eut une entente entre M. de Villèle et M. de Chateaubriand pour ménager à ce dernier une place dans le conseil. Nous croyons que, sur ce point, l'historien est dans l'erreur. Le duc Matthieu de Montmorency se retira le 25 décembre, non pas après deux mois d'hésitation, mais après vingt-cinq jours de pourparlers, pour dégager son gouvernement d'une promesse que l'ambassadeur avait personnellement souscrite sous la condition d'une approbation qu'il n'avait pas obtenue. Il se retirait, parce que cette chevalerie de sentiment, dont on s'est bien corrigé depuis, le portait à penser qu'il ne pouvait rester honorablement à la tête du ministère des affaires étrangères, puisque son cabinet n'avait pas jugé à propos de faire honneur à sa parole conditionnellement donnée. Que M. de Chateaubriand se soit montré trop pressé de recueillir cette succession amie, M. Villemain l'insinue avec ces formes piquantes de langage dont il a le secret, et nous ne contesterons pas la justesse de son observation. Hélas! l'ambition comme l'avarice laisse peu de place à la délicatesse dans les questions d'héritage. On entre d'abord en possession de la succession, sauf à prendre plus tard le deuil. Comme le fait observer avec sa malice ordinaire M. Villemain, la lettre par laquelle M. de Chateaubriand semble repousser le portefeuille de son ami M. de Montmorency est une acceptation déguisée sous la forme d'un refus. Il étend la main comme pour l'éloigner, et il le prend. Malheureusement chez les plus grands esprits la fragilité humaine se retrouve et donne des spectacles de ce genre.

Voilà donc M. de Chateaubriand ministre. Il est enfin arrivé à la position qu'il a si longtemps désirée, et qu'il a poursuivie, disons-le, avec une ardeur légitime, car, sous le gouvernement représentatif, il est juste que les plus habiles arrivent au pouvoir, et les emplois sont faits pour les capacités, comme les capacités sont faites pour les emplois. Nous ne croyons pas, comme M. Villemain, que ce soit lui qui ait déterminé l'intervention en Espagne. Quand il entra au ministère, elle était inévitable. Elle est venue à l'heure où elle devait venir, quand les événements ont été mûrs, et l'on ne saurait, ce me semble, refuser à l'homme d'État qui présidait alors les conseils du roi une grande part dans la gloire de l'expédition. M. Villemain lui conteste la prévoyance, la hardiesse, le calcul, et il veut que M. de Villèle ait fait par expédient ce qu'il n'aurait jamais fait par principe. C'est juger un peu légèrement les hommes et les choses de ce temps. M. de Villèle prévoyait si bien la guerre, que, dans le budget qui fut voté avant le congrès de Vérone, il fit ajouter trente millions aux dépenses militaires; il manquait si peu de calcul, que, lorsque la fièvre jaune, qui avait motivé la formation d'un cordon sanitaire, vint à cesser, il fit sur-le-champ un pas vers le dénoûment en changeant ouvertement ce cordon sanitaire en armée d'observation. Il fit plus, il insista pour que M. de Montmorency fût chargé de négocier un traité avec les puissances continentales pour assurer à la France leur concours éventuel, dans le cas où l'Angleterre prendrait parti pour la révolution espagnole. Enfin il ne manqua pas de hardiesse, car, avant même que le congrès de Vérone fût réuni, la situation du roi d'Espagne à Madrid étant devenue très-difficile et très-périlleuse, il proposa au conseil de faire entrer

immédiatement les trente mille hommes de l'armée
d'observation, et de les diriger sur Madrid; proposition rejetée sur l'observation de M. le duc de Bellune
que le plan était inexécutable au point de vue militaire. Il faut ajouter que, pendant le congrès de Vérone
la nouvelle étant arrivée que le cabinet de Saint-James se préparait à signer un traité de commerce avec
les Cortès, M. de Villèle expédia immédiatement un
courrier à Londres avec une dépêche citée par M. de
Chateaubriand, et dans laquelle il demandait à
M. Canning une réponse prompte et péremptoire, en
l'avertissant que, si elle n'était pas telle qu'il l'attendait, le gouvernement français aviserait immédiatement. Ce ne sont là ni les actes ni la politique d'un
simple financier uniquement occupé de prévenir la
baisse et d'amener la hausse, et reculant devant le
prix de revient de la gloire et d'un succès politique
propre à consolider la monarchie.

La juste part de gloire faite à M. de Villèle dans
l'expédition d'Espagne n'ôte rien à celle de M. de
Chateaubriand. Cet écrivain illustre eut l'honneur de
faire parler dignement la France dans ses rapports
avec l'Angleterre. Sa correspondance avec M. Canning restera comme un modèle de patriotisme, de
fermeté et de raison. Sa clairvoyance lui fit comprendre qu'il ne fallait pas mesurer la puissance de l'Angleterre, dans cette affaire, à son mauvais vouloir

contre la France. Il ne s'effraya pas de ses menaces, et il comprit que la Restauration pouvait réussir en Espagne malgré l'Angleterre, quoique Napoléon eût échoué dans cette entreprise, parce que la Restauration n'allait pas imposer à l'Espagne un gouvernement étranger, mais l'aider à secouer le joug d'une révolution antipathique à sa foi religieuse et à ses mœurs politiques.

Dans toutes les questions qui eurent trait à l'Espagne, MM. de Villèle et Chateaubriand marchèrent d'accord, les dissidences ne vinrent qu'à la fin de la campagne. Le spirituel historien énumère un à un tous les motifs qui, peu à peu, les séparèrent. Je crois que tous ces motifs peuvent être ramenés à une cause générale qui les domina. M. de Villèle, appuyé sur la confiance du roi et celle des chambres, voulait garder la direction supérieure des affaires; M. de Chateaubriand, enivré de sa renommée, voulait la prendre. Le bon sens et l'imagination de la France, qui jusque-là avaient marché de concert à son grand avantage, aspiraient, à son grand dommage, à se séparer. Les admirateurs du génie de M. de Chateaubriand contribuèrent, plus que ne le pense M. Villemain, à cette rupture. Quand madame la duchesse de Duras, comme il le rapporte lui-même, disait en assez grande compagnie : « M. de Chateaubriand ne peut pas plus se passer de M. de Villèle que le cardinal de Richelieu ne put renoncer au père Joseph, » on comprend que de pareils mots, charitablement rapportés comme il arrive toujours, ne devaient pas contribuer beaucoup à resserrer l'union des deux hommes d'État. Mais ce n'étaient là que les symptômes extérieurs; le mal était plus profond. Il y avait une rivalité latente qui tendait à devenir une incompatibilité. On ne peut guère douter que M. de Chateaubriand n'eût noué au dehors des intelligences contre le cabinet dont il faisait partie, et la manière violente et soudaine dont le roi le destitua tint à la découverte de ces intelligences. Ce ne fut pas, en effet, M. de Villèle qui provoqua cette destitution, il ne fit qu'obéir au roi en en donnant avis à son collègue.

Ce qu'on peut reprocher politiquement à M. de Villèle, dans cette circonstance, c'est de ne pas avoir assez compris toute l'importance et toute la force d'un talent comme celui de M. de Chateaubriand, sous un régime de libre discussion. Il faut prendre les hommes avec leurs défauts et avec leurs qualités. M. de Chateaubriand avait de grandes qualités comme de grands défauts. Certes, on ne pouvait pas exiger de M. de Villèle qu'il cédât la première place qu'il était digne d'occuper par la supériorité de son jugement, et que lui assignait la confiance des chambres comme celle du roi. Mais peut-être aurait-il pu faire plus qu'il ne fit pour satisfaire et retenir M. de Chateaubriand.

Ce grand écrivain avait plus de vanité encore que d'ambition, et si, par des distinctions flatteuses, jointes à de magnifiques traitements, on avait pu contenter cette immense vanité dont il était travaillé, et ce besoin de recevoir qui n'était qu'un besoin de dépenser, on aurait fait une chose bien utile à la France, car on lui aurait peut-être épargné une révolution.

M. de Villèle, nous le croyons, n'estima pas assez haut la puissance de la presse. Qu'on l'aime ou qu'on ne l'aime pas, peu importe. C'est une force. Dans la mécanique, on calcule les forces physiques; dans la politique, il faut tenir compte des forces intellectuelles et morales. M. de Villèle ne tint pas assez compte de la force dont disposait M. de Chateaubriand. M. Villemain raconte qu'après la sortie de ce dernier du ministère M. de Villèle lui fit offrir l'ambassade de Naples, qui fut refusée. Je ne crois pas que les choses se soient passées ainsi. Ce fut M. Bertin de Vaux qui vint demander pour M. de Chateaubriand l'ambassade de Naples sans avoir, disait-il, consulté son ami. Et M. de Villèle répondit à cette ouverture que, dans l'état d'irritation où était le roi, il n'oserait pas lui proposer cette nomination. Il fallait avoir plus d'audace, car, dans cette occasion, la timidité de M. de Villèle était téméraire. Que ne devait-on pas tenter pour enchaîner avec des liens d'or et de soie cette redoutable plume dont Louis XVIII avait dit, en 1814 : « Elle m'a valu plus qu'une armée ! »

Les sympathies de M. Villemain suivent naturellement dans l'opposition M. de Chateaubriand, quoique cependant il convienne que, dans les assauts qu'il livra pour s'emparer de la place, il ébranla les assises mêmes de la monarchie. Aux sympathies de M. Villemain, nous opposerons nos tristesses et nos regrets. Chateaubriand a dit dans un de ses ouvrages : « Si un homme me donnait un soufflet, il aurait ma vie ou j'aurais la sienne; si c'était un roi... » Et sa phrase, restant interrompue, indique assez que, dans le cas où l'offense viendrait d'un roi, il lui faudrait la vie d'une monarchie. Qu'il soit content. Il l'a eue. Nous ne l'en félicitons pas, nous l'en plaignons. Le point d'honneur est satisfait, mais la conscience l'est-elle? C'est pour cela que nous avons pu dire de M. de Chateaubriand qu'il était un homme d'honneur, mais qu'il ne comprenait pas le sentiment chrétien du devoir. Le grand écrivain, dont le cœur n'avait pas cessé d'être royaliste, dut regretter profondément ces paroles si dures et la conduite qu'elles expliquaient sans la justifier, lorsque, après avoir vu, en 1843, un jeune et royal exilé, il lui écrivit ces belles paroles : « Les marques de votre estime me consoleraient de toutes les disgrâces; mais, exprimées comme elles le sont, c'est un autre monde qu'elles découvrent, c'est un nouvel univers qui apparaît à la France. » Mais, en

1825, M. de Chateaubriand était tout entier à sa passion. Après trois ans d'une violente et implacable opposition, pendant laquelle il s'inquiéta peu de désemparer la monarchie, pourvu qu'il eût raison de son adversaire, il entra en jouissance de la vengeance. Il renversa M. de Villèle, mais il ne se rendit pas possible comme ministre, et la royauté ne fit plus que courir des bordées jusqu'à ce qu'elle allât se briser contre l'écueil.

Nous savons ce qu'on peut dire sur la seconde partie du ministère de M. de Villèle, à partir de l'avènement du roi Charles X. Elle ne fut pas à la hauteur de la première. On voit que cet homme d'État n'a plus la même confiance dans son ascendant; il sent qu'il y a des hommes plus près du cœur du roi. Il leur fait des concessions qui doivent coûter à son jugement si sage et si clairvoyant. La loi dite du *sacrilége* n'est pas une loi qui ait pu naître dans la pensée de l'homme d'État qui disait si sensément, pour exprimer le danger de faire violence aux idées, aux sentiments et aux mœurs d'une époque : « Il ne faut pas mettre la cérémonie avant l'idée. » La loi dite du *droit d'aînesse* n'est pas une loi qui ait pu naître dans la pensée de l'homme d'État qui déclarait, dans sa correspondance, avec M. de Polignac, que l'égalité des partages était passée dans nos mœurs, et qui, avantagé par le testament de ses père et mère, renonçait aux avantages que lui assurait ce testament. M. de Villèle se laisse donc entraîner à des idées qui ne sont pas les siennes. Pourquoi? Est-ce par le désir de rester à tout prix au pouvoir? Nous ne le croyons pas. On peut désirer le pouvoir quand on ne l'a pas encore; mais, quand on a approché pendant plusieurs années la coupe de ses lèvres, on sait qu'elle contient plus d'absinthe que de miel. D'ailleurs, M. de Villèle était un homme de famille et d'intérieur, plus heureux dans sa terre de Morvilles que dans l'hôtel ministériel de la rue de Rivoli. Quel aimant a donc pu le retenir? Nous allons dire une chose bien invraisemblable, et que cependant nous croyons très-vraie. Nos pères avaient pour le roi un dévouement et une affection dont notre époque indifférente et sceptique ne saurait se faire une idée. On aimait le roi, on craignait de lui nuire et de l'affliger. M. de Villèle, au commencement du règne de Charles X, eut la pensée de se retirer, mais il craignit d'affliger le roi, de lui nuire; il resta donc, et en restant il accepta une situation qui devait l'entraîner à commettre les fautes qui ont marqué la dernière partie de son administration. Eut-il raison, eut-il tort? Nous croyons qu'il eut tort. En politique il ne faut jamais se séparer de ses idées. Il faut arriver avec elles et se retirer avec elles. Si M. de Villèle se fût retiré en 1825 du ministère, il aurait pu rendre de nouveaux services au roi et à la

France, et contribuer à prévenir une révolution quelques années plus tard. Sur ce point, il n'échappe pas à la critique.

Nous faisons, on le voit, la part du blâme, après avoir fait celle de la louange. Ce que nous reprochons à M. Villemain, c'est de ne pas avoir tenu la balance d'une main impartiale quand il s'agit de M. de Villèle. Son antipathie pour cet homme d'État est si vive, qu'elle le fait tomber dans une singulière distraction. Il a écrit, en parlant de M. de la Ferronnays, les phrases suivantes : « Ce généreux ministre avait pendant sa courte administration contribué plus que personne au nouvel esprit de l'Europe monarchique envers la Grèce, à la résolution de soutenir par les armes ce malheureux pays, aux transactions enfin qui rendaient possible l'expédition libératrice de la Morée et la bataille de Navarin. Le mémoire que M. de Chateaubriand avait envoyé à la consultation du ministre est digne du sujet. Il offre un monument mémorable de la politique généreuse qui devait, quelques mois plus tard, triompher à Navarin, pour être presque aussitôt désavouée par les Anglais en restant chère et glorieuse à la France. »

C'est pousser un peu trop loin l'antipathie contre M. de Villèle que de faire gagner sous le ministère de M. de la Ferronnays et préparer par un mémoire de M. de Chateaubriand la bataille de Navarin, qui, le docte historien s'en convaincra en consultant son annuaire, fut gagnée en octobre 1827, sous le ministère de M. de Villèle, qui ne quitta le pouvoir qu'au mois de janvier 1828. A chacun sa part dans la gloire de l'émancipation de la Grèce. Au ministère dans lequel siégea M. de la Ferronnays, l'honneur de l'expédition libératrice de la Morée; au ministère dont M. de Villèle fut le chef, la gloire de la bataille de Navarin! A la royauté française servie par les deux ministères, la double gloire de cette bataille et de cette campagne qui émancipaient un peuple chrétien et frappaient la barbarie musulmane que la Restauration, avant de tomber, devait encore atteindre dans une de ses positions les plus fortes, en plantant le drapeau blanc sur les remparts d'Alger.

IV

CHATEAUBRIAND SOUS LES MINISTÈRES MARTIGNAC ET POLIGNAC

Après la chute de M. de Villèle, le rôle actif de M. de Chateaubriand dans la politique est fini. Il a obtenu satisfaction de ses rivaux de pouvoir, mais à quel prix! M. de Villèle avait dit à M. Bertin de Vaux, lorsque celui-ci le menaçait, à la sortie de M. de Chateaubriand, de l'opposition du

Journal des Débats qui pourrait bien le renverser, ajoutait-il, comme elle avait renversé M. Decazes : « Vous avez renversé son ministère en faisant du royalisme; pour renverser le mien, il vous faudra faire de la révolution. » C'était une parole prophétique, et, lorsque M. de Villèle tomba, en janvier 1828, la révolution que le *Journal des Débats* avait contribué à préparer n'était pas loin. M. Bertin de Vaux, alors sous le coup de la passion politique, n'en convenait pas, et peut-être ne s'en apercevait-il pas lui-même. Mais l'événement, en justifiant la parole de M. de Villèle, l'avait fait entrer profondément dans l'esprit du directeur du *Journal des Débats*. M. Guizot vient de raconter comment, bien des années plus tard, lorsqu'en 1837 M. Guizot lui-même crut devoir se séparer de M. Molé, M. Bertin de Vaux lui dit avec franchise : « J'ai pour vous, à coup sûr, bien autant d'amitié que j'en ai jamais eu pour Chateaubriand, mais je ne vous suivrai pas dans l'opposition, je ne recommencerai pas à saper le gouvernement que je veux fonder. C'est assez d'une fois. »

Dans ces trente mois qui séparèrent la chute du ministère de M. de Villèle de la chute de la monarchie, M. Villemain suit la vie, la pensée, l'activité intellectuelle de M. de Chateaubriand, mêlée à toutes les questions. Il n'a pu être ministre, son opposition a été trop violente, et le roi lui a gardé rancune. Le gouvernement, qui le craint, cherche à le satisfaire en l'éloignant, on l'envoie comme ambassadeur à Rome. Il a dit à ce sujet dans ses *Mémoires* : « Ce mot de Rome a sur moi un effet magique. Je me sentis saisi du désir de fixer mes jours, de l'envie de disparaître, même par calcul de renommée, dans la ville des funérailles, au moment de mon triomphe politique. » Cette fantaisie de solitude inspire à M. Villemain des réflexions sévères, mais justes et sensées, autant que graves et éloquentes : « L'auteur de la *Monarchie selon la Charte* n'était plus un artiste, dit-il, un penseur mélancolique. Il avait lutté pour le pouvoir; il avait ébranlé ce qu'il voulait affermir; son œuvre était maintenant de rester près de la brèche, de surveiller les suites de la victoire et de les tourner au bien du pays. Par la liberté même et le succès de ses attaques, M. de Chateaubriand avait contracté une dette plus étroite envers la monarchie. »

Rien de plus vrai, rien de mieux dit. C'était peu, en effet, d'avoir renversé M. de Villèle, il fallait le remplacer. Le gouvernement représentatif est à ce prix, et l'on ne peut que partager les sentiments de M. Villemain et qu'adopter son jugement quand il ajoute : « Le départ de M. de Chateaubriand pour Rome était peu politique, et les souvenirs gracieux qu'il y mêle dans ses *Mémoires*, le plaisir qu'il prend à placer tout un épisode sur une femme charmante, indique de sa part une interruption volontaire dans la vie sérieuse qu'il s'était proposée, dans cette ambition du service public qui, si elle est élevée et sincère, n'a pas de meilleure apologie que sa propre persévérance et sa ténacité. »

L'historien a raison; mais, pour avoir cette persévérance et cette ténacité, il faut avoir combattu dans l'opposition pour un système d'idées dans lequel on a assez de foi pour l'appliquer au pouvoir, et non pour une rivalité personnelle ou une vanité blessée. Ce fut là ce qui manqua à M. de Chateaubriand. Il ambitionnait plus l'éclat du pouvoir que le pouvoir même, et, une fois sa passion satisfaite, il se dégoûtait vite avec cette légèreté d'esprit et cette espèce de scepticisme dédaigneux qui lui ont fait tant de tort dans ses *Mémoires*, où il a laissé paraître ce côté défectueux de son caractère. Sa correspondance de Rome, comme ambassadeur, ne fut guère plus grave et plus édifiante, sous le gouvernement de Charles X, qu'elle ne l'avait été à l'époque où il était secrétaire d'ambassade du cardinal Fesch, sous le Consulat. « Je crois, écrivait-il au comte Portalis, le cardinal Albani sincère. Il est d'une indifférence profonde en matière religieuse; il n'est pas prêtre; il a même songé à quitter la pourpre et à se marier. Il n'aime pas les jésuites : ils le fatiguent par le bruit qu'ils font. Il est paresseux, gourmand, grand amateur de toutes sortes de plaisirs. » Ce n'est pas dans ce style que l'auteur du *Génie du Christianisme* aurait dû écrire au gouvernement du roi très-chrétien, et nous n'avons pas de peine à croire M. Villemain quand il ajoute : « Ces lettres, communiquées au conseil par le ministre encore chargé de l'*intérim*, n'édifiaient pas la pieuse sévérité de Charles X, elles nuisaient à toute idée de rappel au ministère. »

En outre, M. de Chateaubriand se montrait d'une humeur intraitable avec un cabinet dont il était l'agent, et M. Villemain cite une de ses dépêches au comte Portalis qui dépasse tout ce qu'il est possible d'imaginer. Bonaparte n'écrivait pas d'un autre style au Directoire. Aussi l'un des ministres, M. de Saint-Cricq, répondait à un de ses collègues, M. Hyde de Neuville, lorsque celui-ci faisait retentir dans le conseil un écho de ses conversations avec M. Bertin de Vaux qui ne cessait de demander le retour de M. de Chateaubriand aux affaires : « Que veux-tu, mon cher ami ? Cet homme-là est intraitable : il nous fait peur et nous briserait. Nous l'aimons mieux dehors que dedans, et le roi est de cet avis. » Cependant M. Bertin de Vaux avait raison, et son sens politique si rare ne le trompait pas quand il répétait : « Vous vous perdez, et qui, pis est, la monarchie. Sans Villèle, il vous faut Chateaubriand, puisque malheureusement ils n'ont pas pu tenir ensemble. » Mais comment M. de Chateaubriand serait-il entré au pouvoir où le roi craignait de l'introduire et dont il ne se frayait pas lui-même l'entrée par cette ambition intelligente et forte qui se rend possible en se montrant nécessaire ?

Le ministère Martignac, tel qu'il était constitué, était insuffisant pour la situation. Il ne rassurait pas la Chambre, exigeante comme le succès, et il ne couvrait pas le roi contre l'entraînement des esprits vers la révolution. Le faible et aimable chef de ce ministère l'avait senti lui-même le jour où de sa voix de sirène, que la Chambre écoutait toujours avec plaisir, même quand elle ne se laissait pas convaincre, il s'était écrié douloureusement : « Nous allons à l'anarchie ! » M. Villemain dit une chose incontestable en rappelant que le roi Charles X, qui avait plutôt subi que choisi le ministère Martignac, éprouva une espèce de soulagement le jour où il put le congédier; mais il aurait fallu ajouter, pour être entièrement exact, que la Chambre manqua à ce cabinet avant le roi. Ce ministère était une concession de la prérogative royale à la prérogative parlementaire. Il semble que la sagesse politique eût consisté à le soutenir et à le fortifier, pour encourager la royauté à faire un nouveau pas dans la voie où elle était entrée. Tout au contraire, on multiplia devant ses efforts les difficultés et les obstacles, jusqu'à ce qu'enfin une coalition de la droite et de la gauche le mît en minorité dans la loi départementale. L'histoire doit dire que la Chambre contribua ainsi à l'avénement du ministère qui eut le malheur de voir sombrer la monarchie.

M. Villemain a peint, avec son art ordinaire, je ne dirai pas les incertitudes de M. de Chateaubriand, car il n'en eut pas, mais ses pénibles regrets et ses tristes pressentiments en apprenant la nomination du ministère du 8 août. « Inquiet de l'opinion et de l'avenir, » comme le dit avec une heureuse concision son historien, « il se rappelait que, pour faire tomber M. de Villèle du poste où il était si bien ancré, bien des efforts et des secousses avaient été nécessaires, et que le défenseur de la place n'en avait pas été arraché sans quelque ébranlement du rempart. Aujourd'hui, l'effort ne serait-il pas plus rude encore, la secousse plus grave, la victoire plus dangereuse et moins limitée. » M. de Chateaubriand était trop engagé avec l'opinion pour reculer devant sa démission; il la donna. On ne peut s'en étonner; mais il aurait pu se dispenser de reprendre cette plume redoutable qui, conduisant la polémique contre le ministère, frappait plus haut et plus loin. Il avait trop de clairvoyance pour ne point voir qu'aux flammes de cette polémique s'allumait la passion révolutionnaire qui allait bientôt dévorer la monarchie, puis la liberté politique; car la violence et l'insurrection ne fondent rien de durable, et le respect du droit dans la sphère gouvernementale assure seul l'existence du droit dans la sphère de la liberté. C'est tout ce que nous dirons sur cette époque dans l'appréciation de laquelle notre opinion différerait de celle de M. Villemain, non quand il s'agit de signaler et de déplorer les fautes commises dans le gouvernement, et le coup de désespoir dans lequel il se jeta; mais le gouvernement ne fut pas seul à commettre des fautes, il y aurait à faire la part de celles commises par la Chambre, judiciairement irresponsable, mais responsable aujourd'hui devant l'histoire. J'aime mieux dire que M. Villemain, malgré sa vive et ardente opposition contre le dernier ministère de la monarchie, juge avec une noble liberté d'esprit et apprécie avec une généreuse éloquence cette mémorable expédition d'Alger, qui allait au moins jeter un peu de gloire sur les funérailles de cette monarchie bien digne, après avoir tenu d'une main si vaillante l'épée de la France pendant tant de siècles, de mourir, comme l'a dit le poëte, dans un jour de victoire. Loin de se faire l'écho des murmures iniques qui retentirent contre cette grande entreprise, il s'élève au-dessus des injustices de l'opposition de cette époque, et il en parle comme en parlera désormais l'histoire. D'abord, il cite de belles paroles qu'il entendit prononcer par M. de Chateaubriand au sortir de la séance royale, où le roi Charles X annonça l'intention « de ne pas laisser plus longtemps impunie l'insulte faite par le dey d'Alger au pavillon français, et d'en retirer une réparation éclatante qui satisfît à l'honneur de la France et fût utile à toute la chrétienté. » M. Villemain se trouvait chez M. de Chateaubriand dans la soirée du jour de la séance, avec trois autres personnes, MM. Agier, Lacretelle et Lemoine. M. de Chateaubriand, nous aimons à reproduire ces détails pour l'honneur du vieux et illustre serviteur de la monarchie, avait rapporté une vive impression de la scène dont il venait d'être témoin. « Cet aspect solennel de la royauté, dit M. Villemain, qui, on le voit, avait partagé l'émotion qu'il décrit, et qui vibre dans son accent, cette voix du monarque, dernier frère de Louis XVI, l'avaient ému. Sous une impression de grandeur instinctive en lui, il s'arrêtait à cette annonce royale d'une prochaine expédition en Algérie.—Voilà, disait-il, de ces choses qui appartiennent à la tradition de l'ancienne France, à l'hérédité de saint Louis et de Louis XIV; voilà ce que fait la royauté légitime. Dans la crise actuelle avec ses misérables instruments, malgré ses peurs exagérées, je le veux, elle conçoit une entreprise généreuse et chrétienne, ce que je conseillais dès 1816, ce qu'elle aurait fait plus tard avec moi, si elle avait eu le bon sens de me garder. Oui, Alger, que Bossuet nous montre foudroyé par nos galiotes à bombes, et qui ne sauva son port qu'en nous rendant ses captifs chrétiens, peut tomber dans nos mains cet été. Nous ferons mieux que lord Exmouth. Rien ne m'étonne de la valeur française. Seulement cela me ravit sans me rassurer. Qui connaît les abîmes de la Providence? elle peut du même coup abattre le vainqueur à côté du vaincu, agrandir un royaume et renverser une dynastie. »

Admirables paroles que nous remercions M. Villemain, au nom de la mémoire de Chateaubriand, d'avoir conservées à la postérité. C'est là le noble côté de cette âme remplie de contrastes. Quand elle se trouvait en face du beau et du grand, elle se relevait et reprenait son niveau naturel. Puis, à la vue de cette antique royauté qu'il avait servie et aimée, le vieux sang des Chateaubriand qui, à l'époque des croisades, « avait teint les armes de France, » comme le disait son blason, et plus tard s'était mêlé, sur l'échafaud des révolutions, au sang même de Louis XVI, lui refluait au cœur, et, quoi qu'il en eût, malgré son indifférence et son scepticisme affecté, il se sentait royaliste.

M. Villemain ne s'est pas contenté de citer les belles paroles de Chateaubriand sur l'expédition d'Alger, la contagion de l'enthousiasme du grand écrivain l'a gagné, et il a écrit sur cette conquête, qui fut comme le testament de la Restauration, quelques lignes qui ne sont pas moins éloquentes : « Le 4 juillet 1830! s'écrie-t-il, après avoir caractérisé, avec une heureuse précision la rapidité de la campagne, arrêtons-nous quelque peu à cette date mémorable dans l'histoire du monde civilisé. Jamais expédition de guerre n'aura été plus juste et plus heureuse. Il ne s'agit pas ici d'une de ces grandes effusions de sang qui parfois ont satisfait un calcul passager, un intérêt de personne ou de race, en demeurant stériles pour l'humanité. La prise d'Alger, conçue et exécutée avec tant de prestesse guerrière, tant d'énergie prudente dans les chefs, tant d'ardeur dans les troupes, la prise d'Alger, apportant au trésor français plus que l'indemnité de tous les frais de guerre, marquait, en même temps, une époque nouvelle et trop longtemps différée dans la politique européenne. Elle supprimait cette honte et ce dommage qui, durant des siècles polis, laissaient subsister, à trois journées des ports de France et d'Italie, la piraterie, la barbarie féroce et l'esclavage. Elle renouvelait, pour la côte septentrionale de l'Afrique, cette colonisation civile et chrétienne qui, de la fin du premier siècle au commencement du cinquième, avait donné de si grands hommes à l'empire et à l'Église, un Septime Sévère, un Cyprien, un Augustin. Elle rendait au génie et aux arts de l'Europe une terre si féconde et si voisine, où s'était appuyée la décadence de Rome, et où la France, après tant de pertes, allait retrouver une école intérieure de guerre et une source de puissance. Le général de Bourmont, quelque souvenir qui pèse sur sa vie, obtint ce jour-là une vraie gloire chèrement payée. Homme d'une race ancienne et forte, il avait amené à l'œuvre ses quatre fils, d'âge militaire, et tous officiers dans la garde ou dans l'armée. Il en laissait un parmi les morts, peu nombreux, de cette marche rapide, de ces combats pressés l'un sur l'autre et de ce siége enlevé si vite. »

V

CHATEAUBRIAND AU MOMENT DE LA RÉVOLUTION DE 1830

Avec la Révolution de juillet, nous entrons dans la dernière période de la vie de Chateaubriand, encore mêlé pendant les premières années de cette Révolution aux luttes de la politique par ses grandes polémiques contre le gouvernement nouveau, puis, à mesure que ce gouvernement s'affermit, se retirant, triste et découragé, dans le silence et la solitude et

s'asseyant longtemps d'avance sur la pierre de son
tombeau, M. Villemain a apprécié avec une piquante
exactitude le rôle plus agité qu'actif que joua le grand
écrivain dans les moments rapides qui décidèrent du
sort de l'insurrection de Juillet et en firent une révolution. Chateaubriand ne connaissait pas la peur,
mais c'était un homme d'idées, et non un homme
d'action, encore moins un chef de parti. Il agissait
sur les intelligences par ses écrits, il s'entendait
moins à manier les volontés et les intérêts. D'ailleurs
isolé de son ancien parti par sa longue opposition, il
était plutôt admiré et exploité qu'accepté par le parti
libéral, que le succès de l'insurrection rendait maître
de la situation. Que pouvait-il donc faire au milieu
du désarroi des forces régulières de la monarchie,
qui ne laissait aucune force irrégulière pour soutenir
sa cause? Il pouvait parler, il ne pouvait agir. Il
parla dans les deux seuls endroits où il put parler
utilement : la chambre des pairs et le Palais-Royal.
A la chambre des pairs, on n'eût pas demandé mieux
que d'entrer dans la voie qu'il indiquait ; mais qu'é-
tait-ce que la pairie, depuis que la royauté qui l'avait
constituée sans la fonder était tombée? un roseau
sans racine qui pliait sous le vent de la Révolution.
La Révolution de juillet était encore plus antiaristo-
cratique qu'antimonarchique, et la pairie, loin de
pouvoir sauver l'hérédité royale, allait être contrainte

de voter elle-même, par un suicide aussi étrange que nécessaire, la suppression de sa propre hérédité. C'était un pouvoir constitutionnel, sans être une force sociale ; elle était donc entraînée comme au waggon armorié, mais inerte, à la suite de la locomotive révolutionnaire, et son impuissance se ralliait forcément à ce que la malveillance faisait ailleurs.

Il n'en était pas de même au Palais-Royal, et, à travers les malices à doubles tranchants que M. Villemain sème sur l'entretien de M. de Chateaubriand avec M. le duc d'Orléans, on voit que l'historien sagace ne se méprend pas sur l'influence prépondérante que devait exercer sur le dénoûment de l'insurrection de Juillet la détermination que le premier prince du sang allait prendre. M. de Chateaubriand, reçu d'abord par madame la duchesse d'Orléans, prit sur-le-champ une attitude haute et digne, car, c'est une justice que l'on doit lui rendre, dans les occasions décisives, il n'a jamais hésité, et l'appel de l'honneur l'a toujours trouvé prêt à le suivre. Sa réponse fut, comme le dit M. Villemain avec une honorable impartialité, ce qu'elle devait être : « Madame n'ignore pas mon dévouement au jeune roi et à sa mère. » L'entretien politique ne commença qu'à l'entrée de M. le duc d'Orléans. « Au nom du duc de Bordeaux, prononcé par le prince lui-même, dit M. Villemain, à son désir exprimé d'être le tuteur et le soutien de cet enfant, à sa crainte que les événements ne soient plus forts que sa volonté, M. de Chateaubriand répondit : « Quoi! monseigneur, « n'êtes-vous pas investi de tous les pouvoirs? Allons « rejoindre Henri V. Appelez auprès de vous les « chambres et l'armée; sur le bruit de votre dé- « part, toute cette effervescence tombera, et l'on « cherchera un appui sous votre pouvoir éclairé et « protecteur. » M. Villemain ajoute que, « malgré la contrariété visible que ce conseil donnait au prince, et sa première parole : *Nous n'avons encore rien pour nous défendre*, M. de Chateaubriand insista de nouveau, en modifiant son premier plan. Le duc d'Orléans ne pouvait-il pas déclarer que la chambre actuelle n'avait pas les pouvoirs nécessaires pour disposer de la forme du gouvernement? que la France devait être consultée et appelée à élire une nouvelle assemblée avec des pouvoirs *ad hoc* pour décider une si grande question? Le duc d'Orléans se mettrait ainsi dans la position la plus populaire. Le parti républicain, qui faisait tout son danger, le porterait aux nues. Dans les deux mois qui s'écouleraient jusqu'à l'arrivée de la nouvelle législature, le prince organiserait la garde nationale. Tous ses amis et les amis du jeune roi travailleraient dans les provinces. Qu'on laissât alors venir les députés, qu'on laissât se plaider publiquement à la tribune la cause défendue par

M. de Chateaubriand, cette cause, favorisée en secret par le duc d'Orléans, obtiendrait l'immense majorité des suffrages. »

M. Villemain trouve ces idées de M. de Chateaubriand bien chimériques, et il semble puiser un argument à l'appui de cette opinion dans le rapprochement de ces deux plans différents qui se succèdent de si près dans sa bouche. Cet argument ne semble pas très-fondé en raison. Il était naturel que M. de Chateaubriand proposât d'abord à son illustre interlocuteur le parti le plus net et le plus décisif. — « Il y a un roi de droit, depuis la double abdication de Rambouillet; il y a encore une armée fidèle, il y a deux chambres dont la majorité ne veut pas de révolution; vous êtes le lieutenant général du royaume, allons rejoindre le roi, appelez à vous les chambres, et placez-vous au milieu de l'armée. » Quand il voit que le duc d'Orléans n'est point préparé à prendre un parti aussi tranché et aussi vigoureux, comme les moments sont courts et que le dénoûment dépend du parti que prendra le premier prince du sang, M. de Chateaubriand proportionne naturellement ses conseils aux dispositions de celui à qui il les donne, et, puisque celui-ci ne veut pas résoudre le problème par une initiative hardie, il lui propose au moins de le laisser entier et de tout préparer pour amener plus tard, par des moyens plus lents, la solution désirée.

Il n'y a donc pas contradiction entre les deux plans proposés par M. de Chateaubriand, il y a succession logique. A qui a refusé le plus, on demande le moins : à qui n'est pas disposé à aller par la ligne droite d'un point à un autre, on propose la ligne courbe, qui éloigne le but du point de départ, mais en y conduisant.

Je ne sais si, dans l'intention du docte écrivain, les paroles malicieusement spirituelles que nous allons citer sont exclusivement dirigées contre l'innocence politique de M. de Chateaubriand, mais, dans tous les cas, l'épigramme ricoche et fait coup double. « Ambition à part, s'écrie-t-il, et pour qui a vu de près le sens droit et juste, l'esprit un peu défiant et moqueur, l'égoïsme nettement résolu de Louis-Philippe, cette poétique d'un acheminement si habile à la régence et d'une régence si paisible, n'était pas convaincante. Quoi ! tromper le parti républicain, non pas pour obtenir, mais pour éviter la couronne ! se laisser porter aux nues par lui et favoriser, en secret, le parti de la légitimité qui, victorieuse à la tribune, ne manquerait pas d'être reconnaissante pour le prince dont elle n'aurait eu l'appui qu'*incognito*, tout cela était trop fabuleux et trop complexe pour persuader au duc d'Orléans de courir tant de périls contre son intérêt. Dans la réalité, l'esprit frappé des souvenirs de sa maison, de la régence de son aïeul, des fautes de son père, il avait en effroi l'idée d'une régence. C'est en ce sens qu'un jour il répondait à Louis XVIII, dont la prévoyance plus maligne que résignée lui indiquait cette chance de l'avenir : « Moi régent, sire, plutôt retourner en Sicile ! plutôt l'exil à jamais ! On peut tout supporter, excepté le pouvoir au prix d'une accusation perpétuelle d'empoisonnement. Non, sire, tant de malheurs n'arriveront pas pour m'en infliger un plus grand; mais je ne le subirai pas, et, devant ces institutions que j'aime, devant la liberté de la presse et les factions qui en abusent, jamais je ne serai le nouveau Philippe d'Orléans d'un nouveau Louis XV. »

A la bonne heure! que le régent d'Orléans, craignant les calomnies qui devaient s'élever contre lui, quoiqu'un homme de quelque fermeté d'âme sache les braver pour exercer un droit et encore plus pour remplir un devoir, eût repoussé le fardeau du pouvoir, qu'il se fût réfugié en Sicile pour échapper aux angoisses de cette responsabilité, en laissant Louis XV à Versailles, on le comprend. Mais qu'eût dit M. Villemain si le régent d'Orléans, dans la crainte d'être accusé injustement de tramer l'empoisonnement de son pupille, l'eût envoyé en Sicile et se fût établi lui-même à Versailles en s'emparant du trône? S'il eût employé ce moyen héroïque d'écarter de sa vie cette odieuse accusation d'empoisonnement qui lui arracha des larmes, M. Villemain ne pense-t-il pas qu'il eût quelque peu compromis sa plus belle gloire devant l'histoire ? La vie de Louis XV, en effet, et son tranquille avénement à la puissance sont le plus beau titre d'honneur du régent d'Orléans, et c'est grâce à cela que, malgré le cynisme de ses mœurs et l'effronterie de quelques-unes de ses paroles, la postérité a adopté sur lui le jugement de Louis XIV, qui, sans s'arrêter à cette affectation de perversité, dit un jour : « Mon neveu n'est qu'un fanfaron de crimes. » Est-il donc tout à fait nécessaire de prendre le trône de son pupille pour prouver que l'on ne veut pas prendre sa vie ?

Que les circonstances où l'aïeul de Louis-Philippe préféra la régence au règne fussent très-différentes de celles où Louis-Philippe préféra le règne à la régence, rien de plus vrai. Ce serait bien mal apprécier la situation des esprits et des choses en 1830, et méconnaître les tendances naturelles de l'esprit humain, que de représenter comme une tâche aisée, sans obstacles et sans contradictions, celle que le premier prince du sang aurait assumée en essayant d'être régent. L'œuvre était difficile, mais il n'appartient à personne de dire qu'elle était impossible, puisqu'elle n'a pas été tentée. Si les vainqueurs des trois journées venaient au duc d'Orléans, c'est qu'ils avaient besoin de lui, c'est qu'il avait cette notoriété politique, cette grande existence de premier prince du sang, cette quasi hérédité, comme on disait à cette époque, qui lui donnaient une place exceptionnelle dans la situation. Or celui dont on a besoin peut toujours, jusqu'à un certain point, imposer des conditions. Qu'aurait-on pu faire sans lui? Une république? La situation n'était pas mûre pour cela. Une autre monarchie? Où était le monarque? Était-ce par hasard M. de la Fayette ou M. Benjamin Constant? S'il avait donné l'exemple de la résistance à la passion révolutionnaire, il eût trouvé des auxiliaires prêts à le seconder. Certes Casimir Périer ne lui eût pas manqué; nous le nommons parce qu'il n'existe plus; nous en aurions d'autres encore à nommer, mais heureusement ils vivent encore. Les frères Bertin, nous l'avons su d'une source qui ne peut laisser dans notre esprit aucun doute sur l'exactitude de l'information, avaient fait offrir à la Chambre des pairs le *Journal des Débats* pour soutenir cette combinaison; ils n'eussent certainement pas manqué au duc d'Orléans. Si on avait réussi, la liberté politique se trouvait fondée; car le parti parlementaire aurait montré la qualité la plus utile et la plus rare, celle sans laquelle on ne fonde rien, la modération dans la victoire. Maître de lui comme de la situation, il aurait prouvé à tous qu'il était capable et digne de gouverner, et je ne crois pas qu'il eût fait défaut au duc d'Orléans, si celui-ci avait voulu marcher dans cette voie. On ne fit rien de pareil. M. Villemain semble croire qu'il n'y avait dans ce plan qu'un beau roman, et qu'on ne pouvait, sans une grande dose de naïveté, proposer à un habile homme comme Louis-Philippe de faire tant d'efforts pour éviter la couronne. Le raisonnement eût été excellent avant le 23 février 1848; depuis il a beaucoup perdu de sa valeur. Que la régence eut échoué, c'est une hypothèse; que le règne ait échoué, c'est un fait. Qu'en suivant la voie qu'on a adoptée on soit arrivé à l'avortement complet du gouvernement parlementaire, c'est une certitude encore. Qu'après avoir porté laborieusement cette couronne qui lui meurtrit plus d'une fois le front, Louis-Philippe, qui, selon un mot plein de profondeur de M. Villemain, « avait contre soi-même l'exemple de sa propre élévation, » l'ait vue tomber en quelques heures, malgré son sens juste et son habileté consommée, c'est l'histoire. La combinaison qui a si tristement échoué a perdu, ce semble, le droit de traiter la combinaison de M. de Chateaubriand de chimère. — Chimère vous-même, pourrait répondre cette combinaison, à la manière de M. Royer-Collard, qui répliquait à M. de Montesquiou lorsque celui-ci avait la fantaisie de le faire comte : « Comte vous-même, monsieur. » Chimère pour chimère, j'aime mieux la poésie du plan que proposait Chateaubriand que la prose de celui que le duc d'Orléans adopta. Il eût été beau de réussir en suivant ce plan généreux, il eût été beau encore d'échouer en le tentant.

On ne fit rien de pareil. M. de Chateaubriand, ayant vu repousser son idée, se retira avec elle pour maintenir la rectitude des grandes lignes de sa vie, comme il l'a dit lui-même. M. Villemain parle en nobles termes de cette retraite, malgré la vive polémique qui en occupa les premières années, car Chateaubriand désespéra, plus tard que l'éminent historien ne l'a pensé, de renverser le nouveau pouvoir à l'aide de cette formidable plume qui avait exercé une si grande action sur les événements. Quand il eut perdu cet espoir, la tristesse le prit, et il entra dans ces années mornes et désolées que M. Villemain a admirablement peintes; mais, au milieu de ce désenchantement de cœur et d'esprit, il conserva le respect de lui-même, avec le double culte politique de sa vie, celui du droit dans la monarchie, et de la liberté. Sans doute, comme le fait observer avec une juste sévérité M. Villemain, il aurait dû effacer dans ses Mémoires bien des pages où il semble railler lui-même son honorable fidélité à cette monarchie qu'il avait tant aimée. On souffre de lui voir divulguer les petites misères des puissances tombées, et les petitesses humaines qui se retrouvent jusque dans les grandeurs de l'adversité. Cet étalage d'indifférence choque et afflige quand on se souvient de celui qui l'exprime et de ceux auxquels elle s'adresse. Mais peut-être M. Villemain prend-il trop au sérieux l'indifférence de M. de Chateaubriand. Par un mauvais calcul de cette vanité, qui était le petit côté de sa nature, il aimait à se montrer supérieur à tout, même à ses affections et à ses sentiments, et ce stoïcisme superbe lui paraissait convenir à la pose qu'il prenait dans ses Mémoires devant la postérité ! Nous avons visité souvent M. de Chateaubriad dans les dernière années de sa vie, et nous oserons dire que ce grand écrivain n'était qu'un fanfaron d'indifférence et d'insensibilité. Nous avons vu des larmes, de vraies larmes couler de ses yeux, quand le petit-fils de saint Louis et de Henri IV, voulant honorer en lui, malgré les faiblesses humaines mêlées aux grandeurs de son talent et de son caractère, cette double fidélité que M. Villemain a justement louée, la fidélité à la monarchie et à la liberté, lui écrivait une lettre touchante pour l'inviter à devenir son hôte à Belgrave-Square. Il était vieux, malade, affaibli, découragé; les républicains le menaçaient de le priver de ce lait de la popularité, devenu nécessaire à sa vieillesse ; il croyait aussi avoir à craindre de la part du pouvoir des tracasseries, qui, à son âge, apparaissaient comme des persécutions. Il n'hésita pas, et il dit à Jacques de Fitz-James et à quelques hommes jeunes alors et au nombre desquels nous nous trouvions : « Quand on reçoit une pareille lettre, malade ou bien portant on part ; mort, on se ferait porter au rendez-vous dans sa bière. » Son tort n'est donc point d'avoir été insensible; non, il ne le fut pas; et, quand, accueilli comme il devait l'être, « il put, selon l'expression de M. Villemain, s'assurer de l'heureux démenti de quelques-unes de ses craintes sur cette éducation où ses avis n'avaient eu guère d'empire, » il était touchant d'entendre ses paroles émues sur le bonheur qu'il avait eu de voir s'ouvrir, dans ses conversations avec le fils du duc de Berry, les perspectives d'un nouvel univers.

Cette réserve faite dans l'intérêt de l'honneur de M. de Chateaubriand, qui a voulu rapetisser son cœur pour agrandir son esprit, on n'a plus que des éloges à donner à la fin de l'étude de M. Villemain. Personne n'avait jusqu'ici analysé avec tant de finesse le caractère de M. de Chateaubriand, et plus équitablement apprécié sa double influence politique et littéraire sur son temps. En mêlant mes souvenirs à ceux de l'ingénieux historien, je n'ai pu éviter les questions qui ont divisé les esprits de notre temps. A quelques-unes des appréciations de M. Villemain, à celles de plusieurs autres historiens contemporains, aux préventions répandues dans la foule, j'ai opposé des appréciations, des souvenirs, des documents, en m'efforçant de m'affranchir de l'influence des passions politiques qui, de part et d'autre, ont enflammé les esprits de notre époque. Ai-je réussi dans cet effort sincère ? Ce n'est pas à moi qu'il appartient de le dire. Seulement, j'ai cru user d'un droit et même remplir un devoir en exposant les choses dans le jour où elles me sont apparues, afin que les deux appréciations arrivassent devant la génération nouvelle, à qui est réservée la mission de juger le litige. Je n'ai point réveillé le débat, d'autres l'ont réveillé par une apothéose imprudente du ministère de M. Decazes, qui, comme un écho monotone, a retenti dans plusieurs livres en se mêlant à une censure poignante des adversaires qu'il a rencontrés. J'avoue que j'ai mieux aimé accepter le débat que subir l'apothéose.

XIV

ANECDOTES SUR LE DERNIER MINISTÈRE DE CHARLES X.

Quand le roi Charles X songea à remplacer le ministère de M. de Martignac, son idée première avait été de conserver M. de Martignac et M. Roy dans la nouvelle administration qu'il s'agissait de créer et d'y appeler M. de Villèle. Cette idée fut vivement combattue par deux membres du nouveau cabinet, dont l'un appréhendait la supériorité de M. de Villèle, tandis que l'autre craignait d'être obligé de céder à M. de Martignac le ministère de l'intérieur qu'il ambitionnait lui-même. M. Roy, qui aurait consenti à demeurer dans le cabinet avec M. de Martignac, refusa d'entrer seul dans la composition du nouveau conseil; c'est ainsi qu'aucun des membres du cabinet précédent n'y figura.

Charles X, tout en ayant l'intention d'adopter une politique plus ferme, aurait désiré ménager les susceptibilités publiques et rattacher au gouvernement toutes les nuances de l'opinion royaliste, et même la portion de l'opinion libérale à laquelle on supposait quelque disposition à se rallier au gouvernement, dès qu'elle en aurait reçu les garanties. Pour atteindre ce but, il voulait confier des portefeuilles aux hommes qui pouvaient être considérés comme l'expression de chacune de ces nuances d'opinions. Voilà pourquoi M. de Courvoisier, issu du centre gauche, vint siéger dans le conseil à côté de M. de la Bourdonnaye, dont il avait autrefois ardemment combattu les opinions à la Chambre des députés; M. de Chabrol, qui s'était fait une réputation de modération et de capacité administrative, et dont le caractère était naturellement timide et indécis, avait été introduit dans le conseil, parce que l'on avait pensé que son nom rassurerait la nuance que pouvaient alarmer les noms de MM. de Polignac, de la Bourdonnaye et de Bourmont. Le roi avait espéré que l'amiral de Rigny consentirait à fondre la nuance assez prononcée de libéralisme à laquelle il appartenait avec la nuance non moins tranchée de royalisme à laquelle se rattachait M. de Montbel.

On voit que l'idée première de Charles X n'avait pas été de nommer un ministère homogène et excluclusivement tiré de la charte, mais de former un cabinet qui, tout en adoptant une politique plus ferme que celle du cabinet précédent, rassurerait cependant les esprits, en offrant des noms dont plusieurs étaient des gages donnés à la liberté politique. Cette pensée du roi échoua devant les obstacles qu'il rencontra, quand il essaya de former un cabinet sur ce plan. On a vu par quel concours de circonstances les membres du dernier cabinet refusèrent de figurer dans cette combinaison et comment M. de Villèle s'en trouva éloigné. Charles X ne réussit pas mieux dans sa tentative pour faire accepter à l'amiral de Rigny le ministère de la marine.

L'amiral de Rigny se trouvait dans une position extrêmement brillante. De tous les officiers de mer de ce temps, c'était celui qui avait rencontré les chances les plus favorables et obtenu l'avancement le plus rapide. Il cumulait la préfecture maritime de Toulon avec le commandement d'une escadre dans le Levant; tout jeune encore, il avait le grade d'amiral; les décorations et les distinctions de tout genre lui avaient été prodiguées; il n'avait guère plus à satisfaire que son ambition politique, et il n'était pas insensible à la perspective d'un portefeuille. Il était chez son frère, receveur général de Moulins, lorsque l'avis de sa nomination au ministère de la marine lui parvint. Il accourut à Paris. Mais, là, il trouva dans sa famille, surtout chez le baron Louis, son oncle, dont il dépendait pour la fortune, une opposition invincible à son entrée dans le nouveau cabinet. Sous le coup de cette obsession, il alla notifier son refus au prince de Polignac. Celui-ci fit les plus grands efforts pour changer sa résolution; ce fut en vain. Alors M. de Polignac déclina la mission de transmettre au roi la résolution de M. de Rigny, et lui offrit de le conduire à Saint-Cloud pour qu'il expliquât lui-même les considérations qui l'empêchaient d'entrer dans le cabinet. Ils se rendirent tous deux à Saint-Cloud.

Après avoir inutilement employé tous les arguments qu'il croyait les plus propres à vaincre la résistance de M. de Rigny, le roi finit par lui dire : « Jeune encore, vous avez acquis une grande réputation militaire, conquis les premiers grades de l'armée, tous les genres de distinctions, la position la plus brillante, il ne vous manque que du repos pour jouir de votre gloire. C'est le sacrifice de ce repos que je vous demande au nom de l'intérêt du pays, vous ne me le refuserez pas.

« — Sire, répondit l'amiral, des considérations puissantes, surtout la composition du ministère, ne me permettent pas d'accéder aux désirs de Votre Majesté.

« — Quels sont donc, dans le cabinet, les hommes dont le nom vous éloigne ?

« — Je supplie Votre Majesté de me dispenser de les nommer.

« — Je vous l'ordonne.

« — Sire, M. de Bourmont...

« — Je vous comprends, reprit le roi avec vivacité. M. de Bourmont a été indignement calomnié. Quand M. de Bourmont s'est trouvé face à face avec son roi, les armes lui sont tombées des mains, voilà toute la vérité ! C'est un tort aux yeux de mes ennemis, aux vôtres, ce me semble. Aux miens, c'est un titre à ma confiance et à mon affection. »

Un geste de Charles X indiqua la fin de l'audience. L'amiral était tellement ému, qu'il se trouva mal en traversant la pièce qui suivait le cabinet du roi.

Il résulta de ces refus successifs que, bien que les membres du cabinet eussent été pris dans diverses nuances d'opinions, comme les membres les plus en vue appartenaient à la droite la plus prononcée, le gouvernement perdit les avantages de son calcul et n'en recueillit que les inconvénients. La presse put facilement rendre le cabinet aussi odieux que s'il avait appartenu à une nuance homogène, et il resta hétérogène quand il s'agit de délibérer et d'agir. La chose eût sans doute tourné autrement si MM. Roy et de Martignac étaient restés dans le cabinet, si M. de Villèle y était entré et si M. de Rigny y avait accepté un portefeuille. Un ministère ainsi formé aurait eu un tout autre poids devant l'opinion, et ne se serait pas trouvé insuffisant pour gouverner constitutionnellement.

Le cabinet nouveau, recruté un peu au hasard d'hommes appelés de tous les points de l'horizon, qui ne se connaissaient pas, et dont les noms, fournis par l'almanach royal à MM. de Polignac et de la Bourdonnaye, avaient été assemblés à la hâte, se trouvait en face d'une des positions les plus difficiles et les plus formidables qu'on pût rencontrer.

Chacun, depuis le commencement de la Restauration, avait usé à outrance des libertés politiques créées par la Charte, les uns dans un intérêt de vanité ou de popularité, un bien petit nombre avec une confiance excessive mais sincère dans des théories encore inappliquées; les autres dans un intérêt d'ambition ou de fortune : c'étaient encore les plus innocents. Il y avait derrière ce premier banc d'opposants les ennemis de la dynastie, révolutionnaires anciens ou révolutionnaires nouveaux, républicains, partisans de la révolution de 1688, impérialistes. On peut dire que, derrière la fronde parlementaire qui se contentait de harceler la monarchie et voulait la dominer, il y avait une ligue qui voulait l'abattre et qui profitait de l'ébranlement imprimé à l'édifice dont elle avait juré la ruine.

Cette fronde n'était pas seulement dans la rue, dans

les salons, elle était à la cour. Certes, s'il y avait une classe d'hommes qui aurait dû éviter tout ce qui pouvait nuire à la Restauration, c'était celle des hommes de cour. Ils trouvaient au château des positions brillantes d'entourage intime, de haute confiance que leur inexpérience et leur goût d'oisiveté élégante n'auraient pu trouver dans les affaires. Cependant ils s'étaient montrés les ennemis nés de tous les dépositaires du pouvoir. M. de Villèle les avait craints au point de dire que les sessions les plus occupées et les plus difficiles étaient pour lui des saisons de repos, parce qu'au moins il voyait ses ennemis en face, tandis que, dans les entr'actes de sessions, il était attaqué par-derrière, sur les flancs, par d'invisibles adversaires dont plusieurs faisaient profession de le soutenir. Je crois que c'est lui qui a prononcé ce mot profond : « Quand un ministre accorde une place, il fait un ingrat et se donne quatre-vingt-dix-neuf ennemis. » La cour avait donc fait de l'opposition sous tous les ministères. Elle avait toujours à demander aux ministres, et, comme les ministres ne pouvaient pas toujours accorder, elle les trouvait injustes, intolérables, impertinents. Et puis l'opposition est bien vue en France, elle donne un vernis d'indépendance qui plaît dans les salons, elle ouvre la carrière à l'épigramme; elle fournit des textes de conversations malignes et spirituelles. La critique est la plus facile des supériorités : c'est la promesse de faire mieux si l'on agissait, avec la dispense d'agir.

Combien de fois Louis XVIII n'avait-il pas été réduit à prendre dans son carrosse les hommes de cour de sa familiarité intime qui occupaient les grandes charges de la maison, et de leur faire faire des promenades forcées, pendant des après-midi tout entiers, pour les empêcher d'aller voter contre son ministère à la Chambre des pairs ! Ces grands seigneurs acceptaient volontiers les bénéfices du régime parlementaire d'Angleterre qui leur donnait une importance politique, mais ils eussent repoussé avec indignation la condition nécessaire de ce régime, qui est d'opter entre les avantages des charges de cour et les jouissances de l'opposition. Ils abusaient quelquefois de leur position auprès du roi pour se créer une sorte de clientèle dans la Chambre des pairs, qu'ils dirigeaient dans des vues hostiles au ministère quand leurs prétentions exigeantes n'obtenaient pas satisfaction. Charles X, à l'époque du dernier ministère de la monarchie, n'avait plus même la ressource dont avait usé son frère. On refusait de l'accompagner dans ses chasses, sous prétexte que l'on avait à voter contre son ministère. A l'époque du ministère de M. de Villèle, cet homme d'État, quand les choses allaient trop loin et que les pairs, revêtus des grandes charges de la couronne, non contents de voter contre le gouvernement, se faisaient chefs d'intrigues contre lui, portait ses plaintes devant le roi. Alors Charles X les faisait appeler dans son cabinet et disait à son ministre, après les avoir vus, « qu'il leur avait bien lavé la tête. » Malheureusement M. de Villèle pouvait ordinairement répondre au roi : « Mais Votre Majesté, en les congédiant, ne leur a-t-elle pas touché la main? Ne leur a-t-elle pas demandé des nouvelles de leurs femmes et de leurs familles ? » En effet, presque toujours ceux que le roi avait ainsi mandés devant lui pour les réprimander disaient, en sortant de cette audience, devant des tiers qui le rapportaient au ministre : « Villèle m'a fait donner une semonce par le roi, mais Sa Majesté m'a touché la main avant de me laisser partir. » Ainsi la bonté même du roi devenait un inconvénient en politique, elle ôtait toute efficacité à ses sévérités, qui laissaient aux enfants gâtés de la cour toute leur mutinerie. Charles X, qui supportait cette indépendance et cette indiscipline sous le ministère de M. de Villèle, avait fini par en rire sous le ministère suivant, et il ne changeait rien à la bienveillance de l'accueil auquel il avait accoutumé ces étranges courtisans. C'était traiter légèrement une grave question de gouvernement. Si, autour du roi, les ministres sont impunément attaqués, comment veut-on qu'on ait dans le public quelque confiance dans leur crédit? Ces habitudes d'hostilité des gens de cour exerçaient une action fâcheuse dans les grands salons de Paris, devenus le foyer naturel de leur opposition. De là elle rayonnait dans le public. On apprenait souvent, par des hommes qui approchaient du roi, des actes, des paroles, des démarches et même des desseins des ministres, des secrets enfin que ce prince laissait assez facilement échapper dans une causerie intime, et qui, reportés au dehors par l'indiscrétion d'un auditeur étourdi ou malveillant, fournissaient des prétextes d'accusation contre le gouvernement.

C'était un des dangers de la monarchie, mais ce n'était pas le plus grand. Sur la fin de la Restauration, un sentiment de désaffection pour la maison de Bourbon s'était répandu dans les classes qui s'occupaient de politique et avait gagné de proche en proche. Il est assez difficile, quand on ne remonte pas aux préventions qui furent le résultat des Cent-Jours, aux positions prises par les partis, à l'inexpérience des individus, aux malentendus, à l'action incessante d'une presse hostile, d'indiquer, je ne dirai pas le motif, il n'y en avait pas, mais la cause, l'injuste cause de cette désaffection. Jamais dynastie ne fut plus nationale que celle de la maison de Bourbon. Ce sont les Capétiens qui ont formé la France par leur politique, leurs héritages, leurs guerres, leur diplomatie. Dans cette longue suite de rois, on n'en peut citer qu'un bien petit nombre de mauvais; l'immense majorité furent des hommes de bien, plusieurs des grands hommes. Sous cette illustre maison, la France n'avait cessé de grandir en puissance, en prospérité, en libertés civiles, en lumières, en civilisation. Son renversement par la Révolution avait été le signal de toutes les catastrophes. Rétablie en 1815, elle avait apporté à la France un présent inestimable, la paix ; elle avait rétabli entre elle et les autres nations européennes des relations politiques et commerciales depuis longtemps détruites, et porté la prospérité publique à un point auquel elle n'était jamais parvenue. Ses princes avaient un cœur bienveillant, un accueil aimable et doux. Charles X disait avec raison : « Quand vous pileriez tous les princes de la maison de Bourbon ensemble, vous n'y trouveriez pas la matière d'un tyran. » Leur bienfaisance s'agrandissait avec les malheurs qu'ils avaient à secourir. Ils avaient un sentiment très-élevé de la gloire et de la dignité de la France, dont ils défendaient l'honneur comme leur propre honneur ; et, au moment même où tant d'embarras assiégeaient son gouvernement à l'intérieur, Charles X préparait la belle expédition qui devait venger l'injure du pavillon français en le plantant sur les murailles d'Alger. Les libertés politiques, enfin, avaient pris un développement qu'on n'avait pu prévoir sous l'ancienne monarchie, et auquel on n'aurait jamais osé songer sous l'empire.

Cependant les prétentions que la forme du gouvernement mettait en jeu, les ambitions qui fermentaient, l'esprit révolutionnaire qui guettait toujours sa proie, prenant leur point d'appui dans les difficultés et les problèmes que contenait la situation, dans les fautes commises par le gouvernement, qui en commet toujours, dans les torts des partis, avaient fini par créer un sentiment d'irritation qui, chez les uns, était de la haine ; chez les autres, un malaise et un besoin de changement. Il semblait que la maison de Bourbon, qui, sans doute, n'était pas douée de l'infaillibilité politique et n'avait pas traversé des situations si difficiles sans donner prise à la critique, qui y donnait prise en ce moment même en opposant à une crise si formidable un ministère insuffisant, mais qui, malgré ses fautes, était le moyen de toute chose, surtout du gouvernement représentatif, était au contraire l'obstacle à toute chose, et que tout irait de soi-même dès qu'elle aurait disparu. C'était comme une fascination étrange qui troublait les imaginations et empêchait à la fois de voir le présent tel qu'il était, l'avenir tel qu'il serait, opposant l'idéal au réel, le mieux imaginaire au bien possible, de sorte qu'au milieu d'une multitude, jouet des illusions dont on l'énervait, et séduite à ce mirage d'une liberté indéfinie qu'on lui montrait pour l'entraîner en avant, il n'y avait plus que quelques esprits sages et un petit nombre de sujets fidèles.

Il ne sera peut-être pas sans intérêt de donner quelques détails d'intérieur sur la physionomie du dernier conseil de la monarchie légitime. Le dimanche et le mercredi, le conseil se réunissait chez le roi, qui le présidait. Les séances duraient rarement moins de trois heures. Jamais, sous aucun prétexte, Charles X ne souffrait que ces séances fussent ajournées. C'était, à ses yeux, un devoir de premier ordre auquel il subordonnait tous les autres actes de sa vie. En outre, le roi recevait souvent chacun des ministres en audience particulière. On a beaucoup parlé du goût de ce prince pour la chasse. Dans la saison où le roi chassait, il ne chassait jamais plus de deux fois par semaine, et jamais une partie de chasse ne lui a fait négliger une affaire. Il se mêlait souvent à la discussion ; son esprit était prompt et vif; sa parole, facile, chaleureuse, pleine d'à-propos, n'était jamais préparée. Il avait conservé cette grâce de manières, cette politesse royale qui élevait ceux auxquels il s'adressait, sans rien diminuer de la majesté du prince. Il était le premier à provoquer la discussion sans jamais s'offenser de l'opposition que son opinion rencontrait, même quand cette opposition prenait des formes un peu vives. Il résumait avec clarté les discussions, avec supériorité même, quand elles traitaient de la diplomatie. Sa première impression était juste en général ; mais il avait une défiance de lui-même qui le disposait à abandonner trop facilement son opinion.

Presque tous ceux qui siégeaient dans le conseil avaient une habitude pour ainsi dire mécanique qui les aidait à écouter. Ainsi le roi découpait du papier, et donnait à ces découpures des formes bizarres; M. le Dauphin feuilletait un annuaire militaire et annotait au crayon les mutations dont, en l'abordant, le ministre de la guerre lui avait remis la liste. MM. de Polignac et de Montbel couvraient de dessins à la plume les cahiers de papiers placés devant eux. M. de Chabrol, dont l'esprit était tout entier à l'affaire qui se traitait, occupait instinctivement ses mains à percer avec un poinçon un bâton de cire; plus l'intérêt de la discussion était grand, plus M. de Chabrol mettait d'ardeur dans son travail, de sorte que souvent le bâton de cire, cédant à cette pression désespérée, s'ouvrait pour livrer passage au poinçon qui le traversait, non sans endommager l'autre main dans laquelle il venait s'enfoncer à l'improviste. S'il arrivait que, dans les discussions sans importance, un ministre, pour lequel la question n'avait pas d'intérêt, s'endormît, le roi était le premier à en rire et poussait souvent la bonté jusqu'à défendre qu'on troublât le repos du dormeur, ou, s'il voulait l'éveiller, se contentait de lui faire passer sa tabatière. Louis XVIII, on le sait, était moins tolérant pour les infractions à l'étiquette. Un jour M. de Corbière, qui n'avait pas l'habitude des cours, assis dans le cabinet du roi pendant un conseil, déposa sans façon sur le bureau royal son mouchoir et sa tabatière qui le gênaient. M. de Villèle, qui s'aperçut des regards courroucés que le roi jetait sur le ministre délinquant, le poussa du coude. M. de Corbière, à qui l'à-propos n'avait jamais manqué, reprit tranquillement son mouchoir et sa tabatière en disant au roi : « Tenez, Sire, il faut encore mieux avoir des ministres qui vident leurs poches que des ministres qui les remplissent. » Louis XVIII aimait encore bien plus l'esprit que l'étiquette ; il sourit avec bienveillance au spirituel Breton ; le mouchoir et la tabatière de M. de Corbière se trouvèrent compris dans l'amnistie.

Il était rare que, dans les séances du dernier conseil de Charles X, l'intérêt ne fut pas vivement excité. On comprend avec quelle attention furent suivies les séances dans lesquelles on discuta la possibilité, puis les préparatifs de l'expédition d'Alger ; avec quelle joie française les ministres entendirent le roi déclarant qu'il ne sacrifierait pas les justes exigences de la dignité nationale offensée aux réclamations et à l'opposition non motivée de l'Angleterre. Un autre jour, M. de Chabrol exposait avec cette clarté et cette précision qui plaisaient tant à Charles X la situation admirable des finances de l'État. Le budget allait être présenté avec un excédant de recettes sur les dépenses. En outre M. de Chabrol proposait une réduction de l'intérêt de la rente motivée par le taux général de l'intérêt qui tendait partout à s'abaisser. Son projet consistait à donner aux porteurs des rentes cinq pour cent l'alternative de recevoir le remboursement immédiat du capital nominal de leurs rentes, ou de consentir à la réduction de l'intérêt de cinq pour cent à quatre pour cent. Afin de rendre plus favorable la position de ceux qui prendraient ce dernier parti, on augmentait leur capital de l'intérêt d'une année de leur rente. En outre, on leur garantissait qu'aucune nouvelle réduction n'aurait lieu avant l'année 1845. Aux quarante millions que cette mesure devait faire économiser, M. de Chabrol proposait d'ajouter la totalité des sommes rendues disponibles par l'application exclusive de l'amortissement aux fonds qui seraient au-dessous du pair. Sur les quarante millions provenant de la réduction de la rente cinq pour cent, quinze millions étaient destinés à remplacer pareille somme effacée du budget des recettes par la suppression du droit de circulation sur les vins et eaux-de-vie, suppression depuis longtemps réclamée. Les vingt-cinq millions restant, auxquels on devait réunir la partie disponible de la dotation de l'amortissement, devaient être répartis entre les ministères de la guerre et de la marine et la direction générale des ponts et chaussées. On calculait qu'avec cette somme annuelle dix années auraient suffi pour compléter notre système de défense territoriale et maritime et faire cesser le mauvais état de nos voies de communication, sans élever le niveau du budget au-dessus de neuf cent soixante millions. Ainsi des travaux immenses eussent été exécutés avec les ressources et les deniers de l'État, et les contribuables n'auraient pas vu augmenter leurs charges d'un centime.

Quand les ministres considéraient l'état florissant des finances et les avantages qui résulteraient pour le pays du plan financier de M. de Chabrol, ils se prenaient quelquefois à espérer que la Chambre sacrifierait au bien public l'esprit d'opposition dont elle était animée. Mais une douloureuse évidence dissipait bientôt cette courte illusion, et l'impossibilité de ramener la Chambre ou de la dominer apparaissait à tous les esprits. Ce fut alors qu'un des membres du conseil ouvrit l'avis de chercher à ramener par tous les moyens, fût-ce par ceux que Walpole avait employés avec avantage dans le parlement d'Angleterre, le nombre de voix nécessaires au ministère pour avoir la majorité. L'adresse des deux cent vingt et un venait d'être votée, et il représentait qu'un déplacement de vingt-cinq voix rendrait la majorité au ministère. Or il avait fait sonder les hommes qu'il croyait les plus disposés à opérer ce mouvement de conversion, partie en raison de la crainte que leur inspirait la révolution, partie en raison des avantages pécuniaires qu'on leur faisait pressentir. « Nous connaissions, a-t-il dit, le tarif des consciences; il n'était pas très élevé. » Le roi et M. le Dauphin n'attendirent pas l'opinion du conseil pour repousser la proposition qu'ils taxèrent d'immorale. Le ministre objecta qu'il s'agissait d'éviter d'irréparables malheurs en ramassant, pour combattre les ennemis de la royauté, des armes que ceux-ci ne laisseraient certainement point par terre. Mais rien ne put vaincre les loyales répugnances du roi et de son fils.

Il ne restait plus qu'une dernière ressource, la dissolution de la Chambre, et, si les collèges électoraux renvoyaient la même chambre et qu'on voulût persister dans les mêmes vues, un coup d'État contre la majorité. Quelques-uns de ceux qui blâmèrent le plus vivement les ministres après leur catastrophe les y poussaient avant l'événement. M. d'Haussez raconte que, dans la journée du 15 juillet 1830, M. de Semonville, qu'il était allé voir, l'accompagna jusque dans la pièce qui précédait son salon. Là, après s'être préalablement assuré que personne ne pouvait l'entendre, il lui dit à voix basse : « Eh bien, où en êtes-vous ?

« — Notre position est connue de toute la France, répondit M. d'Haussez, mieux qu'un autre vous pouvez la juger.

« — Je la juge du côté de l'attaque, mais du côté de la défense, non. Vous ne faites rien, et votre inaction perd la monarchie, la France, l'Europe. Appelés pour agir, vous restez stationnaires. Vous n'êtes pas dans l'esprit de votre rôle ; le temps, les occasions, vous laissez tout échapper.

« — Mais les députés, mais les pairs, mais la presse !

« — Avec des *mais* on ne fait rien. Les députés, les pairs, je ne puis vous dire le parti qu'ils prendront ; cela dépendra de celui que vous prendrez vous-mêmes. Arrangez-vous de manière à être les plus forts avec le peuple ; finissez-en une bonne fois avec la presse, et moquez-vous du reste. En politique, quand le drame est joué, on applaudit le dénoûment quel qu'il soit, on ne siffle que les mauvais acteurs. »

En disant ces derniers mots, M. de Semonville serra fortement le bras de M. d'Haussez, qui était arrivé à la porte de l'appartement, et lui dit adieu.

C'est ainsi que ceux qui devaient blâmer le plus sévèrement les ordonnances, après l'événement, poussaient le ministre à ces fâcheuses extrémités qui mettent sur une carte la destinée des gouvernements et des peuples, sans faire attention que le ministère n'était point organisé pour jouer cette dangereuse partie, et que, dans l'état où étaient les esprits, toutes les chances étaient contre lui. M. d'Haussez devait rencontrer encore une fois M. de Semonville, dans la matinée du 30 juillet, à Saint-Cloud. Il venait, avec MM. d'Argout et de Vitrolles, demander le renvoi des ministres, le retrait des ordonnances, la nomination d'un nouveau cabinet à la tête duquel seraient MM. de Mortemart, Casimir Périer et le général Gérard, et une amnistie complète pour tous les actes qui avaient signalé les trois journées. Il est vrai que M. de Semonville avait dit d'avance à M. d'Haussez : « Arrangez-vous de manière à être les plus forts : quand le drame est joué, le public applaudit le dénoûment quel qu'il soit, il ne siffle que les mauvais acteurs. » Il appliquait en ce moment la morale de son discours.

XV

CONCLUSION.

Me voici arrivé à la fin de ces souvenirs dans lesquels la discussion s'est mêlée plus que je n'aurais voulu au récit. Comment en aurait-il été autrement? Il y a, dans ce passé récent, tant de questions en litige, il y a sur les hommes et sur les choses tant de jugements divers, contradictoires, qu'il est impossible d'émettre une opinion sur un fait, sur un personnage politique, sur une situation, sans se heurter contre les avis opposés, de même que, dans une route remplie par la foule, on ne peut faire un pas sans coudoyer de temps en temps les passants qui vous barrent le chemin.

J'espère avoir jeté quelques lumières sur des points de l'histoire contemporaine restés obscurs et qu'on ne peut traiter *in extenso* dans une histoire générale qui ne comporte pas les détails.

Quelle était la disposition des esprits au début de la première Restauration ?

Quelle était la disposition des esprits au début de la seconde ? En quoi était-elle changée ? Pourquoi était-elle changée, et, par suite, quelles difficultés les Cent-Jours avaient-ils ajoutées à la situation ?

Quelle fut l'attitude des provinces de l'Ouest après les Cent-Jours, et quel secours apportèrent-elles à la politique nationale de la royauté ?

Quelles furent les causes réelles de la réaction de 1815 dans le Midi ? Dans quelles limites fut-elle renfermée ? Pouvait-elle être prévenue ? Le gouvernement royal doit-il porter la responsabilité de ces excès ? Que se passa-t-il particulièrement dans le Gard et dans la Haute-Garonne, à Nîmes et à Toulouse, le général Ramel, Trestaillons, Servan ?

Que faut-il penser des missions à l'intérieur contre lesquelles s'éleva une opposition si violente et si passionnée ? Quelle était l'origine de ces missions ? Qu'était-ce que le père Rauzan, le chef des missionnaires ? Quelle action exercèrent-ils sous la Restauration ? A quelles causes doit-on attribuer le mouvement des esprits contre eux ?

Quels étaient les précédents, le caractère, le génie des trois hommes qui exercèrent la principale action sous la Restauration :

M. Decazes,

M. de Chateaubriand,

M. de Villèle ?

Comment Louis XVIII et Charles X jugeaient-ils le duc d'Orléans?

Quelles furent les causes, quelle fut la portée de la lutte qui s'ouvrit entre M. Decazes et la droite, en 1815, et qui se termina par la chute de ce dernier en 1820? Que faut-il penser de la politique de M. Decazes? Quels furent ses mobiles? Quelles furent les fautes que la passion politique du temps lui reprocha sans qu'il les eût commises, quelles furent ses fautes réelles? Quelle influence son ministère exerça-t-il sur les destinées de la monarchie?

Y eut-il, sous la Restauration, des hommes de la droite qui ne voulaient pas la guerre d'Espagne? M. de Villèle fut-il au nombre de ces hommes?

Quelle fut la part de chacun de ces trois hommes d'État, le duc Mathieu de Montmorency, M. de Villèle et M. de Chateaubriand au congrès de Vérone? Quelle fut leur ligne politique au sujet de la question d'Espagne et de l'intervention à exercer?

Pourquoi l'antagonisme politique de MM. de Villèle et de Chateaubriand commença-t-il après la guerre d'Espagne? Pourquoi ce dernier fut-il destitué?

Quelles furent les conséquences de l'opposition qu'il fit, de concert avec la gauche, à son ancien collègue, et sans le vouloir, par-dessus sa tête, à la monarchie?

Quelle fut la cause des fautes que commit M. de Villèle dans la dernière partie de son ministère, depuis l'époque de l'avénement de Charles X? Pourquoi ne se retira-t-il pas ?

Quelle fut l'action de M. de Chateaubriand dans les derniers temps de la Restauration et dans la dernière phase de sa vie?

Comment fut formé le dernier ministère de Charles X? Le roi eut-il, dès le début, la pensée de composer un ministère de coup d'État?

On trouvera réunis, dans ce livre, des renseignements et des lumières sur tous ces points intéressants de l'histoire contemporaine, non des lumières complètes, ce serait de l'histoire même, mais des faits, des anecdotes, des récits, des détails qui ouvrent à l'horizon des éclaircies qui permettent au regard de pénétrer dans les profondeurs du paysage.

J'éprouve le besoin d'ajouter, en terminant, qu'en publiant ces morceaux détachés, rapportés de côté et d'autre pour former un ensemble, mais qui se rattachent à une pensée générale, celle d'éclairer les hommes de cette génération sur des points obscurs de l'histoire de la Restauration, je n'ai pas eu l'intention de faire le panégyrique des hommes de la droite ni d'intenter un procès aux hommes des opinions contraires.

Il y a une circonstance atténuante aux fautes qu'ont pu commettre et qu'ont commises tous les partis et tous les hommes politiques de 1814 à 1830, je dirai même, dans une certaine mesure, de 1830 à 1848 : c'est leur profonde inexpérience à l'égard du gouvernement représentatif. Quelles étaient ses lois? Avec quels éléments pouvait-on le faire vivre dans notre pays? Dans quelle mesure? Quelles précautions y avait-il à prendre? quels écueils y avait-il à éviter? C'est ce qu'on ignorait profondément dans le pouvoir comme dans l'opposition, et on ne doutait de rien précisément parce qu'on ignorait tout. Au sortir du gouvernement absolu, sans préparation aucune, on était entré de plain-pied dans le plus difficile des gouvernements : dans celui qui demande le plus de sagesse, d'habileté, de modération, de force contenue, de transactions intelligentes, et chacun marchait à outrance dans le sens de sa passion, n'acceptant rien et exigeant tout. Pendant la première période, la droite crut à tort qu'elle pouvait suffire au gouvernement; pendant la seconde, les centres crurent à tort qu'on pouvait faire marcher le régime représentatif en France, en laissant la droite et même le principe traditionnel en dehors. C'était une double erreur.

Cette époque de trente-trois ans apparaîtra dans l'histoire comme une grande école d'enseignement mutuel à laquelle tous les partis ont été appelés à recevoir d'utiles et fécondes leçons. Je réclame le bénéfice de cette excuse pour mes aînés de la droite, pour M. de Chateaubriand en particulier, pour M. de la Bourdonnaye et même pour M. de Villèle, et je consens bien volontiers à ce qu'elle profite également à ceux qui se sont trompés dans d'autres voies. L'infaillibilité divine seule aurait le droit d'être inexorable, et elle est miséricordieuse; la faillibilité humaine doit être indulgente, puisqu'elle a elle-même besoin d'indulgence.

FIN.

TABLE DES CHAPITRES

I.	Entrée du comte d'Artois a Paris (12 avril 1814)...	1
II.	Entrée du roi a Paris (3 mai 1814).........	15
III.	Témoignages rendus a la Restauration........	45
IV.	Seconde rentrée de Louis XVIII (8 juillet 1815)....	55
V.	Paris et Orléans a la veille du 20 mars (Récit de madame la comtesse Dupont)...........	75
VI.	La Vendée après les Cent-Jours (Récit du général d'Andigné).....................	105
VII.	De la réaction de 1815 dans le Midi.........	147
	II. Nîmes...................	149
VIII.	De la réaction de 1815 dans le Midi (suite)....	182
	I. D'une assertion de M. de Sainte-Aulaire....	182
	II. Trestaillons.................	195
	III. Servan....................	201
IX.	Les missions et les missionnaires. — Le père Rauzan..	206
	I. Le père Rauzan avant la Restauration.....	206
	II. Le père Rauzan pendant la Restauration	235

X.	Portrait de M. le duc d'Orléans par Louis XVIII (Avril 1821)........................	259
XI.	Deux portraits de M. Decazes............	267
XII.	M. de Villèle avant son entrée a la chambre....	287
XIII.	M. de Chateaubriand jugé par M. Villemain dans les grandes phases de sa vie.............	306
	i. Chateaubriand avant 1814...........	306
	Chateaubriand avant 1814 (suite)........	322
	ii. Chateaubriand sous le ministère Decazes....	347
	iii. Chateaubriand pendant le ministère Villèle..	379
	iv. Chateaubriand sous les ministères Martignac et Polignac.................	405
	v. Chateaubriand au moment de la révolution de 1830..................	416
XIV.	Anecdotes sur le dernier ministère de Charles X...	430
XV.	Conclusion...................	450

FIN DE LA TABLE.

MÊME LIBRAIRIE

OUVRAGES DU MÊME AUTEUR.

HISTOIRE DE LA LITTÉRATURE FRANÇAISE SOUS LA RESTAURATION (1814-1830); *Deuxième édition.* 2 vol. in-8.
10, 00

Le réveil littéraire qui se manifesta en France au temps de la Restauration, le mouvement des esprits longtemps comprimés et recevant une nouvelle activité des institutions apportées au pays, donnent un intérêt tout particulier à l'étude de la littérature de cette époque.

A qui appartenait-il mieux d'expliquer les hommes par le temps où ils ont vécu et le temps par les hommes, qu'à un écrivain dont le nom, cher au public, n'est pas sans gloire dans les lettres, et qui a vécu dans le milieu qu'il décrit?

Le lecteur se convaincra que les convictions de l'auteur ne l'ont point fait dévier de la ligne d'une impartialité bienveillante pour les auteurs et équitable pour les ouvrages.

HISTOIRE DE LA LITTÉRATURE FRANÇAISE SOUS LE GOUVERNEMENT DE JUILLET (1830-1848). *Deuxième édition.* 2 forts vol. in-8.
11, 00

Cette nouvelle publication forme le complément de la précédente. A l'aide de ces deux ouvrages, on peut se former une idée exacte et complète du mouvement littéraire au dix-neuvième siècle. Faire la part des circonstances comme celle des hommes, la part du public comme celle des écrivains; rester juste envers le talent; chercher avant tout la vérité, la dire sans faiblesse parce qu'elle est utile, sans amertume parce que c'est le moyen de la faire accepter; demander à l'étude du passé des enseignements pour tout le monde, et non des récriminations: telle a été la préoccupation constante de l'auteur.

HISTOIRE DE LA CONQUÊTE D'ALGER, écrite sur des documents inédits et authentiques, suivie du tableau de la conquête de l'Algérie. 1 beau vol. in-8° de 680 pages, *avec une carte topographique des environs d'Alger et une carte de l'Algérie.*
7, 50

La conquête d'Alger méritait à tous les points de vue un historien. Son importance propre, ses difficultés, ses périls, les souvenirs néfastes et les appréhensions de tout genre dont elle était entourée, la manière dont elle fut préparée et conduite, auraient suffi à fournir la matière d'un utile et intéressant récit. Mais tout n'est pas là, les débats parlementaires, les négociations entre le gouvernement royal et les puissances européennes, offrent un intérêt aussi grand et sont racontés avec soin. Ces détails, ordinairement arides, ont pris sous la plume de l'auteur un attrait puissant. La conséquence de l'expédition achève d'en faire un événement considérable. La Méditerranée affranchie, l'esclavage aboli, la puissance mahométane ébranlée, les portes ouvertes à la domination française et à la civilisation chrétienne, quels résultats!

HISTOIRE politique, anecdotique et littéraire du JOURNAL DES DÉBATS. 2 vol. in-8.
6, 00

PARIS. — IMP.

www.ingramcontent.com/pod-product-compliance
Lightning Source LLC
Chambersburg PA
CBHW070530230426
43665CB00014B/1641